TRASTORNO POR DÉFICIT DE ATENCIÓN CON HIPERACTIVIDAD

UNA GUÍA PARA PADRES Y MAESTROS

RAFAEL GUERRERO

TRASTORNO POR DÉFICIT DE ATENCIÓN CON HIPERACTIVIDAD

UNA GUÍA PARA PADRES Y MAESTROS

OCEANO

TRASTORNO POR DÉFICIT DE ATENCIÓN CON HIPERACTIVIDAD
Una guía para padres y maestros

© 2020, Rafael Guerrero

Diseño de portada: Sergi Rucabado
Fotografía de Rafael Guerrero: cortesía del autor
Ilustraciones de interiores: Sergio Cordero Cañizares (p. 50, 51, 135, 148, 218)
Imágenes de interiores: Freepik

D. R. © 2020, Editorial Océano de México, S.A. de C.V.
Homero 1500 - 402, Col. Polanco
Miguel Hidalgo, 11560, Ciudad de México
info@oceano.com.mx

Primera edición en Océano: 2020

ISBN: 978-607-557-214-7

Impreso en México / Printed in Mexico

A mi madre por su mirada incondicional y a mi padre por incentivar mi curiosidad en los estudios

Índice

Prólogo

La temática de este libro es una de las más candentes de la medicina actual. Se trata de una enfermedad psiquiátrica de origen todavía incierto que afecta mayormente a niños en edad escolar y suele retardar profundamente su desarrollo intelectual y emocional. Se trata, por lo tanto, de una enfermedad que aflige a un sector vulnerable de la sociedad en las edades en que es más susceptible a un déficit psicológico con adversa repercusión pedagógica. Con razón el TDAH ha adquirido un impacto social extraordinario. Confieso que me cuesta todavía un poco usar la primera letra del acrónimo, pues aquí se trata más de un déficit de principio que de un trastorno estrictamente hablando, el cual implicaría una transición del orden al desorden. Pero ciertamente, para padres y maestros, se trata de un trastorno.

Estimado lector, tienes en tus manos el que a mi modo de ver es el mejor tratado sobre el TDAH que se ha escrito hasta ahora en lengua española. Cuatro hechos me llevan a esta conclusión: la amplitud del estudio en que se funda, el juicio crítico del autor, el balance equilibrado de opiniones distintas en la discusión científica del problema y la pulcritud del escrito. El tema es indudablemente complejo y tiene muchos aspectos, todos los cuales son objeto de cuidadoso análisis en estas páginas.

En el curso de la evolución de las distintas especies animales —"en la noche de los tiempos"— la corteza del lóbulo frontal se desarrolló mucho más, en volumen relativo, que las otras estructuras cerebrales. La última en desarrollarse con ventaja fue la corteza del polo frontal de ambos hemisferios, llamada corteza prefrontal, la cual en el cerebro humano constituye casi una tercera parte de la totalidad de la corteza evolutivamente "nueva" (neocórtex). De modo semejante, en el curso del desarrollo del individuo (ontogenia), la corteza prefrontal se desarrolla mucho y despacio. En el individuo normal no alcanza madurez completa, en términos de células y conexiones nerviosas, hasta la tercera década de la vida. Hoy sabemos que la causa inmediata del TDAH es precisamente un retraso o detención en la maduración de esta corteza.

También sabemos que las más importantes funciones de la corteza prefrontal son las llamadas *funciones ejecutivas*, las cuales tienen dos vertientes de expresión, una cognitiva y la otra emocional. Por consiguiente, estas funciones inciden marcadamente sobre el desarrollo de los conocimientos y sentimientos del niño y el adolescente. Entre ellas están, principalmente, la atención, la memoria operativa (o "de trabajo"), la planificación y el control inhibitorio de impulsos. En todas ellas desempeña la corteza prefrontal un papel crítico. Así es que, en el terreno educativo, la corteza prefrontal y sus funciones le permiten al niño, ante todo y sobre todo, *aprender a aprender*; es decir, le permiten conseguir la capacidad de desarrollar hábitos y estrategias para adquirir, almacenar y utilizar nueva información de todo género. De ello se colige, como nos explica Rafael Guerrero, que en el TDAH el retraso del desarrollo de la corteza prefrontal resulte en un déficit acusado del rendimiento escolar del niño y de su conducta tanto en casa como en el colegio. Por el mismo motivo sufren su autoestima y sus relaciones sociales con los demás.

En líneas muy generales, la corteza prefrontal es un eslabón esencial del Ciclo Percepción-Acción (CPA), a saber, del procesamiento circular de información que adapta el organismo a su entorno en el curso de cualquier tarea con objetivo. Es un ciclo cibernético que se gobierna a sí mismo a base de señales del exterior que lo corrigen y enderezan (κυβερνάω, origen de la palabra *gobierno*, se refiere a la acción del timonel, que rige y corrige la embarcación por sextante, viento y marea). El CPA funciona en todos los niveles del sistema nervioso, desde lo más bajo en la médula espinal hasta lo más alto en la corteza cerebral. En la última, el bucle cibernético pasa por las redes neuronales de memoria y conocimiento (cógnitos), las cuales analizan la información sensorial, que informa la acción a realizar, la cual producirá nuevos estímulos del entorno que realimentarán el ciclo para corrección y enderezamiento de sucesivas acciones hasta que éstas alcancen su objetivo.

En el CPA educativo del niño están, naturalmente, el maestro, los padres, el tutor, la computadora interactiva, los demás alumnos, el libro, el pizarrón y el boletín de notas. Estas fuentes de *feedback* o retroalimen-

tación, positiva o negativa, cierran en el mundo externo el bucle cibernético que pasa por las cortezas sensorial y ejecutiva del alumno. Ambas
están organizadas jerárquicamente al servicio del CPA. En lo alto de la
corteza ejecutiva está la corteza prefrontal, la cual es esencial para que
el niño, inmerso en aquel ciclo, alcance sus objetivos escolares con la debida previsión y confianza en sí mismo.

Debido al retraso en el desarrollo de la corteza prefrontal, se re-
tarda la habilidad del niño enfermo para atender a sus tareas y al razonamiento que requieren. Su memoria operativa se entorpece, y al mismo
tiempo se entorpece su capacidad para planear su conducta tanto a corto como a largo plazo. Es más, cada dos por tres el niño cae presa de
las más mínimas distracciones, las cuales lo apartan de lo que tiene que
hacer en cada momento. Todo ello suele acompañarse de impulsividad
y actividad incontroladas, por las que se resiente no sólo su progreso
académico sino el ambiente escolar y familiar en que vive. Como consecuencia, en algunos casos, el enfermo desatendido se encuentra obli-
gado a abandonar su escuela para entrar en un periplo de colegios o
incluso, si cae en la delincuencia, instituciones disciplinarias.

Sin tratamiento, el curso de la enfermedad varía considerablemente.
En muchos casos, con el tiempo, disminuyen espontáneamente la impulsividad y la hiperactividad, por lo cual el adolescente o adulto con TDAH, aun
sin haber tenido una educación primaria completa, puede encontrar alguna manera de adaptarse a la sociedad; puede lograr una ocupación produc-
tiva y tal vez incluso creativa, aun cuando persista su déficit de atención.
Esta evolución relativamente favorable de la enfermedad implica un mayor
o menor aprovechamiento de escasas reservas cognitivas y sociales sub-
sistentes. En cualquier caso, no puede hablarse de una curación espontá-
nea de la enfermedad sino, a lo más, de un reajuste de reservas cerebrales.

Hoy día no existe un remedio definitivo para el TDAH. Lo que sí existe
es un mayor reconocimiento de la enfermedad por parte de la profesión
médica y de la sociedad en general. Indudablemente este libro, con su
ecléctico pragmatismo, contribuirá a ello en buena medida. El autor plantea con claridad los procedimientos actualmente más prácticos y con-
sensuales para llegar al diagnóstico de la condición y para formular su
tratamiento. Su estudio de los aspectos sociales y emocionales del TDAH
se acompaña de una docta exposición de los factores neurobiológicos

más notables detrás de la anormalidad del síndrome. En particular, expone con lucidez la literatura que trata de las funciones cognitivas y afectivas que más deficientes se encuentran en los pacientes con TDAH. En este contexto, la atención, la memoria, la motivación, la autoestima y la afinidad social son objeto de estudio detenido.

A falta de un marcador genético y de signos clínicos de orden físico, el diagnóstico de TDAH se basa en métodos psicológicos, incluyendo la evaluación de las manifestaciones conductuales del enfermo. Entre las últimas tienen cardinal importancia su vida social y sus expresiones emocionales en reacción a los eventos significativos de familia y escuela. Son especialmente relevantes sus relaciones con otros alumnos. Al tener cada caso características distintas, cobra especial interés, para la evaluación, un amplio inventario de datos clínicos y conductuales acompañado de la justa atribución de peso a cada uno de ellos.

Basándose en la singularidad de cada enfermo y la ponderación de todos los hechos pertinentes, Guerrero adopta en todos los casos una continua intervención terapéutica de equipo, en la que participan padres, maestros, médicos y psicólogos. Aquí conviene realizar una riquísima casuística que pone de relieve el mérito de la terapia individualizada. Sin desdeñar el tratamiento farmacológico, el cual en algunos casos tiene un lugar prominente a su debido tiempo, en todos los casos el autor enfatiza el valor coadyuvante, si cabe decisivo, de la psicoterapia. Entre las diversas formas de la misma, destaca la psicoterapia cognitivo-conductual, que utiliza incentivos y refuerzos bien escogidos para modificar la conducta del niño. La intervención terapéutica incluye además una serie de ingeniosos métodos, entre ellos juegos, para adiestrar al sujeto en el uso de funciones ejecutivas, como por ejemplo la memoria operativa. En algunos países, como los Países Bajos, se utilizan tales métodos en estudiantes de escuela secundaria para favorecer el razonamiento. Todo ello tiene por objeto facilitar el ciclo educativo y armonizar la conducta del educando con la sociedad en la que vive y vivirá.

JOAQUÍN FUSTER
Profesor de Psiquiatría y Neurociencia Cognitiva
Universidad de California en Los Ángeles
7 de febrero de 2016

Preámbulo

Desde hace algunos años vengo encontrándome con Rafael Guerrero por todos los congresos y cursos de TDAH en los que participo. Al principio sólo me parecía familiar su cara, después iba cayendo en la cuenta de que efectivamente era la misma persona, hasta que finalmente se presentó. En aquel momento Rafael trabajaba como orientador en un colegio y daba clases en varias universidades.

Un buen día me abordó y me comunicó su deseo de formar parte de nuestro equipo de trabajo. Para mí, el principal valor que busco en un miembro de nuestro equipo es la pasión y motivación por nuestra actividad, por encima de los conocimientos o experiencia acumulada. Lo primero ha de venir inoculado en las venas, mientras que lo segundo se va adquiriendo con el tiempo. Esta condición es lo que yo vengo a llamar los *frikys* en mi sector: los define su nivel de compromiso y su pasión por lo que hacen.

En pocas entrevistas me di cuenta de que Rafa formaba parte de este grupo y su trayectoria profesional lo avalaba. Así empezó a colaborar con el equipo del Centro de Atención a la Diversidad Educativa (CADE).

Al poco tiempo, me comunicó que dejaba el colegio donde trabajaba desde hacía años como orientador, porque quería escribir un libro que pudiera ayudar a las familias y maestros de niños con TDAH. A mí, que me cuesta tanto escribir, me parecía todo un reto. Durante un año, Rafa se ha costeado de su propio bolsillo los gastos de los viajes que ha tenido que hacer para entrevistarse con diferentes profesionales especialistas en la materia, en fin, un *friky*, hasta que finalmente ha cumplido con su sueño.

Cuando me pidió que escribiera unas líneas para su libro, no pude negarme, aunque no sabía muy bien qué contar. Por eso he decidido hacer una pequeña foto de cómo he vivido este proyecto de Rafa, el cual tiene toda mi admiración y respeto. Gracias, Rafa, por tu esfuerzo y compromiso con la familia TDAH.

JOSÉ RAMÓN GAMO
Director pedagógico del Centro CADE

Presentación

Durante mi infancia y parte de la adolescencia en los años cuarenta y cincuenta, la hiperactividad, la curiosidad insaciable, la distracción y la atracción por aventuras de intensidad elevada me conducían a travesuras y situaciones arriesgadas que preocupaban a mis padres y maestros, y ponían a prueba su paciencia. Si bien era un muchacho sociable y alegre, mis arrebatos indignaban a mis mejores amigos.

Con ocho o nueve años después de haber cometido alguna barrabasada, casi siempre me asaltaba interiormente la pregunta: "¿Y quién demonios soy yo?". Entonces, desfilaban por mi cabeza los calificativos que los adultos a mi alrededor utilizaban para describirme: "un niño muy travieso", "un diablillo", "más malo que la quina", "un rabo de lagartija". La impotencia para regular mi inquieto temperamento se traducía en reiterados y fallidos propósitos de enmienda. Unas veces exteriorizaba mi frustración con brotes de mal genio, otras transformaba mi descontento en trastornos digestivos. Después de cada trastada me invadían la culpa y el remordimiento. Por fortuna, en los momentos más difíciles, casi siempre aparecía algún ángel de carne y hueso que me guiaba, a la vez que me transmitía comprensión y apoyo. Gracias a estos personajes, unos con nombre y otros anónimos, no pasaba mucho tiempo sin que se iluminara en mi mente el presentimiento reconfortante de que un día el buen futuro enterraría al mal presente.

Estas experiencias me convencieron de que la noción que los niños tienen de sí mismos es el reflejo de las opiniones que los demás expresan de ellos. Y también que para apreciarse a uno mismo es esencial contar durante los periplos de la niñez con el cariño y apoyo de algún adulto. Y cuanto más espinosa sea la infancia, más indispensables son estos vínculos afectivos.

Pese a ser razonablemente intuitivo e inteligente, mi perpetuo estado de "marcha" y agitación me robaban gran parte de la concentración necesaria para asimilar las materias escolares. Los tropiezos colegiales culminaron a los catorce años, en un curso en el que reprobé cinco de las ocho asignaturas que lo componían. Mis padres comenzaron a pensar que, con vistas al futuro, lo mejor para mí sería aprender algún oficio que no requiriera el bachillerato. Como última oportunidad, decidieron matricularme en un bachillerato conocido por aceptar a muchachos "cateados" de otros centros. Este nuevo reto, sin embargo, abrió un esperanzador capítulo en mi vida. Alguien muy especial me esperaba allí: doña Lolina, ni más ni menos que la temida directora del colegio. Rondando los cincuenta años, con pelo corto y despeinado y mirada expresiva y penetrante, doña Lolina era una mujer seria, fuerte, perceptiva y, sobre todo, experta en adolescentes problemáticos. El caso es que la primera orden que me dio fue que en el aula me sentara en la primera fila —hasta entonces mi sitio, preferido por mí y por mis maestros, siempre había sido la última. Poco a poco, con la confianza y motivación estimuladas por el nuevo y receptivo ambiente escolar, a los quince años comencé a practicar lo que en psicología se conoce como *funciones ejecutivas*. Por ejemplo, aplicar el freno a la impulsividad, considerar las consecuencias de mis actos, controlar en lo posible mi comportamiento y fijarme algunos objetivos.

Al mismo tiempo acepté que, a la hora de estudiar ciertas asignaturas, tenía que ajustarme a mi propio ritmo de aprendizaje. Yo necesitaba hora y pico para retener una fórmula química o una lección de historia que mis compañeros de clase asimilaban en media hora. Aprendí que cuando hay obstáculos en el camino, la distancia más corta entre dos puntos puede ser la línea curva.

Paulatinamente noté que el termómetro para medir mi autoestima marcaba más grados cuando veía que mis esfuerzos me llevaban a alcanzar alguna meta que me había fijado, aunque fuera muy modesta. Este cambio progresivo y positivo se fue incorporando a las opiniones que los demás tenían de mí. Puedo decir que a los diecisiete años empecé a reconducir poco a poco mi vida por un camino más seguro y despejado.

En la primavera de 1972 había volcado ya todo mi entusiasmo en la ilusión de especializarme en psiquiatría en el Hospital Bellevue de Nueva

York. Como médico residente, seguía el curso que impartía Stella Chess, profesora de psiquiatría infantil. El tema del día era: "el trastorno por hiperactividad de la infancia". El entusiasmo que manifestaba la doctora Chess al exponerlo era comprensible, pues la Asociación Estadunidense de Psiquiatría acababa de reconocer oficialmente este diagnóstico apoyándose, en gran medida, en los resultados de sus reconocidos estudios sobre el temperamento infantil. Para Chess, el exceso de actividad, la distracción y la impulsividad en los niños respondían a una alteración del funcionamiento de las zonas cerebrales encargadas de regular la energía física, y afectaban aproximadamente a 4 por ciento de la población entre los siete y los dieciocho años de edad. Un dato esperanzador: la mayoría de estos pequeños que habían soportado durante años el frustrante desequilibrio entre su deseo de encajar con normalidad y el descontrol que los dominaba, con el tiempo maduraban y minimizaban sus dificultades.

Aquella reveladora clase de Stella Chess despertó en mí la idea de que mis dificultades de la infancia y adolescencia fueran debidas a este trastorno. Confieso que la posibilidad de que problemas infantiles como los míos tuviesen un nombre me resultó realmente consoladora.

El *trastorno por déficit de atención e hiperactividad* fue reconocido oficialmente en 1994. Desde entonces, además de ser un reto científico para la medicina, la psicología y la pedagogía, supone un desafío sociopolítico. Pienso que, como paso previo a pronunciarnos ante este trastorno, la sociedad y sus líderes deberán primero informarse y entenderlo con un espíritu abierto y, sobre todo, con empatía; sintiendo y respetando genuinamente la realidad de los afectados y sus familiares.

Hoy, estoy convencido de que la moraleja de las experiencias tempranas de mi vida es la misma que apunta un antiguo proverbio chino: "En el corazón de las crisis se esconde una gran oportunidad". En mi caso, la oportunidad fue conocerme mejor y aprender a luchar, a cambiar y a lograr un día dirigir razonablemente el rumbo de mi vida. Pero esto no es todo, pues otra enseñanza no menos importante ha sido que, para poder encontrar la oportunidad en la crisis, una condición necesaria es contar con la comprensión, el apoyo y el conocimiento de otras personas.

LUIS ROJAS MARCOS
Psiquiatra

Introducción

El trastorno por déficit de atención con hiperactividad (TDAH) es un trastorno que en la actualidad está en boca de todo el mundo. Todos hablamos en relación a este trastorno que parece que se ha puesto de moda en los últimos años, pero que tiene una larga historia, como veremos en el primer capítulo del libro. Todos opinamos sobre el trastorno por déficit de atención pero pocos saben realmente lo que es de una manera científica. Como bien dice el neurólogo Alberto Fernández Jaén, todo lo que no sea ciencia es un prejuicio. No es más que una opinión y, como tal, cargada con un tinte subjetivo. Dado que el TDAH no tiene un marcador biológico o una prueba que determine si el niño lo padece o no, genera una gran cantidad de prejuicios y mitos en relación con él. A diferencia de lo que ocurre, por ejemplo, con el síndrome de Down o con un niño con discapacidad motora, el TDAH no es observable, lo que implica un mayor grado de incomprensión y especulación.

Además de que la sociedad en general opine y hable sobre el TDAH, en los centros escolares es uno de los diagnósticos más frecuentes. Tanto los maestros como los profesores y miembros de los departamentos de orientación se muestran sensibilizados para atender, con las máximas garantías, a los niños con TDAH con el objetivo de que tengan un desarrollo escolar lo más normalizado e integrador posible. Tal es el movimiento que suscita este trastorno que la FEAADAH (Federación Española de Asociaciones de Ayuda al Déficit de Atención con Hiperactividad) ha solicitado a la Organización Mundial de la Salud (OMS) que declare un día mundial de sensibilización del TDAH.

Entre tanto movimiento y preocupación en relación con este trastorno, no faltan diferentes enfoques y maneras de entender el TDAH. Desde los profesionales que aportan datos científicos sobre los genes que

27

codifican este trastorno hasta los que, sin negar su existencia, denuncian el sobrediagnóstico que hay acerca del TDAH. En el extremo opuesto nos encontramos con un grupo de profesionales de diferentes ámbitos que sostienen que el TDAH no existe y que es producto de la industria farmacéutica. Por lo tanto, nos encontramos con posturas para todos los gustos en relación con el TDAH, aunque la mayoría de expertos defiende su existencia y se apoya en una abundante cantidad de datos experimentales y científicos que así lo avalan. Algunos autores señalan la gran cantidad de casos de niños que han sido diagnosticados de TDAH sin serlo en realidad. En ocasiones, niños con problemas en el vínculo afectivo con sus padres o con deficiencias perceptivas visuales y auditivas han llegado a ser etiquetados como TDAH. Además de esto, a una gran cantidad de chicos se diagnostica TDAH en consultas públicas y privadas después de que el profesional haya visto al niño y a los padres durante 15 minutos o después de que los padres hayan rellenado un sencillo cuestionario. Este hecho es bastante preocupante. No podemos tolerar que se esté evaluando a niños en 10 a 15 minutos de consulta y que enseguida les estemos dando un diagnóstico. La evaluación, como se defiende en este libro, es un proceso serio que requiere tiempo para poder hacer un buen diagnóstico o descartar la posible patología. Si no hacemos un buen proceso de evaluación, las pautas educativas y el tratamiento multidisciplinario que requiere este trastorno estarán abocados al fracaso. Es como querer construir un edificio alto y robusto sin invertir tiempo en su base.

Uno de los puntos donde los autores especializados no coinciden es en el nombre que se le da al trastorno. Para algunos, es claramente un *trastorno*. Algunos teóricos hablan de *espectro*, ya que entienden que, al igual que en la vida, los trastornos no son cuestión de blanco o negro, sino que hay modalidades de grises (escalas). Otros abogan por la idea de *síndrome*, ya que si se toman las medidas y adaptaciones necesarias, no tiene por qué convertirse en un trastorno que afecte a la vida cotidiana en sus múltiples aspectos, pues su funcionamiento es completamente normal. Supongamos que estamos impartiendo una clase a un grupo de niños de diez años. Vamos a escoger a un niño que lleve gafas y que esté en la última fila del salón de clases. Le pedimos que se quite las gafas. Acto seguido, nos acercamos al pizarrón y escribimos una palabra cualquiera. Si le pedimos que lea la palabra, le va a resultar imposible hacerlo. En el momento que le dejamos que se ponga las gafas, podrá leer la palabra del pizarrón sin problemas. Con este sencillo ejemplo vemos lo común que es tener dificultades en la vida cotidiana y lo fácil que es ponerle remedio. En este caso, con el sencillo acto de ponerle gafas a un niño, le permitimos seguir la clase y ver lo que escribe el profesor en el pizarrón. Siguiendo con la explicación anterior, el hecho de que tengamos un déficit o un síntoma no quiere decir que tengamos un trastorno, ya que hemos puesto las medidas necesarias para evitar ese trastorno. Como comentaremos a lo largo del libro, el hecho de que el niño manifieste una serie de síntomas no significa que esto implique un trastorno. Por ejemplo, para la etapa preescolar, el hecho de que un niño sea inquieto y activo no suele representar un problema, como sí que lo es en la etapa escolar de educación primaria.

Como en la gran mayoría de temas de actualidad y relevancia, existen muchos mitos en relación con el TDAH. Desde los mitos que tienen que ver con que esta patología es una consecuencia de la falta de normas y educación por parte de los padres hacia sus hijos hasta las ideas más radicales en torno a los efectos que llegan a provocar los medicamentos que toman los niños con TDAH. Muchos de estos mitos se desarman en el primer capítulo del libro.

A lo largo del presente libro se hace hincapié en la importancia de que los padres estén formados en la larga e ilusionante aventura que tienen por delante: ser padres y atender las necesidades de sus hijos. Me llama poderosamente la atención que, en la sociedad en la que vivimos, nos exigen hacer cursos para absolutamente todo: curso de manipulación de alimentos, curso prematrimonial, curso de preparación al parto, curso para entrar a trabajar en una empresa, etcétera. Hay cursos para todos los gustos menos para ser padres. Como decimos habitualmente, los niños no vienen con un manual de instrucciones debajo del brazo al nacer. Y así es.

Tanto los profesores como los padres en casa debemos estar muy atentos, nunca mejor dicho, para detectar posibles casos de déficit de atención. Como señala la psicóloga clínica Begoña Aznárez, psicóloga de la Sociedad Española de Medicina Psicosomática y Psicoterapia, existen cuatro aspectos que debemos tener en cuenta a la hora de detectar posibles casos nuevos:

a) Cómo se alimenta el niño pequeño.

b) Hábitos y calidad de sueño.
c) Comportamiento y rendimiento académico del niño en el colegio o escuela infantil.
d) Si el niño tienen algún síntoma significativo (nerviosismo, tics, desatención).

Afortunadamente, el ser humano tiene una gran capacidad para el aprendizaje y todos sus conocimientos y experiencias se almacenan de manera efectiva en la corteza cerebral. Tal y como señala José Manuel García Verdugo, catedrático de Biología Celular de la Universidad de Valencia, los reptiles están constantemente regenerando sus neuronas, ya que apenas tienen sitio en la corteza cerebral para almacenar la información. Esto implica que el aprendizaje a mediano-largo plazo de un reptil es bastante escaso, debido a que sus neuronas mueren y han de ser sustituidas por otras nuevas que generan las células madre. En cambio, los humanos no disponemos de una neurogénesis tan prolífica como la de los reptiles, pero sí tenemos un lugar muy grande de almacenamiento en la corteza cerebral, en concreto en el córtex prefrontal. Gracias a esto, tanto los padres y maestros como los propios niños encontramos un aliado perfecto para superar nuestras limitaciones y dificultades. Nuestro incalculable poder de almacenaje y superación nos ayuda a ir sorteando los diferentes obstáculos que nos encontramos en la vida.

El presente libro trata de recopilar y exponer de manera sencilla y científica los conceptos fundamentales para la comprensión del TDAH, así como una larga lista de pautas prácticas y actividades para los familiares, maestros y profesionales que tratan, codo a codo, con los niños con TDAH. El objetivo de este libro es comprender de una manera profunda qué es el TDAH, cómo se manifiesta y qué orientaciones podemos llevar a cabo para trabajar diferentes funciones y procesos psicológicos que están afectados en estos chicos.

Además de querer que el lector acabe de leer el libro con un gran conocimiento en cuanto a todo lo que es y rodea al TDAH, también quiero proveer a los padres, maestros y profesionales de herramientas para hacer frente a las dificultades que presentan los niños con TDAH. Espero conseguir cumplir estos dos objetivos y que el lector disfrute de la lectura tanto como lo hice yo escribiendo.

1

Evolución histórica y mitos sobre el TDAH

BREVE HISTORIA DEL TDAH

Aunque hoy en día el TDAH está en boca de todos y es muy frecuente oír hablar de él en los diferentes medios de comunicación, es un trastorno que tiene más historia de la que podamos imaginar. Como se verá a lo largo del presente capítulo, las alusiones a cuadros similares a lo que hoy se conoce como TDAH se remontan a hace, por lo menos, dos siglos. Claro está que no se referían a él con el nombre que utilizamos en la actualidad, aunque sí hacían descripciones de comportamientos de niños que tenían unos síntomas muy parecidos a lo que hoy conocemos como TDAH.

Históricamente hablando, encontramos los primeros escritos sobre el TDAH en la obra del médico escocés sir Alexander Crichton, que data de 1798. En dicha obra, que tenía por título *Una investigación sobre la naturaleza y el origen de la enajenación mental*, Crichton describía los síntomas de lo que hoy conocemos como TDAH con presentación inatenta. A esta manifestación le dio el nombre de *mental restlessness* (inquietud mental) y ponía el acento en la dificultad de los niños que lo padecían para poder prestar atención de manera correcta.

En 1845, el alemán Heinrich Hoffmann, médico psiquiatra, escritor e ilustrador de cuentos, publica la obra *Der Struwwelpeter* (Pedrito el Mechudo), una recopilación de diez cuentos sobre diferentes problemas y patologías en la infancia. Uno de estos cuentos se titula "Felipe el nervioso", y en él se describen los problemas de atención e hiperactividad de este niño. A continuación se extrae un párrafo de este cuento:

"Felipe, para, deja de actuar como un gusano, la mesa no es un lugar para retorcerse." Así habla el padre a su hijo, lo dice en tono severo, no es broma. La madre frunce el ceño y mira a otro lado, sin embargo, no dice nada. Pero Phil no sigue el consejo, él hará lo que quiera a cualquier precio. Él se dobla y se tira, se mece y se ríe, aquí y allá sobre la silla, "Phil, estos retortijones yo no los puedo aguantar".

Hoffmann (1845)

Años más tarde, en 1902, el médico británico George Still publica un artículo en la prestigiosa revista *The Lancet* donde describe a un grupo de niños con una serie de síntomas muy parecidos a lo que hoy denominamos TDAH con presentación combinada, es decir, niños con inatención, muy activos, que no tenían en cuenta a sus compañeros, insensibles a las consecuencias de sus acciones, etcétera. Es la primera descripción científica sobre el TDAH. Este pediatra inglés ya vaticinaba que la etiología de estos síntomas no se debía a la educación que recibía el niño de sus padres, sino que era un trastorno neurológico en el que la herencia desempeñaba un papel muy importante. Según Still, estos niños poseían una dificultad para organizarse, realizar conductas que suponían un esfuerzo voluntario y tenían graves problemas para inhibir sus impulsos.

The Goulstonian Lectures

ON

SOME ABNORMAL PSYCHICAL CONDITIONS
IN CHILDREN.

*Delivered before the Royal College of Physicians of
London on March 4th, 6th, and 11th, 1902,*

By GEORGE F. STILL, M.A., M.D. CANTAB.,
F.R.C.P. LCND.,

ASSISTANT PHYSICIAN FOR DISEASES OF CHILDREN, KING'S
COLLEGE HOSPITAL; ASSISTANT PHYSICIAN TO THE
HOSPITAL FOR SICK CHILDREN, GREAT
ORMOND-STREET.

LECTURE I.

Delivered on March 4th.

En 1937, el psiquiatra estadunidense Charles Bradley descubre por casualidad los efectos que tiene la administración de una anfetamina a un grupo de jóvenes indisciplinados de un internado. Estos chicos manifestaban problemas de conducta y obediencia. Pocos días después, Bradley pudo comprobar que la anfetamina administrada había mejorado la conducta de los jóvenes y su rendimiento académico también mejoró considerablemente.

En la década de 1940 se había comprobado que algunas sustancias y medicamentos presentaban en ocasiones reacciones paradójicas: por ejemplo, se había visto que los estimulantes tipo anfetamina, que en la población en general producían inquietud y activación, hacían que los niños con hiperactividad se relajaran. En cambio, los calmantes como el fenobarbital, que en la población en general provocan relajación y disminución de la ansiedad, en estos niños tenían un efecto estimulante. Con estos hallazgos, comenzó el uso de psicoestimulantes en los niños con TDAH. Es concretamente en 1945 cuando se sintetiza por primera vez el metilfenidato, el principio activo de estos psicoestimulantes.

Hasta los años cincuenta, se concebía que estos síntomas eran producto de un claro daño cerebral. Aun así, se vio que había niños que manifestaban esos mismos síntomas pero no habían sufrido ningún daño cerebral evidente. Por esta razón, se pensó que los síntomas de falta de atención, impulsividad, inquietud motora y problemas de memoria eran consecuencia de un daño cerebral ligero, difícilmente perceptible o de una disfunción general. A este conjunto de síntomas de causas aún desconocidas se le denominó *daño cerebral mínimo*, para posteriormente llamarse *disfunción cerebral mínima*. Con este concepto, pretendían señalar que la causa de los síntomas tenía que ver con un daño cerebral pero difícilmente perceptible. La comercialización del metilfenidato se produce por primera vez en 1954 con el nombre comercial de Ritalin®.

EL TDAH EN LAS CLASIFICACIONES INTERNACIONALES DE LOS TRASTORNOS MENTALES

A partir de la década de 1950, se le da a este conjunto de síntomas el nombre de *síndrome hipercinético*. En esta época aún dominan las concepciones conductistas, lo que implica que todos los trastornos y dificultades son concebidos como un problema exclusivamente de conducta y, por tanto, no se atienden los aspectos cognitivos del niño (distracción, nerviosismo, falta de atención, problemas en la memoria, etcétera). En 1952 se publica la primera edición del DSM (*Diagnostic and Statistical Manual of Mental Disorders*, traducido al español como *Manual diagnóstico y estadístico de los trastornos mentales*). En esta primera edición no se hace mención de este trastorno.

En 1968 aparece por primera vez recogido el TDAH en el DSM-II con el nombre de *trastorno hipercinético impulsivo* (*hyperkinetic impulse disorder*). El psiquiatra Leon Eisenberg fue clave para que en este año se incluyera el trastorno en el DSM-II y colaboró activamente para que el metilfenidato se administrara a los pacientes que presentaban estos síntomas.

Es a partir de la década de 1970 cuando los aspectos cognitivos y no observables comienzan a adquirir relevancia en la concepción de esta patología. En estos años, hay un creciente interés por los aspectos cognitivos, en contraposición a la etapa conductista que dominó la primera mitad del siglo XX. Gracias al predominio de la escuela cognitiva, se pone el acento en este trastorno en los procesos básicos y superiores afectados: dificultad para mantener la atención, pobre memoria operativa, baja motivación, déficit en el control de impulsos, etcétera. La corriente cognitiva hace hincapié en los procesos no observables (atención, memoria, razonamiento, emociones, etcétera), aspectos que no fueron tomados en cuenta en la etapa conductista.

Virginia Douglas encontró en 1972 que la presentación del síndrome inatento podía ir acompañada o no de hiperactividad. Sus trabajos tuvieron gran influencia en el DSM-III (1980), que permitía distinguir entre estos dos subtipos del síndrome y ponía el foco en las dificultades de atención del niño como la parte definitoria del trastorno, siendo el problema de conducta algo accesorio o secundario. Tanto fue así, que en el DSM-III, la categoría diagnóstica que aparece es el *trastorno por déficit de atención* (TDA). El trastorno por déficit de atención con hiperactividad (TDAH) era una subcategoría del TDA.

Sin embargo, la aparición del DSM-III-R en 1987 elimina esta distinción, quedando recogido el cuadro como trastorno por déficit de atención con hiperactividad (TDAH). En la década de 1980, además, se desarrolla una mayor conciencia del trastorno en la población en general y surgen las primeras asociaciones de padres y madres de niños afectados con TDAH.

En España el metilfenidato comienza a comercializarse en el año 1981 con el nombre comercial de Rubifen®. Uno de los aspectos positivos de este medicamento es su liberación inmediata, lo que implica que sus beneficios se aprecian en el niño al poco tiempo de haberlo tomado.

En 1992 la OMS (Organización Mundial de la Salud) publica la Clasificación Internacional de Enfermedades (CIE), en su décima versión, CIE-10, donde se recoge el TDAH como una entidad diagnóstica y con el nombre de *trastorno hipercinético*.

En 1994, la APA (Asociación Estadunidense de Psiquiatría) publica el DSM-IV, donde aparece el TDAH como categoría diagnóstica dentro de los trastornos de inicio en la infancia, la niñez y la adolescencia. También, junto al TDAH, se encuentran el trastorno disocial y trastorno negativista desafiante. Además del diagnóstico de TDAH, el clínico debe especificar cuál de los tres subtipos predomina en el paciente: inatento, hiperactivo-impulsivo o combinado.

Russell Barkley, uno de los científicos y estudiosos del TDAH de mayor prestigio a nivel mundial, señala que dicha patología no se limita a los síntomas de inatención, impulsividad e hiperactividad. Los niños con diagnóstico de TDAH tienen una dificultad importante en las funciones ejecutivas, localizadas en el lóbulo frontal. Como desarrollaremos más adelante, las funciones ejecutivas son las habilidades de tipo cognitivo que nos permiten alcanzar una determinada meta. Barkley propone otra denominación alternativa al TDAH y es la de *trastorno por déficit de autorregulación* (*Self-Regulation Deficit Disorder*, SRDD).

En mayo de 2013 aparece el DSM-5 en su versión inglesa y un año después se traduce al español. Las diferencias entre el DSM-5 y el DSM-IV no son muy significativas en cuanto al TDAH se refiere, pero se explican de una manera detallada en el capítulo dedicado al diagnóstico de este trastorno.

MITOS SOBRE EL TDAH

Como ya se ha comentado en este capítulo, el TDAH es un trastorno del cual todo el mundo habla. Parece como si estuviera de moda. Educadores, médicos, psicólogos, psiquiatras, periodistas y hasta los políticos hablan del TDAH en los últimos años.

El hecho de que sea una patología que no tiene un marcador biológico ni que se reconozca visualmente ha provocado que exista una serie de mitos en relación con ella. A continuación comentamos algunos de los mitos más frecuentes:

- *Los niños con TDAH son inmaduros y vagos.* Respecto a la sintomatología, éstos son dos de los adjetivos que reciben los niños con TDAH. Es verdad que los niños con TDAH son inmaduros, ya que se trata de un trastorno en la maduración de su cerebro. De hecho, en el DSM-5, el TDAH está encuadrado dentro de los trastornos del neurodesarrollo. Además, en la etapa adolescente, los comportamientos relativos a su esfuerzo han sido castigados por las sucesivas experiencias de fracaso y esto hace, que a los chicos con TDAH les cueste más estudiar.
- *"Mi hijo no tiene déficit de atención porque puede estar horas jugando a los videojuegos."* Como todas las personas, los niños con TDAH pueden estar mucho tiempo haciendo una tarea siempre y cuando sea realmente motivante. Además, también es importante que la tarea tenga un refuerzo inmediato para el niño. En caso de que sea una actividad monótona y aburrida dejan de prestar atención. Lo mismo nos ocurre a los que no tenemos TDAH, con la diferencia de que contamos con una mayor capacidad de perseverancia.

- *Juegan más tiempo a los videojuegos que el resto de los niños.* Alberto Fernández Jaén, responsable de la Unidad de Neurología Infantil del Hospital Universitario Quirón (Madrid), ha demostrado científicamente que las actividades y el tiempo que dedican a ellas los niños con TDAH en su tiempo de ocio es muy similar al del resto de los niños. Por tanto, no juegan más tiempo a los videojuegos que los demás niños, como comúnmente se piensa.

- *El TDAH con la presentación combinada es el más frecuente.* El tipo de TDAH más frecuente no es el combinado, como se piensa habitualmente, sino el inatento. El problema es que el subtipo combinado suele acudir más frecuentemente a consulta, al tener síntomas conductuales y conllevar más problemas de comportamiento, mientras que el inatento es más difícil de detectar, ya que suelen ser niñas que se distraen pero que son muy trabajadoras y empeñosas en los estudios. La proporción de casos de TDAH con presentación inatenta es casi dos veces más frecuente que la presentación combinada.

- *El TDAH no existe.* Hay mucha controversia en relación con la posible invención del trastorno por déficit de atención con hiperactividad. Según algunos autores, entre los que podemos destacar al catedrático de la Universidad de Oviedo, Marino Pérez Álvarez, esta patología no existe como entidad diagnóstica. Más adelante se comentará de manera más detallada esta posición y los argumentos en los que se basa.

- *El TDAH desaparece en la adolescencia.* El TDAH es un trastorno crónico que persiste en la edad adulta y durante toda la vida. Otra cosa es que los síntomas de esta patología vayan cambiando en función de la edad de la persona que lo padece. Sabemos por los estudios longitudinales que los síntomas a partir de la adolescencia son más cognitivos y menos externalizantes o hiperactivos, como suelen ser en la etapa preescolar y primaria.

2

Cerebro y TDAH

¿QUÉ ES EL CEREBRO?

El cerebro es el órgano encargado de integrar y hacer funcionar a la perfección la larga lista de conductas que hacemos. Desde actividades tan sencillas como amarrarnos las agujetas o agarrar un lápiz hasta las actividades más complejas como resolver un enunciado matemático, ejecutar una coreografía o aprender un idioma nuevo. En todas ellas, el cerebro es el último responsable de que dichas conductas se ejecuten correctamente.

Es a través de la enfermedad y la patología como muchas veces los investigadores llegan a conclusiones sobre qué partes del cerebro están implicadas con determinadas funciones o acciones. Para el cometido de nuestro libro, resulta interesante tener unas nociones básicas acerca de cómo funciona el cerebro para entender los mecanismos que están alterados en los niños con TDAH. No realizaremos un análisis en profundidad, pero sí tenemos que partir de unos conocimientos mínimos para su correcta comprensión. Además, el TDAH es un trastorno en la maduración del cerebro, lo que implica que su desarrollo es más lento si lo comparamos con niños de su misma edad que no manifiestan dicha patología.

El cerebro humano no sobrepasa el kilo y medio de peso, lo que supone aproximadamente un 2 por ciento del peso total del cuerpo. En el momento del nacimiento, un cerebro humano pesa alrededor de 335 gramos, lo que equivale al peso del cerebro de un chimpancé adulto. Albergamos en él unos 100,000 millones de neuronas cuya función esencial es conectarse entre ellas para intercambiar información a través de los neurotransmisores. Una neurona no suele comunicarse únicamente con otra neurona (sinapsis), sino que suele hacerlo con muchas a la vez, ya que se agrupan en redes neuronales. Los neurotransmisores cerebrales son las sustancias químicas que permiten conectarse a las neuronas y hacen posible el aprendizaje, la emoción, el razonamiento, la lógica, la memoria y, cómo no, la atención.

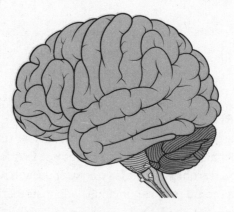

Sin entrar en la gran complejidad que caracteriza nuestro cerebro, vamos a manejar dos clasificaciones compatibles. La primera es una clasificación clásica sobre la anatomía del encéfalo, mientras que la segunda es más funcional y se centra en el cerebro. Además, esta última es más práctica y didáctica que la primera. Ambas clasificaciones nos van a resultar útiles para comprender de manera sencilla cómo ha evolucionado nuestro cerebro desde tiempos remotos hasta la actualidad, así como su funcionamiento básico.

CLASIFICACIÓN ANATÓMICA DEL ENCÉFALO

Uno de los muchos autores que ha explicado la clasificación anatómica sobre el encéfalo es Paul MacLean. Esta clasificación divide el encéfalo del ser humano en tres partes claramente diferenciadas: complejo reptiliano, sistema límbico y corteza cerebral. Estas tres capas o "cerebros" se han ido desarrollando a lo largo de la evolución de la especie humana para poder adaptarse a las demandas cambiantes del entorno. Es lo que se conoce como *filogénesis*. El complejo reptiliano es la estructura más antigua de nuestro encéfalo y la corteza cerebral es la más moderna y vanguardista. En 1866 Ernst Haeckel expuso la *teoría de la recapitulación* que enuncia que la formación de estos cerebros también aparece en este

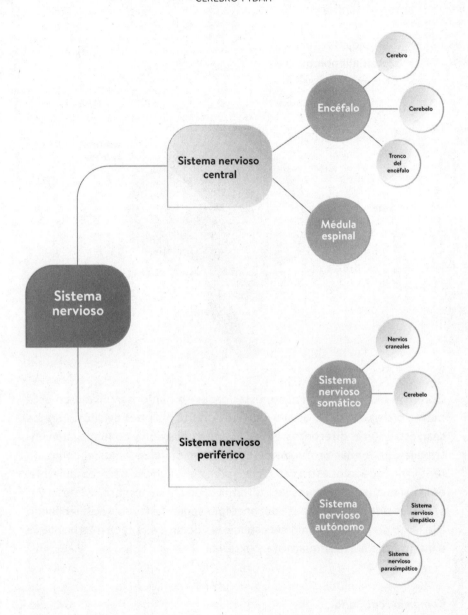

mismo orden a lo largo del desarrollo evolutivo del niño (*ontogénesis*). Lo que proponía Haeckel es que la ontogénesis resume la filogénesis.

Por lo tanto, todos los seres humanos tenemos las siguientes tres partes del encéfalo fruto de nuestra evolución:

- Complejo reptiliano
- Sistema límbico
- Corteza cerebral

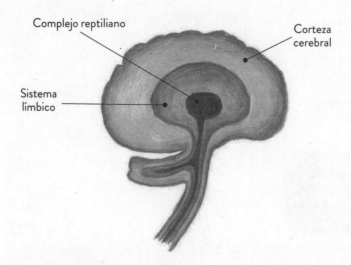

Como ya hemos mencionado, estas capas se han desarrollado en este mismo orden a lo largo de la evolución durante millones de años. Aunque sean estructuras diferentes, existe una alta conexión y comunicación entre ellas. En lo más profundo de nuestro encéfalo tenemos el complejo reptiliano, que es nuestra capa más primitiva y, aunque parezca increíble, es la parte que heredamos de los reptiles, de ahí su nombre. Vamos a ver ahora las diferentes "capas" del encéfalo según se fueron desarrollando a lo largo de la evolución de la especie, es decir, de la capa más primitiva e interna a la más vanguardista y externa.

Complejo reptiliano

El complejo reptiliano, también llamado por algunos autores *cerebro reptiliano* o *arquicórtex*, es la parte que hemos heredado de reptiles como las serpientes, los cocodrilos y las iguanas. Como ya hemos comentado anteriormente, es la capa más primitiva y antigua de nuestro encéfalo, ya que se remonta a más de 200 millones de años atrás.

Las dos estructuras básicas que integran el complejo reptiliano son el *tronco del encéfalo* y el *cerebelo*. Ambas están ubicadas en la base de nuestro encéfalo.

El complejo reptiliano está marcadamente asociado a la supervivencia, ya que actúa en décimas de segundos y nos permite aumentar nuestras probabilidades de seguir con vida ante los diferentes peligros. Nos posibilita responder de manera inmediata y sin pensar. El esquema básico de las estructuras reptilianas es E-R, es decir, dar una respuesta (R) a un determinado estímulo (E). En esta parte del encéfalo no existen emociones, planificaciones ni razonamientos. No existe el pensamiento como tal, sino respuestas automáticas e instintivas. Gracias a él, salvamos en muchas ocasiones nuestra vida y la de los demás. Reaccionamos en décimas de segundo y, sin que el pensamiento entre en juego, simplemente realizamos la acción.

Por ejemplo, si un día vamos conduciendo por la autopista y nos topamos con un neumático en mitad de la carretera, será nuestro complejo reptiliano quien dé una respuesta adaptativa ante dicho peligro. En décimas de segundo, pondrá en marcha la opción más acertada para nosotros y sin pensamiento alguno. ¿Se imaginan que en ese momento nuestro cerebro tuviera que valorar las diferentes opciones, con sus ventajas e inconvenientes para tomar una decisión? La situación de la carretera que hemos descrito requiere decisiones inmediatas. La latencia, es decir, el tiempo que transcurre desde que vemos el obstáculo hasta que damos la respuesta, debe ser muchísimo menor a un segundo para aumentar nuestras posibilidades de supervivencia.

El cerebro reptiliano también se encarga de la satisfacción de las necesidades básicas, como son la alimentación, la hidratación, el sexo, la regulación de la temperatura, la protección, la respiración, los latidos del corazón, etcétera. Cuando un dragón de Comodo tiene hambre, directamente se dispone a buscar una presa para satisfacer su necesidad alimenticia. No es capaz de retrasar la satisfacción de sus necesidades básicas. Nuestro caso es muy diferente, ya que gracias a estructuras más desarrolladas del cerebro, somos capaces de, aun teniendo hambre, retrasar el momento de la comida.

Como ya hemos comentado, el cerebro reptiliano carece de emociones, sentimientos y pensamientos, ya que es una estructura encefálica que se basa en el esquema estímulo-respuesta. Por ejemplo, cuando un grupo de cocodrilos sufre el ataque de un hipopótamo agresivo y deja a alguna cría de cocodrilo malherida, no tendrán ningún sentimiento de pena hacia ella. Es una estructura encefálica puramente mecánica. Gracias al complejo reptiliano, somos capaces de realizar acciones sin pensar, ya que es un cerebro automático, inconsciente y no pensante. Es el cerebro de los instintos, de la supervivencia o de lo que los británicos llaman las tres "F" (*fly*, *fight*, *freeze*). Ante una situación de peligro o emergencia, podemos actuar de tres maneras diferentes: huir (*fly*), luchar (*fight*) o quedarnos paralizados (*freeze*). Imaginemos que vamos una noche dando una vuelta por la calle con nuestra pareja y, de repente, un amigo que nos ha visto a lo lejos decide darnos un susto al pasar una esquina. En función de cómo seamos y de la situación, adoptaremos una de estas tres opciones de respuesta. Lo que está claro es que, independientemente de nuestra respuesta, con seguridad nuestro corazón latirá bastante más rápido y fuerte de lo normal, ya que se está preparando para realizar alguna acción (huir o luchar). Sobre la base del complejo reptiliano y a lo largo de la evolución, se fue desarrollando el sistema límbico, un conjunto de estructuras cerebrales que serán de gran relevancia para los mamíferos. Dicha estructura va a permitir la expresión de las emociones, los aprendizajes básicos y va a desarrollar una memoria más potente que la que tenían los reptiles.

Sistema límbico

El sistema límbico es un conjunto de estructuras que se desarrollan sobre el complejo reptiliano y tienen un alto grado de implicación en las emociones, la memoria y los aprendizajes básicos. También se le conoce con el nombre de *cerebro emocional*.

La etimología de la palabra *emoción* ya nos indica movimiento o impulso en una dirección concreta. Las emociones nos permiten acercarnos hacía lo positivo y defendernos o alejarnos de lo negativo, con lo que aumentan nuestras probabilidades de supervivencia. Por ejemplo, cuando nos dan una buena noticia, la emoción resultante es la de alegría. Dicha emoción nos invita a compartir con nuestros familiares este acontecimiento positivo. En cambio, el miedo que un niño tiene hacia los perros le hace evitarlos cada vez que ve uno.

Como explica el neurobiólogo Ignacio Morgado, catedrático de Psi-cobiología del Instituto de Neurociencia de la Universidad Autónoma de Barcelona, el cerebro emocional apareció hace aproximadamente unos 180 millones de años y tiene una estrecha relación con el apego. Aque-llos animales no mamíferos, como son los tiburones, las ranas, las ser-pientes y las hormigas, no disponen de este cerebro emocional y, por tanto, no tienen apego. El apego es la relación que se establece entre la cría y sus progenitores, especialmente la hembra, y que aumenta las pro-babilidades de supervivencia de la cría.

El cerebro emocional es característico de los mamíferos, aunque los mamíferos superiores, como elefantes, felinos, delfines y chimpan-cés, tienen un sistema límbico más desarrollado que el resto de mamífe-ros. En él se encuentran los aprendizajes básicos que adquirimos, como es el asociativo y el basado en consecuencias. También se desarrollan las emociones (alegría, miedo, tristeza, rabia) con la aparición de los prime-ros mamíferos. Hace unos años circulaba por las redes sociales la boni-ta historia de un león que fue criado desde su nacimiento por una pareja de australianos hasta que tuvieron que entregarlo para reintroducirlo en su hábitat natural en África. Un año después de separarse, la pareja fue a visitarlo y pudo comprobar que la memoria del león permanecía intacta. Éste es uno de los muchos ejemplos que demuestran que los mamíferos tienen un desarrollo importante de su memoria y aprendizaje.

Otro caso que demuestra la expresión de las emociones en los ma-míferos lo encontramos en cómo los elefantes afrontan la muerte de un miembro de su manada. Todos los elefantes de la manada estarán jun-to con el cuerpo del elefante fallecido durante unos días "llorando" su muerte y atravesando su propio duelo. Este tipo de comportamientos también los encontramos en muchos tipos de primates.

La manera de proceder del cerebro emocional es completamente involuntaria, ya que no somos conscientes ni podemos impedir que de-terminadas emociones surjan. Lo que sí podemos controlar es la conduc-ta asociada a esa emoción. Por ejemplo, cuando vemos una situación que nos parece injusta o las cosas no nos salen como a nosotros nos gustaría, la emoción resultante en nuestro sistema límbico es la *rabia* o *ira*. El he-cho de que la rabia aparezca en ese momento es incontrolable, no pode-mos hacer nada para evitarlo. Lo que sí que podemos controlar, gracias a otra parte del cerebro que veremos más adelante y que es más evolucionada y reciente en el tiempo, es la conducta asociada a dicha emoción. Por lo tanto, podemos controlar la conducta asociada a la emoción, pero no la emoción en sí. Como explica Rafael Bisquerra, catedrático y director del posgrado de Educación Emocional y Bienestar de la Universidad de Barcelona, las emociones llegan irremediablemente a nosotros. Dedicaremos un capítulo entero más adelante a hablar de las emociones.

Los niños con TDAH suelen tener muchas dificultades para controlar su cerebro emocional y, por tanto, sus reacciones emocionales. Suelen ser muy impulsivos y naturales con la expresión de sus emociones y, a veces, esto les juega malas pasadas en el contexto académico, social y familiar.

Veamos un ejemplo. Paco es un alumno de secundaria que tiene déficit de atención e hiperactividad. En las clases se suele mostrar activo y cuando el profesor plantea una pregunta levanta la mano para contestar. Sus compañeros de clase se quejan mucho de Paco por este motivo. Uno de los problemas que conlleva el TDAH le lleva a Paco a no regular bien sus impulsos y emociones y, como consecuencia, es muy entusiasta con sus compañeros y esto los lleva a quejarse de él. El motivo por el que Paco se muestra tan impulsivo y activo en clase es porque no existe una buena coordinación entre su sistema límbico y la corteza cerebral. No es capaz de controlar o inhibir sus impulsos y emociones.

En el sistema límbico tenemos estructuras neurológicas tan importantes y determinantes como el *hipocampo*, que es nuestro disco duro de memoria, la *amígdala* y el *hipotálamo*. Veremos más adelante cómo funcionan estas tres estructuras límbicas.

Corteza cerebral

La corteza cerebral, también llamada neocórtex, está ubicada en la región más externa de nuestro encéfalo. Se encarga de la parte pensante e intelectual, por eso también se le conoce como *cerebro pensante*. Aparece aproximadamente hace unos 60 millones de años con el surgimiento de los primeros primates. A pesar del nombre que recibe y de que en esta parte del cerebro se encuentren las ideas, los pensamientos y las relaciones entre ellos, podemos decir que no somos conscientes de un gran porcentaje de lo que pensamos. Sólo somos conscientes de un

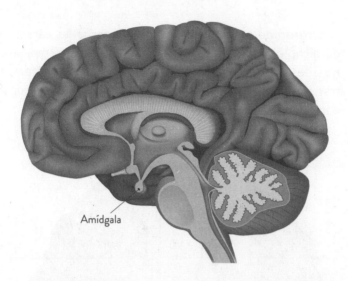

Amídgala

15 a 20 por ciento de todos nuestros pensamientos. ¿Nos podemos llegar a imaginar lo caótico y estresante que sería nuestra vida si fuéramos conscientes de todo lo que pensamos en cada momento? Sería un verdadero caos.

Vamos a imaginar por un instante que estamos sentados en una silla frente a nuestra computadora portátil. ¿Creen que si notamos algo que nos pica en nuestro trasero no nos levantaríamos para quitarlo? Si tuviéramos frío, ¿nos pondríamos una sudadera o una manta encima? Y si oímos un ruido detrás de nosotros, ¿nos daríamos la vuelta? Todas estas cosas que hemos descrito se podrían dar en un lapso de unos pocos segundos y de la gran mayoría de ellas, por no decir todas, las realizaríamos sin ser conscientes de la decisión que hemos tomado y de que lo estamos haciendo. Si tuviéramos que analizar cada una de estas situaciones y valorar los pros y contras de cada una de las múltiples opciones, nos volveríamos locos.

El córtex cerebral del ser humano está dividido en dos hemisferios y cuatro lóbulos cerebrales que describimos de manera breve:

- *Lóbulo occipital.* Una de las funciones más importantes de este lóbulo es el análisis de la información visual. Por ejemplo, cuando vemos un objeto sobre una mesa, los ojos son el órgano sensorial encargado de recoger la información sobre las características de dicho objeto (color, altura, ancho, si está en movimiento o no, si es afilado, tamaño, localización espacial, etcétera), mientras que nuestro lóbulo occipital tendría la tarea de *reconocer* dicho objeto.

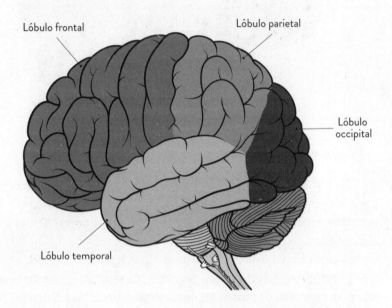

- *Lóbulo temporal.* Aquí están localizados los grandes centros de la audición y el olfato. Además, en el lóbulo temporal izquierdo está el área de Wernicke que tiene relación con la comprensión del lenguaje. A lo largo de la corteza del lóbulo temporal están ubicados diferentes centros del pensamiento.
- *Lóbulo parietal.* Es el centro encargado de procesar las sensaciones de tacto, presión, temperatura y dolor. También es el centro del cálculo matemático. Por ejemplo, cuando vamos al supermercado a comprar 4 o 5 cosas que nos hacen falta para la cena de esta noche y vamos calculando lo que nos vamos a gastar, tenemos activando nuestro lóbulo parietal.
- *Lóbulo frontal.* Este lóbulo está localizado en la parte frontal de la cabeza y es el más moderno filogenéticamente hablando. Está

íntimamente relacionado con las funciones ejecutivas y hace al ser humano diferente de otras especies animales. En el ser humano, ocupa un tercio del total del cerebro. Todos los mamíferos poseemos lóbulo frontal y corteza prefrontal pero sólo el *Homo sapiens sapiens* tiene funciones ejecutivas. La principal función del lóbulo frontal en el humano es el desarrollo y coordinación de las funciones ejecutivas. El lóbulo frontal está dividido en dos partes importantes:

o *Corteza motora*. Está relacionada con la programación y la ejecución de movimientos y conductas voluntarias, como son la escritura y la lectura. En dicha corteza se encuentra el área de Broca, que tiene importantes implicaciones en la producción lingüística.

o *Corteza prefrontal*. Es la encargada de elaborar el pensamiento, el razonamiento, la abstracción, la toma de decisiones, etcétera. Es la vanguardia de la evolución, la que nos proyecta y abre al futuro. Aquí se localizan las neuronas espejo de las que hablaremos de una manera más detallada en otros capítulos.

En el neocórtex se encuentran las funciones ejecutivas, concretamente en el lóbulo frontal. Gracias a las funciones ejecutivas, el *Homo sapiens sapiens* puede realizar algunas acciones, operaciones y pensamientos que otros animales no pueden ejecutar. Hablaremos más detenidamente de ellas y de cómo fomentarlas en el capítulo dedicado a ello.

CLASIFICACIÓN FUNCIONAL DEL CEREBRO

Otra clasificación que vamos a desarrollar y que es complementaria a la anterior se basa en la funcionalidad del cerebro. Es una manera más práctica de entender el funcionamiento de nuestro cerebro. Según esta clasificación, dejaríamos a un lado el complejo reptiliano y hablaríamos de:

• *Cerebro emocional*: como ya hemos comentado, el cerebro emocional tiene como características esenciales el ser rápido, automático y, en muchos puntos, inconsciente. Es el que nos informa de las necesidades básicas que tenemos y de las emociones que experimentamos. Por ejemplo, la necesidad de comer e hidratarse está aquí ubicada, así como las emociones que experimentamos a lo largo del día (alegría, rabia, tristeza, sorpresa, etcétera).

- *Cerebro cognitivo*: está ubicado principalmente en los lóbulos parietal, temporal y occipital. En estos tres lóbulos se almacena toda la información que disponemos en nuestras memorias.
- *Cerebro ejecutivo*: este cerebro es el dominante en el ser humano y está ubicado en el lóbulo frontal, concretamente en la corteza prefrontal. Dicha corteza ocupa un tercio del total de la superficie del neocórtex. A pesar de que todos los grandes simios (chimpancés, bonobos, orangutanes, gorilas y seres humanos) poseemos corteza prefrontal, sólo el ser humano dispone de funciones ejecutivas que le permiten proyectarse al futuro. Como comenta Joaquín Fuster, las funciones ejecutivas tienen la característica de ser proyectivas y, por tanto, orientadas al futuro.

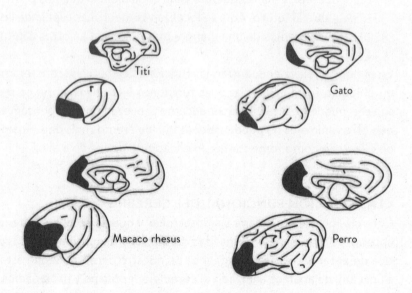

Tití

Gato

Macaco rhesus

Perro

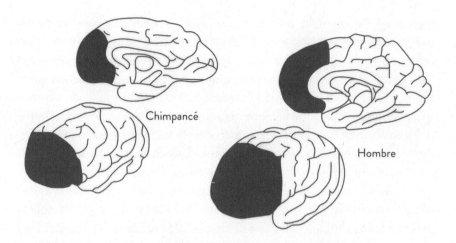

Chimpancé

Hombre

¿CÓMO ES EL CEREBRO DE UN NIÑO CON TDAH?

Si comparamos un cerebro de un niño con TDAH con un cerebro de un niño sin esta patología podemos observar que hay diferencias tanto en lo estructural como en lo funcional, es decir, tanto en la forma anatómica del cerebro como en la funcionalidad de sus partes. Los primeros estudios que demuestran que hay diferencias en el volumen cerebral entre los niños con TDAH y niños sin TDAH son los de Xavier Castellanos.

El cerebro de una persona con déficit de atención es diferente del de una persona sin esta problemática. En cuanto al tamaño, suelen ser cerebros más pequeños en comparación con otros niños de su edad, es decir, con un menor volumen cerebral. Esto no quiere decir que sea un cerebro anormal o patológico, sino que es diferente. Para entenderlo, veamos un ejemplo. A través de diferentes pruebas de neuroimagen, se ha visto que existen diferencias anatómicas y de funcionamiento entre el cerebro de un hombre y el de una mujer. Y ¿esto quiere decir que uno sea mejor que otro? No, simplemente que son diferentes, y cada uno tiene su potencialidades.

Los estudios de Philip Shaw, investigador de la rama de psiquiatría infantil del U. S. National Institute of Mental Health (NIMH), del año 2009 han demostrado que el lóbulo frontal y en concreto la corteza prefrontal se desarrollan de una manera más lenta en el caso de los niños con TDAH. Encuentran una inmadurez de tres años aproximadamente en la corteza prefrontal. Por ejemplo, un niño de nueve años tendría un nivel de madu-ración de un niño de seis años. Dicha corteza es la encargada de la con-centración, memoria operativa, organización, etcétera. Los niños con TDAH también presentan un lóbulo temporal más inmaduro que los niños que no tienen esta dificultad. El tamaño del cerebelo suele ser más pe-queño en estos niños. Se ha comprobado también que la conexión entre el sistema límbico y la corteza prefrontal en los niños con TDAH no fun-ciona de una manera óptima, lo que hace que ellos suelan tener dificulta-des con la expresión e inhibición de sus emociones e impulsos.

Como conclusión, se ha comprobado en varios estudios que el de-sarrollo global del cerebro es menor en los niños con TDAH si compara-mos con niños sin TDAH y hay una disfunción de la corteza prefrontal. Hay estudios que demuestran una inmadurez del lóbulo temporal, frontal y el parietal. Para quien quiera profundizar en los estudios que ha hecho Katya Rubia, del Instituto de Psiquiatría del King's College de Londres, empleando técnicas de resonancia magnética funcional con niños con TDAH, en la bibliografía aparecen algunos escritos que pueden resultar interesantes.

A mi modo de ver, resulta muy importante que el niño con TDAH sepa cómo funciona y se desarrolla el cerebro. Para ello, suelo utilizar, tanto para los propios niños como para los padres, un símil que extraje de un libro de Daniel Siegel. Me ayudo de mi mano para explicarles las dife-rentes partes del cerebro, así como la relación entre ellas. De esta ma-nera, la muñeca de la mano representa el complejo reptiliano, la palma de la mano y el dedo gordo simbolizan el sistema límbico y los cuatro de-dos restantes, el córtex. Las falanges superiores de los dedos represen-tan la corteza prefrontal que, al cerrar la mano, está en todo momento en contacto con el resto de las estructuras cerebrales. De esta manera sencilla y didáctica conseguimos que tanto los niños como sus familiares entiendan las partes básicas del cerebro, así como la relación existente entre ellas.

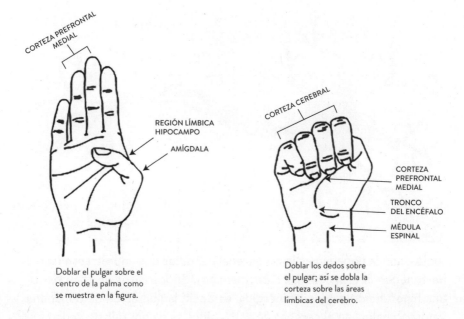

CORTEZA PREFRONTAL MEDIAL

REGIÓN LÍMBICA
HIPOCAMPO

AMÍGDALA

Doblar el pulgar sobre el
centro de la palma como
se muestra en la figura.

CORTEZA CEREBRAL

CORTEZA
PREFRONTAL
MEDIAL

TRONCO
DEL ENCÉFALO

MÉDULA
ESPINAL

Doblar los dedos sobre
el pulgar; así se dobla la
corteza sobre las áreas
límbicas del cerebro.

NEUROTRANSMISORES IMPLICADOS EN EL TDAH

Podemos definir un neurotransmisor como una molécula química cuya función principal es transmitir información de una neurona a otra u otras neuronas. Este proceso de conexión química entre neuronas se conoce con el nombre de sinapsis.

Las neuronas tienen cuatro partes básicas:

- Soma o cuerpo de la neurona
- Dendritas
- Axón: a través del cual pasan los impulsos eléctricos en dirección a los botones sinápticos
- Botones sinápticos: los botones sinápticos de la neurona en cuestión establecen sinapsis con los botones sinápticos de otras neuronas

Los dos neurotransmisores que mayor relación tienen con el trastorno por déficit de atención con hiperactividad, según la gran mayoría de es-

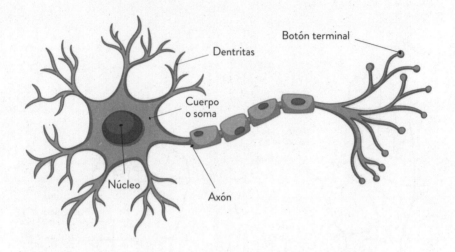

tudios, son la dopamina y la noradrenalina. Estos dos neurotransmisores pertenecen al grupo de las catecolaminas. En los casos de TDAH existe una hipofunción catecolaminérgica, es decir, la liberación de dopamina y noradrenalina en el cerebro de estos niños se da por debajo de lo normal. La toma de medicación en los chicos con TDAH busca regular los niveles de neurotransmisores catecolaminérgicos que se encuentran por debajo de lo normal.

LOS TRES CEREBROS EN LA VIDA COTIDIANA

En el presente capítulo hemos descrito dos clasificaciones, la anatómica y la funcional, que en muchos puntos tienen características similares. A decir verdad, la segunda clasificación que hemos visto, la funcional del cerebro, puede resultar más práctica y pedagógica, por eso es la que vamos a utilizar para poner algunos ejemplos para terminar de entender las diferentes partes del cerebro y la relación existente entre ellas.

La dieta de Silvia

Silvia es una chica de veintisiete años cuyo endocrinólogo le ha mandado un dieta estricta para perder peso. Una tarde estaba viendo la televisión tranquilamente en su casa cuando de repente notó la sensación de tener hambre. Como ya hemos visto, las necesidades básicas, como es la alimentación, se dan en el cerebro emocional. Este cerebro es eminentemente reactivo e impulsivo. Ante dicha necesidad, aparece una emoción que le lleva a aproximarse al refrigerador, la cocina, determinados alimentos, etcétera. Cuando esa necesidad y la emoción consecuente llegan al cerebro cognitivo o neocórtex, éste le da la orden de levantarse e ir a la cocina a prepararse algo de comer. Todo esto ocurre en un lapso de tiempo muy corto y de manera inconsciente. Sin embargo, gracias a las funciones ejecutivas, que están en perfectas condiciones en el caso de Silvia, puede frenar la acción de ir a la cocina por algo de comer. La función ejecutiva que se ha activado es la inhibición, es decir, el proceso mental por el cual Silvia descarta la opción de ir a comer algo a la cocina, ya que puede anticipar las consecuencias negativas que eso puede tener. Valora las consecuencias en función de sus intereses y objetivos, y toma una decisión. Tan importante es ser capaz de llevar a cabo una conducta como ser capaz de inhibirla. Es su cerebro ejecutivo el que valora las diferentes opciones y el que le hace pensar: "No hagas esto, que al final te vas a sentir mal", "te vas a arrepentir", "tu endocrinólogo se va a enojar contigo", "no vas a conseguir bajar tu peso", etcétera. Quien ha tomado las riendas de la situación en este caso es el cerebro ejecutivo de Silvia, que da una respuesta y no reacciona como hace el cerebro emocional.

Jacobo y el partido de futbol

Una mañana de domingo, Jacobo, un niño de diez años, estaba estudiando en su habitación cuando llamaron al timbre de su casa. Eran sus amigos del barrio. Le decían que iban a jugar un partido de futbol y le preguntaban si quería bajar a unírseles. Jacobo es un apasionado del futbol. En ese momento, surgieron las ganas y la necesidad de ir con sus amigos a jugar, ya que su cerebro emocional se activó positivamente. Los instintos y las emociones agradables en relación al partido de futbol hicieron que su cerebro cognitivo le diera la orden de bajar a jugar y dejar de estudiar los exámenes que tenía la semana siguiente. Esta relación entre el cerebro emocional y el cognitivo se produce en décimas de segundo y de manera inconsciente. Entonces Jacobo empezó a buscar razones por las que dejar de estudiar y bajar con sus amigos: "ya me lo sé muy bien", "cuando regrese del partido me baño y sigo estudiando", "mañana repaso por la mañana y en el recreo", etcétera. Salen a relucir todo tipo de argumentos para satisfacer la necesidad de jugar futbol. Pero justo cuando estaba dispuesto a bajar con sus amigos, algo lo hizo detenerse. Se dio cuenta de que, cuando volvieran sus padres de hacer las compras, se enfadarían con él por no haber sido responsable, además de poner en riesgo aprobar el examen. Como Jacobo pudo anticipar las consecuencias negativas de bajar a jugar futbol en ese momento, decidió, con gran pena, decirles a sus amigos que en otra ocasión sería, que tenía que seguir estudiando para los exámenes de la siguiente semana. Gracias a sus funciones ejecutivas, en concreto la inhibición, Jacobo pudo retrasar el partido para otro momento. Esto demuestra que pudo actuar en consecuencia con sus intereses, a pesar de que estaba muy motivado con la idea del partido.

Alejandro y el juego de gato

Alejandro es un niño con TDAH que está cursando el tercer grado de secundaria. Una mañana que estaba en clase de Historia, su compañero de pupitre, que estaba bastante perdido y aburrido, le propuso echar una partida de gato. Alejandro, con la inocencia característica de los TDAH, acepta el reto de su amigo y se ponen a jugar en medio de clase. No se detuvo a pensar en las posibles consecuencias de hacerlo, simplemente le pareció buena idea jugar la partida y aceptó. Alejandro le dio rienda suelta y total libertad de acción a su cerebro emocional. A su cerebro cognitivo le llega la señal de "estoy aburrido" y da la orden de "si estás aburrido, ponte a hacer algo más entretenido". El profesor, al pasar cerca de ellos, los ve jugando gato y les pone la consiguiente nota en el cuaderno. Alejandro, debido a su TDAH, no ha sido capaz de inhibir la propuesta de su amigo, sabiendo que esa conducta conllevaba un alto riesgo de que los vieran y los castigaran. Simplemente se aburría y decidió hacer algo más divertido. El problema de Alejandro es que no ha ejercido un control voluntario sobre su conducta, ha dejado que su cerebro emocional (sistema límbico) asumiera el control. Las vías de conexión entre el cerebro emocional y el ejecutivo, en el caso de Alejandro y los TDAH, no están muy desarrolladas ya que existe un problema de maduración.

Hugo y sus ganas de ir al baño

Es casi la hora de ir al recreo para Hugo y sus compañeros de clase de cuatro años. Estaba coloreando su ficha cuando, de repente, sintió la necesidad de hacer pipí (cerebro emocional). Ante esa urgencia, Hugo acude a su profesora y le pregunta si puede ir al baño. Ésta, al ver que la hora del recreo está próxima en el tiempo, le dice al niño que espere un poco y se levanta a ayudar a otros niños de la clase. Hugo decide no hacer caso a las indicaciones de su profesora y se va al baño por su cuenta (cerebro cognitivo). La profesora ve que Hugo no le ha hecho caso y decide castigarlo sin recreo por haber desobedecido. Hugo no ha sido capaz de anticiparse a las consecuencias de su conducta de desobediencia, ya que sólo tiene cuatro años y su corteza prefrontal (cerebro ejecutivo) no está desarrollado por completo. La profesora, a la hora de tomar una medida ante la conducta de Hugo, no ha tenido en cuenta que los niños de cuatro años no tienen sus funciones ejecutivas en pleno funcionamiento. Es por ello que Hugo no ha podido prever las consecuencias, ni siquiera ha podido detenerlas; simplemente se fue al baño porque tenía ganas de hacer pipí. La corteza prefrontal es una de las partes del cerebro que más tiempo tarda en madurar: hasta los veinte años alcanza su madurez.

3

Entrando en materia: ¿qué es el TDAH?

ASPECTOS INTRODUCTORIOS DEL TDAH

El trastorno por déficit de atención con hiperactividad (TDAH) es un trastorno complejo que implica una serie de síntomas y dificultades que afectan al niño en sus diferentes ámbitos: académico, familiar, emocional, social y conductual. Como bien señala Francisco Xavier Castellanos, psiquiatra y especialista científico a nivel mundial sobre el TDAH, una de las características que tienen en común los TDAH es su gran variabilidad. Aunque algunos síntomas o manifestaciones pueden ser comunes, no existen dos TDAH iguales, como ocurre con otras patologías y enfermedades.

Este trastorno está encuadrado en el DSM-5 como un *trastorno del neurodesarrollo* o también llamado *trastorno del desarrollo neurológico*. El DSM-5, como ya comentamos en el primer capítulo, es el *Manual diagnóstico y estadístico de los trastornos mentales* que redacta la APA (Asociación Estadunidense de Psiquiatría) para la clasificación de las diferentes patologías psiquiátricas.

A lo largo de los últimos años, la categoría diagnóstica de TDAH ha sido utilizada, desgraciadamente, como un cajón de sastre. Muchos niños que manifiestan síntomas de inatención en clase o inquietud en casa, son rápidamente etiquetados como hiperactivos, sin haber realizado una evaluación ni haber tenido en cuenta las causas que provocan dicha manifestación. En otros casos, algunos niños que sufren de hipoacusia o déficits de visión también han sido diagnosticados de TDAH, ya que no se ha hecho una buena evaluación de ellos. Muchas veces se soluciona la dificultad del niño realizándole pruebas auditivas o visuales. Por lo tanto, nos encontramos con una situación en el que existe un evidente sobrediagnóstico del trastorno, así como una evaluación deficitaria e insuficiente por parte de algunos profesionales.

El TDAH es un trastorno crónico, es decir, para toda la vida, aunque en función de la edad del paciente y las demandas del ambiente prevalecerán unos síntomas sobre otros. Dicha manifestación de síntomas también dependerá de la implicación y reeducación del paciente y su familia. Podemos equiparar el TDAH a otras patologías crónicas como son la diabetes o el asma. Estas dificultades son para siempre, aunque se ven significativamente influidas por el modo en que llevemos a cabo el tratamiento.

La experta en TDAH Isabel Orjales, profesora del Departamento de Psicología Evolutiva y de la Educación de la Universidad Nacional de Educación a Distancia (UNED) y directora de Child Institute, explica que dicho trastorno tiene *efecto bola de nieve*. Esto quiere decir que si no se controlan o trabajan algunos aspectos del entorno del niño, esto es, los diferentes ámbitos de los que hablábamos antes, dichos efectos perjudiciales influirán en el resto de los ámbitos.

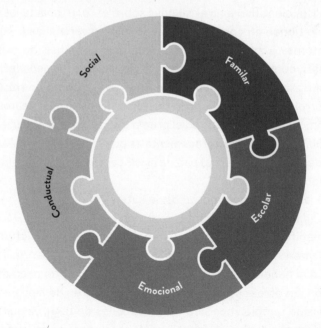

Unos ámbitos influyen en otros, ya que están interrelacionados. De esta manera, un niño que manifieste síntomas de inatención en clase y con el que no se tomen determinadas medidas a nivel escolar, acabará influyendo en otros aspectos de su vida. Por ejemplo, esto desembocará en conflictos con sus padres en casa, ya que no habrá apuntado en su agenda los deberes para el día siguiente ni los exámenes de las próximas semanas. A su vez, este clima tenso en casa hará que a nivel afectivo el niño se sienta desanimado y triste, e influirá en su autoestima. Con lo cual todo forma parte de una espiral.

En el TDAH se habla de tres síntomas nucleares o componentes básicos de este trastorno:

- *Déficit de atención*: dificultad para prestar atención a los estímulos relevantes del ambiente e inhibir los estímulos que son irrelevantes en un momento determinado.
- *Hiperactividad*: necesidad de estar en continuo movimiento e imposibilidad para poder controlar dicha conducta hiperactiva. El exceso de movimiento que tienen es una manera de autorregularse de forma no consciente.
- *Impulsividad*: el niño con TDAH se puede mostrar impulsivo tanto a la hora de pensar (*impulsividad cognitiva*) como a la de hacer las cosas (*impulsividad conductual*).

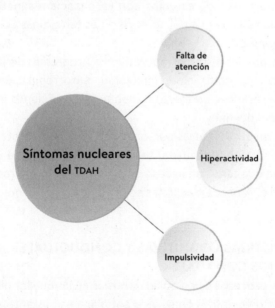

Éstos son los tres síntomas básicos del trastorno por déficit de atención con hiperactividad, lo que no quiere decir que todos los niños los manifiesten de igual manera y en la misma proporción. Como veremos más adelante, existen tres presentaciones o subtipos que se basan en el predominio de unos u otros síntomas básicos de esta patología.

El TDAH es una alteración estructural, funcional y de conectividad entre las diferentes zonas cerebrales. José Ramón Gamo, director pedagógico del centro CADE (Centro de Atención a la Diversidad Educativa), señala que los niños con TDAH viven en el *presente continuo*, en el aquí y el ahora. Tienen dificultades para actuar en función de las consecuencias del pasado, y además tienen problemas para planificar y anticipar el futuro. Establece un paralelismo entre el cerebro de los niños con TDAH y el funcionamiento de las nuevas tecnologías. Para él, estos niños tienen una dificultad a nivel *hardware*, *software* y *wifi*:

- *Hardware*: a nivel anatómico, los niños con TDAH tienen una maduración del neocórtex, y en concreto de la corteza prefrontal, un 30 por ciento menor a su edad cronológica. Se ha comprobado a través de estudios con resonancia magnética funcional que la materia gris del cerebro no es tan gruesa como en el resto de niños.
- *Software*: los sistemas operativos o programas de la corteza cerebral (concentración, inhibición, autorregulación emocional, perseverancia, etcétera) rinden un 30 por ciento por debajo de la edad del niño.
- *Wifi*: en el caso de las personas con TDAH, el neurotransmisor dopaminérgico (dopamina) se libera en el cerebro de manera atípica, ya que tanto un exceso como un defecto provocan el mismo efecto. Ambas situaciones son reguladas por la medicación.

CARACTERÍSTICAS COGNITIVAS Y CONDUCTUALES DE LOS NIÑOS CON TDAH

El abanico de procesos psicológicos y tareas en las que los niños con TDAH pueden tener dificultades en su vida cotidiana es bastante amplio. Estas dificultades dependerán de la edad de la persona; no son las mismas en la etapa infantil (inquietud motora), en la adolescencia (actividades que suponen riesgos para la persona y para los demás) o en el adulto (problemas de pareja y/o laborales).

En líneas generales, podemos decir que en aquellas tareas que tienen que ver con las funciones ejecutivas, las mujeres suelen obtener mejores resultados que los hombres, ya que tienen un sistema ejecutivo más maduro. A modo de resumen, se presenta un listado de procesos cognitivos y tareas conductuales en las que los TDAH pueden tener dificultades a lo largo de su vida:

Concentración

Es la capacidad que tenemos los seres humanos para centrar nuestros esfuerzos cognitivos en una tarea. Cuando el estímulo o actividad nos parece atractivo y motivante, nos resulta más sencillo estar concentrados durante muchos minutos, e incluso, durante horas. Pero, por el contrario, cuando la tarea a realizar es aburrida y monótona es relativamente sencillo que perdamos la concentración fácilmente y a los pocos minutos de iniciarla. Estamos preprogramados genéticamente para prestar atención a aquellos estímulos que nos resultan atractivos y que son relevantes para nuestra supervivencia. El hecho de que el estímulo que veamos u oigamos sea motivante es algo muy intrínseco y personal, ya que cada uno tenemos nuestras motivaciones y preferencias.

Los niños con TDAH suelen mantener una buena concentración en tareas que les resultan gratificantes y excitantes, como por ejemplo, los videojuegos, las películas y el deporte. En cambio, se dispersan muy fácilmente ante tareas rutinarias, aburridas y con poca emoción. Un porcentaje elevado de las tareas que les resultan poco motivantes se encuentra en el ámbito escolar. Para ello es imprescindible presentar las tareas de la manera más motivadora y dinámica posible.

Planificación y organización de tareas

Los niños con TDAH tienen dificultades en el establecimiento de metas conscientes a corto, mediano y largo plazos. Son niños que viven en el presente y por eso les cuesta mucho poder hacer predicciones sobre el futuro o bien planificar alguna tarea que no sea del momento presente. Esta dificultad les causa muchos problemas, sobre todo en el entorno escolar, donde se exige una gran capacidad de planificación, especialmente a partir de secundaria. Por ello es muy importante que tanto los padres como los profesores les ayuden a establecer metas a corto plazo, así como llevar un buen seguimiento del niño para confirmar que los objetivos se están cumpliendo.

Autocontrol: inhibición de pensamientos y conductas

Los niños con TDAH tienen grandes dificultades para regularse a sí mismos emocional y conductualmente hablando. Por ejemplo, les cuesta mucho trabajo esperar el turno de hablar, hacer fila, administrar el dinero que les dan semanalmente, etcétera. Suelen tener una menor activación de los centros inhibitorios, lo que les hace actuar de modo más impulsivo, tanto cognitiva como conductualmente. En el colegio, es muy común que lean la primera frase del enunciado y no terminen de leerlo por completo, lo que les conlleva dificultades a la hora de hacer correctamente los ejercicios.

El motivo de esto es un déficit en la conexión entre el sistema límbico (cerebro emocional) y la corteza prefrontal (corteza cerebral). Para que nos hagamos una idea de cómo funciona el cerebro de un hiperactivo en este aspecto, no tenemos más que pensar en algunas otras situaciones cotidianas en las que la inhibición no funciona correctamente. Por ejemplo, cuando una persona está borracha o rabiosa por algo, el control ejecutivo no funciona como debería. Todo lo que pensamos lo decimos sin que pase por el filtro de la corteza prefrontal.

Juan Narbona, neuropediatra de la Clínica Universidad de Navarra, establece un símil del autocontrol con el mundo de la empresa. El autocontrol sería un empleado importante cuya función es ayudar al director de la empresa a dirigir y tomar decisiones en estrecha colaboración con el resto de empleados. El dueño de la empresa es la persona en cuestión, el niño con TDAH por ejemplo, y es quien finalmente tomará todas las decisiones. El empleado de alto rango representa las funciones ejecutivas y el resto de trabajadores simbolizan el cerebro en su globalidad.

El autocontrol también se conoce popularmente como la *fuerza de voluntad* y de una manera más técnica como *locus de control interno*. En un primer momento, cuando los niños son aún pequeños, el locus de control debe ser externo, ya que es el adulto (padres o profesores) quienes se encargan de dirigir y encauzar la conducta de los más pequeños hacia determinados objetivos y fines. Hablamos aquí de una *heterorregulación* de la conducta. A medida que estas destrezas se van interiorizando, se va desarrollando un locus de control interno, que posibilita al niño manejar y controlar sus propias conductas y emociones (*autorregulación*).

Memoria operativa

Es un tipo de memoria que nos permite guardar durante unos segundos información para realizar algún tipo de operación. Este tipo de memoria, también llamada *memoria de trabajo*, se diferencia de la memoria a corto plazo (MCP) en que esta última sirve sólo para almacenar datos, mientras que la memoria operativa utiliza esos datos para realizar una operación mental. Estaríamos utilizando nuestra memoria a corto plazo si tratamos de retener una matrícula de un coche. En cambio, realizar el cálculo matemático de 4 + 2 - 3 + 7 - 1 supone una activación y uso de nuestra memoria operativa, ya que debemos guardar la información, realizar una operación y dar un resultado final.

Los niños con TDAH suelen tener grandes dificultades en la correcta utilización de su memoria operativa. Suelen ser muy olvidadizos y tienen una capacidad de memoria de trabajo muy baja y débil, entre otras cosas, debido a su constante cambio de foco de atención.

Reconocimiento e identificación de emociones

Los chicos con TDAH suelen tener dificultades en el reconocimiento de las emociones, tanto las suyas como de las demás personas con las que se relacionan. A veces, les cuesta diferenciar una emoción de otra, lo cual les lleva a malinterpretar ideas y/o emociones de los demás. Es relativamente frecuente ver a niños con TDAH con explosiones de rabia o bien con sentimientos de tristeza sin tener una explicación clara de lo que les pasa y por qué les pasa. En ocasiones se pueden llegar a mostrar agresivos, sobre todo en el TDAH con presentación impulsiva, siendo esto un síntoma de que el niño está sufriendo y no es capaz de tomar las riendas de su vida.

Por ello, suele ser muy efectivo trabajar la inteligencia emocional con estos niños, en donde el objetivo es que sean conscientes y aprendan aspectos tan importantes como: las emociones básicas que tiene el ser humano, reconocimiento de esas emociones en uno mismo asociadas a diferentes recuerdos, sensaciones físicas que genera cada una de las emociones, correcto etiquetado de las emociones, reconocimiento de las emociones en los demás, etcétera.

Control interno del tiempo

Las personas tenemos un reloj biológico interno que nos hace aproximar la hora que es y también nos permite calcular el tiempo que podemos invertir en realizar alguna tarea. En cambio, los niños con TDAH no tienen un manejo adecuado del tiempo. Suelen subestimar el tiempo que tardan en hacer una tarea. Cuando llegan a casa con las tareas piensan que en diez minutos las van a terminar. Por eso quieren dejarlo todo para el final de la tarde, porque piensan que en pocos minutos lo tendrán terminado.

Tampoco tienen una noción aproximada del momento del día en el que están o del día de la semana que es. Recuerdo una vez que tuve una entrevista con un adolescente con TDAH en el colegio. Eran alrededor de las cuatro de la tarde y hacía más de dos horas que habíamos comido. Mi alumno me preguntó si ya habíamos comido o no. No tenía una noción temporal adecuada.

Automonitorización

Este concepto se refiere al lenguaje interno y los pensamientos que tenemos con nosotros mismos sobre lo que estamos haciendo y cómo lo estamos haciendo. Es ser conscientes de algo al realizar un ejercicio de introspección con un componente evaluativo. Por ejemplo, a medida que estamos haciendo una receta de cocina, vamos evaluando nuestro propio trabajo (si la carne está cruda, si es hora de meterla en el horno, si le falta sal, etcétera).

En el caso de los TDAH esta función se ve muy disminuida, ya que no hay una autoconciencia ni autoevaluación en tiempo real sobre lo que están haciendo. A veces, los niños con TDAH aparecen con los zapatos al revés, como consecuencia de su deficitario sistema de automonitorización, ya que mientras se los ponen no están atendiendo a su ejecución y resultado final. No lo revisan y hacen la conducta de una manera inconsciente y automática. Para mejorar en este aspecto, suele resultar útil trabajar con los niños con TDAH en el entrenamiento en autoinstrucciones. Esta estrategia se desarrollará en el capítulo destinado a tal efecto.

Uno de los propósitos de las funciones ejecutivas, es que te permiten ser consciente de tus propias acciones y de que puedas realizar un proceso de autoevaluación. En líneas generales, las mujeres suelen ser mejores que los hombres en estas tareas de automonitorización e introspección.

Perseverancia y capacidad de esfuerzo

Habitualmente las personas nos sentimos más o menos motivadas por diferentes proyectos. Algunos objetivos son más a corto plazo, por ejemplo, salir a correr esta misma tarde, y otros son más a largo plazo, como puede ser tomar un curso de maquillaje o estudiar una carrera. Objetivos tan exigentes como realizar una tesis doctoral podría suponer un esfuerzo y un sufrimiento muy grandes para ellos. Las características tan a largo plazo y los constantes obstáculos y decepciones intrínsecos de esta meta constituirían un gran escollo para los chicos con TDAH. Estos niños necesitan de constantes gratificaciones y además es necesario que sean inmediatas.

A los niños que se les ha diagnosticado TDAH no sólo les cuesta plantearse objetivos como ya hemos visto, sino que también les representa un esfuerzo ser persistentes en la consecución de los mismos. Suelen empezar las tareas con mucho ánimo y determinación, pero enseguida se desaniman cuando les resultan monótonas. Por ejemplo, es bastante frecuente ver pasar a los niños con TDAH por un gran número de actividades extraescolares. Empiezan en futbol muy motivados y cuando ya llevan unas semanas se quieren cambiar a basquetbol. Necesitan actividades novedosas y motivantes para alcanzar un grado de implicación y concentración suficiente.

Automotivación

El motor que mueve nuestras vidas es la motivación. Tendemos a aproximarnos hacia aquellos estímulos, personas y situaciones que nos agradan y a alejarnos y evitar todo lo que nos resulta desagradable. Todos tenemos una parte de motivación extrínseca e intrínseca.

La motivación de los niños con TDAH es eminentemente extrínseca, ya que apenas poseen un control interno. La gran mayoría de actividades que realizan se debe a que el estímulo les habrá captado su atención de manera involuntaria o por las recompensas externas que puedan obtener. Por ello es muy importante que los adultos que estamos alrededor de los niños, y más si tienen alguna dificultad como en el caso del TDAH, sepamos motivarlos con tareas, planes y actividades que les resulten novedosos y atractivos. En muchas ocasiones no es tan importante el plan a realizar sino la manera que tenemos de presentarlo. Esto va a hacer que un niño con TDAH empiece a realizar la conducta de manera concentrada y con mucha motivación.

Para Russell Barkley, uno de los grandes conocedores del TDAH, una de las características básicas del TDAH es que va a la par de una hipomotivación intrínseca significativa, lo que provoca que la motivación tenga que provenir de fuera del niño (tareas atractivas, juegos dinámicos, profesores motivantes y reforzantes, etcétera). Según los estudios científicos, la desmotivación de un niño con TDAH está causada por una baja activación del sistema de recompensa dopaminérgico.

Dificultades para aprender de experiencias pasadas

Como ya hemos visto, los niños con TDAH tienen dificultades para aprender de los resultados y consecuencias de sus conductas. Se ha demostrado que para que aprendan de las consecuencias que tienen sus actos, necesitan un mayor número de ensayos o experiencias que los niños sin TDAH. No es que precisen de otros procedimientos alternativos de aprendizaje, sino que necesitan mayor número de ensayos u oportunidades. Necesitan una mayor retroalimentación, tanto en casa como en el colegio. La razón por la que los niños con TDAH necesitan más experiencias de retroalimentación se debe a su pobre control interno, y por lo tanto, requieren un control externo importante y constante por parte de sus padres y profesores.

Problemas en la interacción social

El aprendizaje de las habilidades y costumbres sociales en diferentes contextos es algo que vamos aprendiendo desde pequeños. Los niños con TDAH suelen tener dificultades en las relaciones con compañeros de clase y amigos debido a las manifestaciones de su trastorno (impulsividad, déficit en su control emocional, inatentos en clase). Muchos niños con TDAH y sus familias se quejan de que sus amigos no los invitan a los cumpleaños, no les llaman, son insultados en el colegio, etcétera. Además, todo esto conlleva un alto sufrimiento por parte del niño, que se siente aislado de los demás.

Los niños con TDAH suelen pasar por un mayor número de colegios que el resto de los demás. Esto se debe bien a un problema de adaptación al colegio o bien a expulsiones, que son más frecuentes en ellos debido a su componente impulsivo. No es inusual conocer a niños con este trastorno que han pasado por tres o cuatro colegios.

En muchas ocasiones, poner en marcha un programa de entrenamiento en habilidades sociales no suele bastar para estos niños, ya que no se trata de un problema de no saber comportarse o no saber qué es lo correcto socialmente hablando. Más bien son las manifestaciones de su TDAH lo que lo lleva a tener problemas en el ámbito social.

EDAD DE INICIO

Los síntomas del TDAH suelen estar presentes siempre en el niño, desde edades muy tempranas. Otra cosa bien distinta es la influencia que ejercen estos síntomas en los múltiples contextos donde se desarrolla y crece. Quizás, en edades tempranas, dichas manifestaciones no suponen un problema para el niño en los diferentes entornos, ya que no interfieren en su quehacer diario. Por ejemplo, que el niño sea activo o inquieto en la etapa preescolar no suele suponer un problema ni destaca sobre el resto de sus compañeros, puesto que es lo *normal*, lo esperado para esa edad.

La mayoría de los niños hiperactivos han sido descritos por sus madres en la etapa prenatal como bebés excesivamente activos e inquietos en comparación con otros embarazos que habían tenido. También se ha visto que un alto porcentaje de niños con TDAH en su momento fueron prematuros o con bajo peso al nacer. Esto no quiere decir que todos los niños prematuros vayan a desarrollar un TDAH, pero sí es verdad que un porcentaje alto de los TDAH son prematuros o nacieron a término pero con bajo peso.

Al poco de haber nacido, las madres ya relataban que eran bebés que se irritaban con bastante facilidad y que tenían problemas en las rutinas de alimentación y sueño. Las madres ya los calificaban como "niños difíciles" en los primeros años de vida y, en algunos casos, notaban una falta de armonía en la relación madre-hijo. Un dato curioso es que a un 25 por ciento de los niños que tenían trastorno del sueño en la niñez, años más tarde se les diagnosticó TDAH.

En muchas ocasiones, el sufrimiento de los niños con TDAH aparece más tardíamente en su vida, ya que hasta ese momento la manifestación de los síntomas no suponía un problema para ellos. En los colegios, consultas médicas y en la práctica clínica nos encontramos con numerosos casos de chicos que hasta que no llegan a finales de la etapa de primaria o comienzos de la secundaria, su rendimiento académico y conducta es por completo normal, no mostrándose ningún síntoma especialmente significativo que entorpezca el ritmo de su vida diaria. Está claro que en estos casos dichos resultados tan positivos se consiguen gracias a un esfuerzo altamente exigente por parte del niño y de la familia. Dichos alumnos compensan las dificultades que tienen con muchísimas horas de estudio por las tardes, con una gran organización y con un gran apoyo y seguimiento por parte de sus familias. En muchos de estos casos, nos encontramos con familias que, prácticamente, hipotecan su vida en favor de su hijo, sentándose con ellos para hacer la tarea, les ayudan a organizarse y a hacer esquemas, les preguntan las lecciones, revisan sus cuadernos, etcétera. A veces, cuando estos alumnos llegan a la etapa de secundaria o bachillerato suelen sufrir una fuerte caída debido a que las exigencias académicas son tan grandes que ya nos las pueden compensar con esfuerzo, trabajo y dedicación de horas. Este tipo de casos suelen coincidir con las presentaciones inatentas y son más frecuentes en las chicas que en los chicos.

En líneas generales, podemos decir que la edad de detección de los niños inatentos suele ser a partir de los ocho o nueve años de edad, ya que al ser una presentación inatenta no es tan evidente y observable como las hiperactivas-impulsivas. Como ya hemos comentado, en algunos casos es hasta la etapa de secundaria (doce años) cuando aparecen esos problemas.

En cambio, las presentaciones hiperactivas/impulsivas o las combinadas suelen detectarse a una edad más temprana que las presentaciones inatentas. El trastorno de los niños más impulsivos e hiperactivos se suele observar coincidiendo con la finalización de la etapa preescolar o comienzo de la primaria (cinco o seis años). Es al comienzo de la etapa de primaria cuando a los niños se les empieza a exigir en el colegio que pasen más tiempo sentados y atendiendo al profesor, que sean más organizados y suelen comenzar con sus primeras tareas para casa. Es por este motivo que en los dos primeros cursos de primaria (seis u ocho años) los padres consultan más con maestros y especialistas de la salud en relación con un posible déficit de atención. Las exigencias de la etapa hacen que parezca un cambio muy grande en el niño. Existe una discrepancia entre lo que el niño tiene que hacer en estos cursos y lo que puede hacer. Sin embargo, en las presentaciones inatentas, como suele haber una implicación y un esfuerzo grande por parte del alumno, las familias suelen retrasar la consulta con el especialista, ya sea el maestro del niño, el departamento de orientación del colegio o el pediatra.

PREVALENCIA

Como ya se ha comentado anteriormente, el trastorno por déficit de atención con hiperactividad es uno de los problemas por los que más consultan las familias tanto en instituciones de salud pública como en las privadas, y por lo tanto es uno de los motivos de consulta más frecuentes en la infancia y adolescencia. España es el segundo país a nivel mundial con mayor número de casos de TDAH diagnosticados después de Estados Unidos. Analizaremos la prevalencia en función de tres características relevantes: índices de prevalencia del trastorno a nivel mundial, prevalencia de las diferentes presentaciones o subtipos de TDAH y en último lugar nos centraremos en la prevalencia atendiendo al sexo (varones y mujeres).

Según los estudios que ha realizado Alberto Fernández Jaen, responsable de la Unidad de Neurología Infantil del Hospital Universitario Quirón (Madrid), el TDAH afecta en la actualidad a un 4-5 por ciento de la población infantil.

En el año 1989, Anna Farré y Juan Narbona llevaron a cabo un estudio clásico sobre la prevalencia del TDAH en España y vieron que estaba en torno a un 1-2 por ciento de la población infantil. Debemos tener en cuenta que dicho estudio se llevó a cabo siguiendo los criterios diagnósticos de la CIE, que son bastante más restrictivos y exigentes que los que utiliza la APA (Asociación Estadunidense de Psiquiatría) para elaborar el DSM.

Se ha demostrado que el TDAH se da en todos los países y continentes, manteniéndose en todos ellos un porcentaje de prevalencia muy similar. Faraone, Biederman y otros autores quisieron estudiar en 2003 la prevalencia del TDAH a lo largo de los diferentes países. Para ello, revisaron veinte estudios en Estados Unidos y treinta en otros países a nivel mundial. Las conclusiones de la investigación fueron que, cuando se utilizan los mismos criterios diagnósticos, la prevalencia es muy similar en todos los países.

Si nos centramos en las diferentes presentaciones del TDAH, según Fernández Jaén, el subtipo más frecuente es el inatento aunque el combinado sea el más diagnosticado. En un estudio de metaanálisis de Willcutt (2012) se pudo comprobar que la presentación inatenta es hasta dos veces más frecuente que la combinada en la edad escolar. El motivo de estos resultados, que pueden parecer paradójicos, es que la presentación combinada acude antes a consulta porque da más problemas externalizantes, y por tanto se diagnostica con mayor frecuencia. Según un estudio de Biederman en 2002, el subtipo inatento era más frecuente en niñas que en niños, mientras que en el subtipo hiperactivo los porcentajes de ambos eran muy parecidos, siendo este subtipo el menos frecuente de los tres. El subtipo combinado se presentaba más en los varones que en las mujeres.

En cuanto a la prevalencia del trastorno entre niños y niñas que padecen TDAH, podemos decir que los datos suelen variar en función de si hablamos de población clínica o población escolar. En la *población escolar* los estudios dicen que hay tres o cuatro varones por cada mujer. En cambio, en la *población clínica* se diagnostica TDAH de presentación combinada diez veces más en varones que en mujeres. Estas diferencias en función del tipo de población se pueden deber a que las presentaciones combinadas e hiperactivas/impulsivas son más frecuentes en varones y suelen ir asociadas a otras patologías de tipo conductual y, por tanto, acuden más a los servicios de neuropediatría, psicología y psiquiatría. El perfil de las niñas suele ser más inatento y tendente a la internalización de síntomas. Por este motivo, suelen acudir con menor frecuencia a consulta. Las niñas empiezan a ir a consulta y buscar soluciones cuando fracasan académicamente.

ETIOLOGÍA

El concepto de *etiología* se refiere a las causas que provocan un trastorno o patología concreta. La gran mayoría de trastornos han sufrido a lo largo de su historia el eterno debate de si su causa es hereditaria o más bien ambiental. La interacción entre estas dos variables puede tener múltiples manifestaciones, pero es tremendamente difícil poder estimar con exactitud qué porcentaje se debe a la genética y qué porcentaje se debe a la parte ambiental. Como dijo el psicólogo canadiense Donald Hebb, este debate es como intentar llegar a la conclusión de qué parte es más importante para calcular el área de un rectángulo: el ancho o el largo. En el caso del TDAH, cada vez existe mayor consenso entre los expertos en la materia en concluir que se debe a una interacción entre la genética y el ambiente en el que se desarrolla, aunque con un mayor peso del ADN. Hoy en día, la mayoría de estudios recurren al concepto de *epigenética* para explicar de una manera ajustada las causas de dicho trastorno, tratando de investigar cómo ciertos factores ambientales, como el tabaco y alcohol, modulan la expresión de nuestros genes.

Todos los trastornos del neurodesarrollo tienen una alta heredabilidad, lo que quiere decir que el componente genético tiene un peso muy importante en este grupo diagnóstico. Existen diferentes investigaciones científicas que ponen de manifiesto que, en el caso del TDAH, el peso que tiene la genética está en torno a un 75-80 por ciento. Faraone realizó un estudio en 2005 donde concluye que el índice de heredabilidad del trastorno está en un 77 por ciento. Esto tiene importantes efectos predictivos, ya que el TDAH, como el resto de trastornos del neurodesarrollo, tienen una causa genética muy arraigada. Por ejemplo, podemos suponer que de un matrimonio donde el padre sea hiperactivo es más probable que el hijo lo herede, que si no hubiera ningún tipo de antecedentes genéticos. En muchos casos, los propios padres son hiperactivos o inatentos, pero no han sido diagnosticados. Según diferentes estudios, la probabilidad de que a un niño se le diagnostique TDAH si uno de sus padres ya lo es, está entre un 57-80 por ciento, lo cual supone una alta probabilidad de padecerlo. Aquí podemos establecer un paralelismo con la altura y la constitución corporal: si los padres son altos, es probable que su descendencia sea alta y si los padres son de constitución gruesa, lo lógico y normal es que hereden ese tipo de constitución. En ocasiones la heredabilidad genética no se debe a los padres sino a algún abuelo o tío del niño. Siempre que hablamos de genética, hablamos de mayor o menor probabilidad de heredar una característica física, psicológica o algún tipo de enfermedad o patología.

Diferentes estudios han llegado a conclusiones sobre cuáles son los genes concretos que están implicados el TDAH. Algunos de los involucrados en esta patología y que son comunes a la mayoría de investigaciones son el DRD5, HTR1B, SNAP25, DRD4 y DAT1. Recientemente, una conocida compañía automovilística emitía un anuncio de uno de sus vehículos, al cual asociaban al gen de la aventura: DRD4.

Para entender la importancia que tiene la genética sobre la manifestación de un trastorno o enfermedad, vamos a centrarnos en la etiología de la esquizofrenia, que guarda un paralelismo con el TDAH, en cuanto a etiología se refiere. La manifestación de un trastorno psicótico de este tipo va a depender de la genética y del ambiente familiar en que se desarrolle. Según se ha demostrado en diferentes estudios, niños con una predisposición genética para desarrollar una esquizofrenia, por tener a uno de sus padres con esta patología o familiares cercanos que la padecían, pero que han crecido en un ambiente familiar estructurado, con normas, atención y afecto, no la han desarrollado. En cambio, un niño que tenga una menor predisposición genética para padecer esquizofrenia pero que haya vivido en una familia desestructurada, con ausencia de normas, separación de padres, abusos y violencia es bastante más probable que acabe manifestando esta patología. Este tipo de estudios se han realizado, en su mayoría, con gemelos monocigóticos (idéntica carga genética) pero que, por diferentes motivos, fueron separados en cuanto nacieron y crecieron en familias y ambientes diferentes.

Los factores ambientales también tienen un peso y una determinación muy importantes en el desarrollo de determinadas patologías. Dichos factores son todas aquellas variables que ocurren en el ambiente desde la fecundación hasta que somos ancianos y que influyen en nuestro desarrollo evolutivo. Dentro de los factores ambientales que más negativamente influyen en el periodo prenatal están: fumar, consumo de alcohol y otras drogas, una mala alimentación, situaciones estresantes sostenidas en el tiempo como puede ser la enfermedad de un familiar, etcétera. Estos factores no solamente influyen en el caso del TDAH, sino que es sabido de sobra que algunas variables prenatales, como las anteriormente citadas, pueden causar graves trastornos y discapacidades en el feto; es lo que se conoce como *efectos teratogénicos*.

Para concluir con la parte de la influencia del ambiente, destaco las tres condiciones básicas de la educación familiar que menciona la catedrática en Psicología Evolutiva y de la Educación, María José Díaz Aguado:

1. *Afecto incondicional*: que proporcione seguridad pero sin proteger en exceso.
2. *Atención continuada*: que se adapte a las cambiantes necesidades que se producen con la edad.
3. *Enseñanza de los límites*: una que no caiga ni en el autoritarismo ni en la negligencia.

El TDAH aparece en todas las clases sociales, económicas y culturales. Como ocurre en cualquier otra dificultad o trastorno, el hecho de que la familia tenga recursos económicos posibilita que accedan a una serie de servicios y prestaciones que, desgraciadamente, no todo el mundo se puede permitir. Por ejemplo, pueden ponerle al niño una profesora particular que acuda a casa varias tardes a la semana para realizar las tareas con él o para realizar programas de estimulación de la atención y la memoria.

EVOLUCIÓN Y PRONÓSTICO DEL NIÑO CON TDAH

Los progresos y evoluciones que pueden tener los chicos con TDAH suelen ser muy variados y dependen de multitud de factores. En líneas generales, el pronóstico tiene que ver con la edad de detección y diagnóstico del TDAH: cuanto antes se detecten los síntomas y dificultades del niño, mejor pronóstico tendrá. Pero no basta sólo con detectarlo, sino que también hay que tratarlo. Si se detecta pero no se interviene, el pronóstico puede llegar a ser devastador. Por ejemplo, no es lo mismo que un maestro detecte a un niño con conductas disruptivas en clase a los cinco años, que ocurra lo mismo pero a finales de la etapa de primaria (diez u once años). De ahí que sea de vital importancia que tanto padres como maestros estén muy atentos a posibles conductas desadaptadas para ponerlo en conocimiento de los especialistas y buscar una solución lo antes posible. En muchas ocasiones son los maestros que están más implicados y formados en estas dificultades los que se dan cuenta y avisan a los padres y al departamento de orientación para valorar la situación del niño.

Según Alberto Fernández Jaén, los cinco factores de mejor pronóstico en el TDAH son los siguientes:

- *Ser niña*: en el caso del TDAH, ser mujer es un factor de pronóstico positivo en comparación con los varones. Existen varios motivos, entre los cuales destacamos que los varones suelen llevar asociados al TDAH un trastorno de conducta y las mujeres tienen un mejor manejo ejecutivo que los hombres, lo que hace que tengan una conducta más adaptativa.
- *Capacidad intelectual alta*: como ocurre en el resto de patologías, trastornos o en la vida cotidiana, el hecho de tener un coeficiente intelectual alto hace más probable y efectiva la adaptación de la persona a su día a día. Por lo tanto, los niños diagnosticados con TDAH que tengan una alta capacidad intelectual tendrán un pronóstico más esperanzador.
- *Preocupación familiar*: el hecho de que los padres del niño estén comprometidos y preocupados por la situación por la que está pasando el niño hace que su evolución sea más positiva y optimista. Como en otras patologías, una alta motivación y ganas de mejorar hace que los resultados sean mejores y más perdurables en el tiempo.
- *No tener problemas de aprendizaje asociados*: el pronóstico del niño tiene mucho que ver con el hecho de que el TDAH esté asociado o no a otros trastornos. Aquellos niños que tienen sólo TDAH y ningún otro trastorno asociado (comórbido) tienen un pronós-

tico mejor que aquellos chicos que, además del TDAH, presentan otros trastornos. Pero sabemos que el TDAH se da aisladamente en un porcentaje muy bajo de los casos. Dentro de los casos de TDAH que presentan algún otro trastorno comórbido, los de tipo conductual, como es el trastorno negativista desafiante (TND), tienen peor pronóstico. Todas las comorbilidades del TDAH que implican problemas conductuales suelen tener un pronóstico menos esperanzador. En cambio, los niños con TDAH que tienen asociados trastornos de tipo emocional, como pueden ser los de ansiedad, tienen buena evolución, ya que suelen ser niños que tienden a compensar sus dificultades con mucho esfuerzo pero con un alto sufrimiento a cambio. En estos casos es más frecuente encontrar a niñas que a niños. Suelen ser chicas con TDAH que debido a su ansiedad son muy organizadas en el ámbito académico, se planifican bien y dedican muchísimas horas a realizar las tareas y a estudiar. Este tipo de casos suele conllevar un alto grado de amargura personal, ya que se autoexigen mucho para compensar sus limitaciones con muchas horas de estudio y esfuerzo.

- *Responder a las medidas terapéuticas*: además de una buena evaluación, es necesario que la familia esté implicada en el tratamiento y siga las pautas y orientaciones del profesional que lleva el caso de su hijo.

En líneas generales, el déficit de atención va aumentando en la edad preescolar, ya que en la etapa de educación preescolar, por sus características, no existen muchas tareas de atención selectiva ni sostenida, y por tanto suele pasar desapercibido. No es un problema debido a las demandas o necesidades de la vida infantil. Pero este déficit de atención aumenta cuando los niños pasan a la etapa de primaria, alrededor de los seis años, y se mantiene estable. En esta etapa, las exigencias escolares son mayores y por tanto el déficit en la atención empieza a causar problemas. Esta dificultad atencional suele mantenerse estable a lo largo de la vida, incluso en el adulto. Lo contrario tiende a pasar con los síntomas de impulsividad e hiperactividad. En la etapa preescolar, los niños tienden a ser muy impulsivos, espontáneos y activos, pero cuando llegan a la adolescencia, dichos síntomas se ven significativamente reducidos.

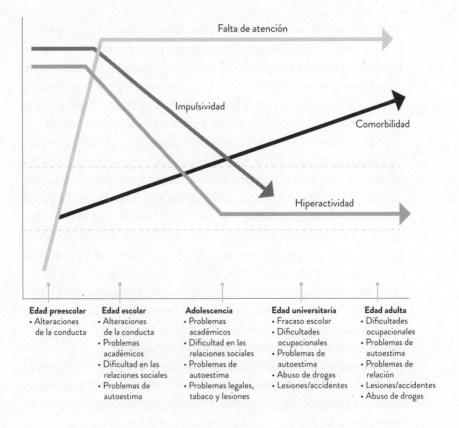

Edad preescolar	Edad escolar	Adolescencia	Edad universitaria	Edad adulta
• Alteraciones de la conducta	• Alteraciones de la conducta • Problemas académicos • Dificultad en las relaciones sociales • Problemas de autoestima	• Problemas académicos • Dificultad en las relaciones sociales • Problemas de autoestima • Problemas legales, tabaco y lesiones	• Fracaso escolar • Dificultades ocupacionales • Problemas de autoestima • Abuso de drogas • Lesiones/accidentes	• Dificultades ocupacionales • Problemas de autoestima • Problemas de relación • Lesiones/accidentes • Abuso de drogas

EL TDAH EN LA ADOLESCENCIA Y EN LA VIDA ADULTA

Como ya hemos comentado, los síntomas de inatención van aumentando en la etapa preescolar y se estabilizan alrededor de la etapa escolar. En cambio, los síntomas de hiperactividad, que están muy presentes en los niños pequeños, tienden a atenuarse a partir de la adolescencia y en la edad adulta. Según diferentes estudios, los síntomas del TDAH suelen continuar en la adolescencia y en la edad adulta en un 65 por ciento de los casos. La hiperactividad motora y observable de los niños pequeños suele convertirse en la adolescencia en una sensación de inquietud interior, siendo más cognitiva que conductual.

La manera que tienen los adolescentes con TDAH de manifestar su sintomatología suele ser muy diferente en función del sexo. Por ejemplo, los varones adolescentes suelen tener conductas más oposicionistas y desafiantes ante la autoridad (padres y profesores principalmente). En cambio, las mujeres suelen manifestar síntomas ansiosos y depresivos. En definitiva, los síntomas de los adolescentes varones son externos y observables, mientras que los de las mujeres suelen ser internos y menos observables.

En el aspecto académico, los niños con TDAH suelen arrastrar un alto grado de sufrimiento, tanto en los estudios como en las relaciones con los compañeros. Es uno de los contextos que más los marcan, sin lugar a dudas. Además, los padres tienden a ejercer mucha presión cuando las cosas no les van bien en los estudios. Esto no hace más que agravar la situación personal y motivacional del niño.

Como comenta la presidenta de APDE Sierra (Asociación de Padres por la Diversidad Educativa de la Sierra de Madrid) y madre de un joven con TDAH, Carmen Engerman, los niños con TDAH suelen tener un alto grado de fracaso escolar, así como una desadaptación escolar importante. No es infrecuente que pasen por varias escuelas tratando de buscar el "colegio perfecto". En el aspecto social, muchos niños con TDAH tienen dificultades de relación, de habilidades sociales y son rechazados por los compañeros, encontrándose con situaciones de verdadero aislamiento social. Hace unas semanas comencé a trabajar con un chico de diecisiete años con TDAH que, a pesar de su carácter tranquilo y afable, había pasado por cuatro colegios, ya que en tres de ellos había sido expulsado por pelearse con compañeros. Otros, sin embargo, son verdaderos líderes de masas. Los estudios ponen de relieve que un 60 por ciento de los adolescentes con TDAH repite el grado o bien son expulsados del colegio. Aquí los padres y educadores tienen una labor importantísima; se debe prestar mucha atención al contexto escolar. Es verdad que se están haciendo algunos esfuerzos y cambios para ayudar a los maestros y educadores a identificar y apoyar al alumnado con TDAH, pero aún hace falta que los docentes puedan acceder a formaciones necesarias para entender y atender a este alumnado. Es importante que el profesorado esté al tanto de las señales o indicios del TDAH, con el objetivo de que puedan detectar las posibles problemáticas, se puedan coordinar con el departamento de orientación para trazar un plan de acción y evaluar los resultados que favorezcan el desarrollo integral de los alumnos con necesidades específicas.

Es muy importante realizar una muy buena labor de orientación vocacional con estos adolescentes. Como se dice coloquialmente, no todos valemos para todo ni para lo mismo. Dado que estos niños suelen acumular muchos años de sufrimiento en la etapa de escolarización obligatoria, una buena opción para ellos suelen ser los grados de formación profesional donde desarrollan trabajos más motivantes, más mecánicos y con mucha menos carga de estudio.

En la etapa adolescente, además de que el riesgo de fracaso escolar es mayor, los estudios también encuentran que existe una elevada probabilidad, en comparación con el resto de adolescentes, de abuso de sustancias (tabaco, alcohol y otras drogas), accidentes, problemas legales (hurtos, peleas), depresión, suicidio, prácticas sexuales más precoces y mayor número de embarazos no deseados. En un estudio de Milberger (1997) se puso de manifiesto que un 19 por ciento de los TDAH fumaba tabaco mientras que sólo un 10 por ciento del grupo que no padecía TDAH hacía lo mismo.

En el caso del TDAH en los adultos, existe un mayor número de accidentes de tráfico si lo comparamos con el resto de la población adulta sin TDAH. También suelen tener un mayor número de parejas, mayor número de divorcios y pierden más frecuentemente su empleo. Tienen dificultades para planificarse y necesitan de agendas, dispositivos móviles y hasta en algunos casos de personas que les lleven su agenda tanto personal como profesional. Son personas que constantemente están buscando estímulos y actividades novedosas, ya que presentan una alta intolerancia al aburrimiento.

Tienen mayor probabilidad que el resto de la población para padecer conductas adictivas, como por ejemplo a las drogas (alcohol, tabaco, cocaína y otras drogas), al juego o a las compras compulsivas.

Según un estudio que ha realizado el equipo de Alberto Fernández Jaén, las personas con TDAH sufren una mayor cantidad de caídas y pasan más veces por el quirófano que el resto de personas de su misma edad.

Siniestralidad

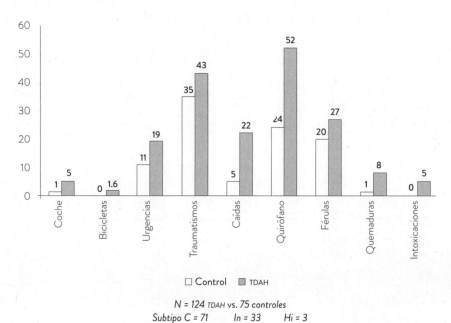

N = 124 TDAH vs. 75 controles
Subtipo C = 71   In = 33   Hi = 3

4

Evaluación, diagnóstico y tratamiento del TDAH

LÍMITES CONFUSOS: ¿QUÉ ES PATOLOGÍA Y QUÉ ES DISTRACCIÓN?

La delgada línea que separa la normalidad de la patología es, en ocasiones, difícil de discernir. Como ya hemos comentado, en el caso de los niños es normal que sean inquietos y activos, ya que venimos genéticamente predispuestos para explorar el mundo que nos rodea. Por este motivo, resulta aún más complicado poder determinar cuándo ciertos comportamientos son normales o patológicos. Lo normal es que los niños sean inquietos, se muevan y se impacienten. Lo contrario sería lo anormal. Una vez escuché a una psicóloga denominar a estos niños que apenas se mueven, son calladitos, muy buenos y todo lo hacen bien, *niños trampa*. Lo que la psicóloga quería decir con este concepto es que lo normal es que los niños sean activos, intrépidos y exploradores; lo anormal es lo contrario.

La situación que están viviendo el niño y la familia se convierte en un trastorno cuando los síntomas del niño le afectan en su vida cotidiana en los diferentes contextos en donde se mueve (ámbito familiar, escolar, afectivo, conductual y social). Por tanto, la patología se da cuando dichos síntomas *trastornan* la vida del niño. Aunque la familia también viva dicha situación como angustiante y le afecte, la clave es que sea un sufrimiento *para* el niño. Las repercusiones para la familia son indirectas en este sentido.

El TDAH, como todos los trastornos, se define socialmente. El hecho de que haya patología o no lo van a marcar las exigencias del ambiente. La manifestación de síntomas que no es patológica a una edad es probable que sí lo sea unos años más tarde.

¿Cuándo debemos pedir ayuda a un profesional? Los padres deberían preocuparse o acudir a un profesional no tanto cuando el niño presente síntomas sino cuando sea evidente que existe un sufrimiento o dificultad por su parte. Cuando vemos que el niño no rinde en el colegio, no aprovecha bien las tardes en casa haciendo las tareas, tiene dificultades en las relaciones sociales o el manejo de su conducta en casa se hace insostenible es el momento de pedir ayuda y asesoramiento. Debemos estar más atentos a las consecuencias que tienen los síntomas del niño y dónde se manifiestan que a los propios síntomas en sí.

Como señala Daniel Martín Fernández-Mayoralas, especialista en neurología infanto-juvenil y profesor de la Universidad Europea de Madrid, en España las familias suelen consultar con el experto, ya sea pediatra, neurólogo o psiquiatra, cuando el niño tiene dificultades en el ámbito académico, es decir, que su rendimiento está por debajo de lo que se espera de él o comparándolo con sus compañeros de aula. Los estudios realizados en España apuntan a que un 80 por ciento de los niños que acuden a consulta se debe a un bajo rendimiento en el ámbito escolar. En contraposición, en Estados Unidos se le da mayor importancia al comportamiento del niño, y por este motivo, van a consulta con mayor frecuencia que en España por la conducta y la hiperactividad del niño.

Alberto Fernández Jaén, señala que hay que estimar la diferencia entre la patología y la normalidad con base en un buen diagnóstico y en función de la repercusión que tienen los síntomas sobre la vida de la persona que lo padece. Por ejemplo, señala, un niño de cinco años que es muy activo en el colegio, se relaciona bien y alcanza objetivos en la etapa de educación preescolar, la única pauta que debemos seguir es la observación para ver cómo evoluciona. En cambio un chico de ocho años que tiene síntomas que están interfiriendo en su vida cotidiana, debe ser evaluado para comprobar cómo dichos síntomas interfieren en los diferentes ámbitos de la vida en que se desarrolla.

Generalmente, los padres no suelen llevar a los niños a la consulta del pediatra, psicólogo o neurólogo por los síntomas en sí, sino más bien por las repercusiones que tienen estos síntomas sobre la vida cotidiana. El motivo por el que suelen consultar los padres con los diferentes profesionales suele ser por las malas notas en el colegio y un ambiente crispado en casa.

César Soutullo, psiquiatra infantil de la Clínica Universidad de Navarra (CUN), alude al concepto de *TDAH metastásico* para hacer referencia a un TDAH que se complica con otros problemas por no haberlo tratado a tiempo, y se puede convertir en depresión, ansiedad, abuso de sustancias, conducta negativista y antisocial, y un fracaso no sólo académico, sino personal, profesional, de relaciones familiares y sociales, problemas legales, etcétera. Esto acaba influyendo en todas las áreas de la vida del niño, adolescente o adulto: académica/laboral, conductual, emocional, social, familiar e incluso económica.

EVALUACIÓN DEL TDAH

La evaluación de cualquier trastorno —el TDAH no es una excepción— debe ser realizada por una persona especializada y con experiencia en el trastorno y en las diferentes pruebas de evaluación. El diagnóstico de TDAH es clínico, con lo que no existe una única prueba que, aplicándola, podamos comprobar si el niño "da positivo" o "da negativo". No existe para el TDAH una prueba que haga las veces de "alcoholímetro" de este trastorno o de prueba de embarazo en mujeres. Comentamos esto puesto que es una de las observaciones que nos plantean los padres cuando estamos evaluando un posible déficit de atención.

La evaluación suele hacerse en cuanto se detectan los primeros síntomas, pero esto no es sino hasta los primeros cursos de la etapa de primaria, alrededor de los seis o siete años. Existen algunas excepciones en los últimos cursos de la etapa de educación infantil.

Para hacer una buena evaluación, lo primero que se debe hacer es una historia clínica completa del paciente (*anamnesis*). Aquí el profesional preguntará a la familia y al niño por aspectos tan relevantes como los datos de identificación, motivo de consulta, antecedentes familiares de algunas enfermedades o trastornos, cirugías, otros tratamientos médicos y/o psicológicos, si toma medicamento por alguna otra patología o enfermedad, aspectos relativos al embarazo y al parto, etcétera.

Es importante descartar que pueden existir otros problemas o déficits que se manifiestan con síntomas parecidos al TDAH. Para ello, debemos descartar alteraciones auditivas, visuales y trastornos neurológicos.

Una vez hecha la anamnesis, es imprescindible hacer una buena evaluación indagando en los diferentes ámbitos o contextos donde se desarrolla el niño. No haríamos una correcta evaluación si sólo nos quedamos con lo que nos cuentan los padres en consulta o cómo se comporta el niño en nuestra presencia cuando vienen a vernos. Es imprescindible que también valoremos cómo se comporta el niño en el colegio, cómo es con sus compañeros, con otros adultos significativos, en el equipo de futbol, etcétera.

Lo ideal sería que el propio profesional (psicólogo clínico, psiquiatra, pediatra, neurólogo) pudiera realizar él mismo la observación en los diferentes ambientes significativos donde se desarrolla el niño, pero dado que lo ideal muchas veces dista de lo posible, existen diferentes cuestionarios que podemos entregar a los padres para que, tanto ellos como otros adultos significativos, como el profesor, los llenen informando cómo se comporta el niño en esos entornos (casa, colegio, etcétera). Uno de los aspectos negativos de los cuestionarios es que son escalas subjetivas, de opinión. Por lo tanto, ante una misma situación, dos observadores registrarían de maneras distintas. Y de hecho, esto es lo que ocurre: cómo ve la madre al niño y su comportamiento suele distar de cómo lo ve el padre. En función de la persona que responde el cuestionario, sus expectativas y el contexto donde esté el niño, obtendremos unos resultados u otros. En el colegio pasa lo mismo, ya que la visión que tiene el profesor de matemáticas seguramente no tenga nada que ver con el de literatura, y mucho menos con el comportamiento que tiene el niño en la clase de educación física. Se establece que cuando los datos que obtengamos de padres y profesores sean contradictorios, debe prevalecer la información aportada por los profesores, puesto que están más familiarizados con las conductas y actitudes que se consideran *normales* para su edad.

Por lo tanto, una buena evaluación debe incluir entrevistas, observaciones y pruebas estandarizadas en, al menos, los siguientes tres pilares:

- Niño en cuestión
- Ámbito familiar (padres, hermanos y otros familiares significativos)
- Ámbito escolar (tutor/a y profesores)

Según Ignacio de Ramón, neuropsicólogo infantil y cofundador de Sincrolab, en todos los casos de sospecha de TDAH se tiene que hacer una evaluación neuropsicológica completa. La neuropsicología es una neurociencia conductual que trata de describir la relación entre el cerebro y la conducta tanto en personas sanas como en personas que han sufrido algún daño cerebral. La evaluación neuropsicológica implica un conjunto de técnicas y pruebas que se aplican a un paciente con sospecha de algún trastorno con el objetivo de obtener su perfil neurocognitivo. La obtención del perfil neurocognitivo del niño va a permitir establecer objetivos sobre los cuales trabajar. En su opinión, en caso de no realizar una buena evaluación neuropsicológica, vamos a perder mucha información válida para la intervención.

Las diferentes pruebas que se apliquen dependerán mucho del paciente, aunque en la gran mayoría de los casos se van a centrar en la evaluación de los procesos cognitivos superiores, como son la memoria, la atención, el lenguaje, la visopercepción y las funciones ejecutivas.

Según la mayoría de expertos, las técnicas de neuroimagen no son fundamentales ni necesarias para el diagnóstico de TDAH. De hecho solamente se aplican a un porcentaje muy bajo de niños y con una causa muy justificada. Dichas técnicas suelen ser más utilizadas para la investigación científica de este trastorno que para la evaluación propiamente dicha. Muchos padres suelen pedir a los neurólogos, neuropediatras y psiquiatras de sus hijos que le hagan una prueba de neuroimagen (escáner, TAC, resonancia magnética, etcétera) para confirmar o descartar el TDAH, pero estas pruebas no sirven para esto, ya que como hemos comentado, no existe ninguna prueba objetiva que manifieste si un niño tiene TDAH o no.

PRUEBAS ESTANDARIZADAS PARA EVALUAR LA ATENCIÓN
A continuación se enumeran algunas de las pruebas estandarizadas que más se utilizan para evaluar el TDAH en niños:

- CARAS. Test de percepción de diferencias (Thurstone y Yela, 1985): se aplica a partir de los seis y hasta los dieciocho años. Es una prueba de atención selectiva y sostenida. Aparecen sesenta tríos de caras. Las caras se pueden diferenciar entre sí en las cejas, los ojos, la boca o el pelo. La tarea del niño consiste en tachar la cara que sea diferente de las otras dos. Se puede aplicar de manera individual o colectiva. Dada su simplicidad, es una prueba de fácil aplicación para niños y poblaciones con bajo nivel cultural.

- FI. Formas idénticas (Thurstone, 2004): se emplea a partir de los diez años de edad.
- MFF-20. Test de emparejamiento de figuras conocidas (Cairns y Cammock, 1999): esta prueba fue adaptada por Buela-Casal, Carretero-Dios y De los Santos en 2001. Se aplica a niños de entre seis y doce años. Sirve para medir la atención focalizada y el estilo cognitivo del niño (reflexivo e impulsivo).
- d2. Test de atención (Brickenkamp y Zillmer, 2004): se puede administrar a partir de los ocho años. Son catorce series en donde el niño debe tachar todas las letras "d" que encuentre y que tengan dos comillas.
- AULA Nesplora (Nesplora, 2012): es una prueba que mide diferentes tipos de atención mediante la realidad virtual. Se aplica de manera individualizada. Una de las características más importantes es que posee una validez ecológica muy alta, ya que el alumno está viendo con lentes de realidad virtual una clase. Se aplica a niños entre los seis y los dieciséis años. La duración de la prueba es de unos veinte minutos aproximadamente. Antes de comenzar la prueba, se hacen algunos ensayos para comprobar que el niño se siente cómodo con los lentes. Los resultados que aporta esta prueba son muy variados: número de aciertos del niño, errores, actos impulsivos, tiempo de reacción, lugares a los que mira el niño (ya que los lentes disponen de unos sensores que captan a qué lugar está mirando el niño y si se mueve mucho o poco).

Tal y como lo describe Unai Díaz-Orueta, investigador del departamento de I+D de la empresa Nesplora, creadora de este test, AULA es el único test que mide atención visual y auditiva, impulsividad y actividad motora, gracias a un sensor de movimiento, en una situación muy cercana a la vida real. Se basa en un entorno de realidad virtual que simula un aula escolar. Los lentes 3D dan la sensación de encontrarse realmente en un aula, sentado en el pupitre, con el profesor y el pizarrón delante, y rodeado de compañeros sentados en otras mesas. Al usar AULA, los niños atienden a los estímulos visuales en el pizarrón y a estímulos auditivos a través de los auriculares, y deben intentar responder a todos ellos según las instrucciones de cada momento, respondiendo ante unos estímulos concretos y no haciéndolo ante otros. Además, los niños deben intentar que los distractores que aparecen en la prueba no interfieran con la tarea y les permitan responder correctamente. La aplicación del test dura menos de veinte minutos y parece un videojuego. Es la prueba más sensible para detectar casos de TDAH (95.2 por ciento de los casos correctamente identificados) y también la más específica para descartar aquellos que no lo son (91.9 por ciento correctamente descartados).

- EMAV. Escalas Magallanes de atención visual (García Pérez y Magaz Lago, 2000): es una prueba que sirve para medir la atención visual. Dispone de dos pruebas en función de la edad del niño. La EMAV-1 se aplica a niños de entre cinco y nueve años y la EMAV-2 se administra a partir de los diez años.

- FDT. Test de los cinco dígitos (Sedó, 2007): es una prueba para evaluar funciones ejecutivas y que nos puede dar una pista de la capacidad del niño para inhibir estímulos que son irrelevantes para la prueba que está haciendo. Se utiliza en niños a partir de los siete años.

- Test Stroop. Test de colores y palabras (Golden, 1994): el niño ve una lista de palabras y tiene que decir el color de la tinta en que están impresas esas palabras. La dificultad está en que las palabras que aparecen en el listado son nombres de colores, con lo que se exige una gran atención e inhibición. Mide la capacidad del niño para inhibir estímulos irrelevantes para la tarea que está haciendo. Se aplica a partir de los siete años.

- CSAT. Children Sustained Attention Task o tarea de atención sostenida en la infancia) (Servera y Llabrés, 2004): es una prueba informatizada que se aplica de manera individual a niños de entre los seis y los once años. La tarea del niño consiste en presionar la barra espaciadora de la computadora cada vez que aparezca en la pantalla el número 3 precedido del número 6 a lo largo de toda la prueba. El programa tiene en cuenta el número de errores y aciertos del niño, así como el tiempo que tarda en dar respuesta al estímulo (tiempo de reacción).

- WCST. Test de clasificación de tarjetas de Wisconsin (Heaton, Chelune, Talley, Kay y Curtiss, 2001): se puede aplicar a partir de los seis años y medio. La tarea del sujeto consiste en clasificar una serie de tarjetas atendiendo a diferentes características (color, número y formas geométricas).
- Escala NEPSY (Korkman, Kirk y Kemp, 1998): es una batería neuropsicológica para evaluar diferentes aspectos del desarrollo neuropsicológico de niños entre los tres y los dieciséis años. Se pueden evaluar aspectos de la atención y funciones ejecutivas.

Generalmente se mide la capacidad atencional del niño con algunas de las pruebas que acabamos de desarrollar. Aun sí, también resulta importante pasar alguna prueba para valorar el aspecto conductual del niño, además de la entrevista y la observación. A continuación se enlistan algunas escalas y cuestionarios para recoger información de tipo conductual:

- Escalas de Conners (Conners, 1989): es uno de los instrumentos clásicos más usados. Se compone de diferentes escalas donde el padre o el profesor debe valorar el grado de cumplimiento del niño en una serie de síntomas (hiperactividad, dificultades escolares, problemas para cumplir las normas, tiempo que dedica a hacer las tareas escolares, etcétera).
- CBCL. Child Behavior Checklist (Achenbach): es uno de los cuestionarios para población infantil más utilizados y que nos da resultados en varias escalas.
- EDAH. Evaluación del trastorno por déficit de atención con hiperactividad (Farré y Narbona, 2000): es una prueba que consta de veinte apartados en la que el profesor debe valorar el comportamiento y actitud del niño en clase. Está dirigida para niños de la etapa de primaria (seis a doce años).
- ESMIDAS. Escalas Magallanes de identificación de déficit de atención en niños, adolescentes y adultos (García y Margaz, 2006): se administran de manera individual y el objetivo es obtener información del niño en cuanto a diferentes facetas. Existe una escala para padres y otra para profesores.

Según el neurólogo Alberto Fernández Jaén, la evaluación en el caso de los niños con sospechas de TDAH se debe hacer en todos los casos en los siguientes ejes:

I. Síntomas que presenta el niño.
II. Repercusión en su vida cotidiana.
III. Exploración neurológica completa.
IV. Evaluación neuropsicológica (inteligencia, atención, lectura y funciones ejecutivas).

Para hacer un correcto diagnóstico, Fernández Jaén considera imprescindible hacer una buena evaluación. Es nuestra obligación luchar por diagnósticos precisos y no por los rentables. Se muestra crítico con los diagnósticos rápidos, sustentados exclusivamente en la cumplimentación de un cuestionario o realizados sin las recomendaciones de las guías nacionales o internacionales básicas.

DIAGNÓSTICO DE TDAH

Como ya hemos comentado anteriormente, el diagnóstico del TDAH es exclusivamente clínico. El profesional tiene que evaluar y valorar hasta qué punto los síntomas que presenta el niño afectan a su vida cotidiana. Ninguno de los trastornos del neurodesarrollo tiene un marcador biológico, por lo que no podemos diagnosticarlos a través de una prueba objetiva. Por ejemplo, para determinar si nuestro nivel de colesterol es el adecuado, basta con un sencillo análisis de sangre. Para descartar que el embrión de una futura mamá tenga algún trastorno cromosómico, como es el caso del síndrome de Down, se le hace una amniocentesis, prueba con la que se llevará a cabo el estudio genético y se podrá confirmar que no hay ningún problema. En el caso del TDAH, no existe ninguna prueba objetiva que nos confirme la existencia o ausencia de esta patología.

El diagnóstico va a depender de la edad del niño. A menor edad, más difícil será realizar correctamente el diagnóstico porque el movimiento y la actividad son características intrínsecas de los niños en la etapa preescolar. Por ejemplo, el síntoma de la hiperactividad y la desatención en el colegio es algo relativamente normal en esta etapa. Por lo tanto, no existe una edad a la que se tenga que diagnosticar el TDAH. Se diagnostica TDAH cuando el profesional lo tenga claro. Si no estamos seguros es mejor aplazar el diagnóstico un tiempo que precipitarnos en diagnosticarlo o descartar que pueda serlo.

Según muchos especialistas, el TDAH está sobrediagnosticado en España. Debemos tener muy claro que no se puede diagnosticar ningún trastorno en veinte o treinta minutos de consulta, y mucho menos el TDAH, que es bastante complejo. Es importante que el profesional que evalúa y hace el diagnóstico tenga en cuenta los síntomas del TDAH, así como los criterios de exclusión del mismo, y le dedique tiempo a realizar una buena historia clínica y a obtener información de cómo se desenvuelve el niño en diferentes contextos. En mucha ocasiones, el TDAH se muestra en la práctica como un cajón de sastre donde metemos a aquellos niños que dan problemas o no se adaptan bien al colegio o en casa, pero no sabemos qué les pasa.

El diagnóstico, como comenta el profesor Juan Narbona, especialista en neuropediatría de la Clínica Universidad de Navarra, tiene un efecto de consuelo en la familia, pues le permite saber realmente lo que le pasa a su hijo después de un largo periodo de sufrimiento y desorientación.

Si nos centramos en el ámbito escolar, en España los únicos profesionales que pueden diagnosticar TDAH a un niño en la etapa de educación primaria son el Equipo de Orientación Educativa y Psicopedagógica (EOEP). En la etapa de secundaria (ESO), es el departamento de orientación del colegio quien tiene la obligación de realizar la evaluación y el pertinente diagnóstico.

Como señala Antonio Labanda, coordinador de la sección de Psicología Educativa del Colegio Oficial de Psicólogos de Madrid, lo más importante es la realización de un buen diagnóstico diferencial, teniendo en cuenta que el diagnóstico lo deben realizar los psicólogos o neuropsicólogos y, a veces, con el complemento de los neurólogos. Hoy en día, según afirma, el sobrediagnóstico es un problema y la realización de éste, si es que se hace, muchas veces viene de los médicos de la familia y casi sin ver al niño, únicamente con la información que las familias aportan en consulta y con los cuestionarios que antes mencionábamos.

CLASIFICACIONES DIAGNÓSTICAS DEL TDAH

El trastorno por déficit de atención con hiperactividad (TDAH) es uno de los siete trastornos que el DSM-5 engloba en la categoría diagnóstica de *trastornos del neurodesarrollo*. Dentro de esta variada categoría encontramos:

- Discapacidad intelectual
- Trastornos de la comunicación
- Trastorno del espectro del autismo
- Trastorno por déficit de atención con hiperactividad (TDAH)
- Trastorno específico del aprendizaje
- Trastornos motores (coordinación, tics, movimientos estereotipados)
- Otros trastornos del neurodesarrollo

La característica básica que comparten los diferentes trastornos del neurodesarrollo es que la maduración del cerebro es más lenta de lo normal. En el caso concreto de los niños con TDAH, se estima que la corteza prefrontal está un 30 por ciento menos desarrollada o es más inmadura en comparación con los niños de su misma edad. En otros trastornos, como la esquizofrenia y el trastorno bipolar, también se ha visto que el grosor del córtex cerebral es significativamente menos grueso que lo que correspondería por edad.

Otra característica común de los trastornos del neurodesarrollo es que ninguno tiene un marcador biológico, es decir, que no son trastornos que se puedan diagnosticar mediante pruebas tan sencillas como un análisis de sangre o de orina. Requieren de una correcta evaluación clínica y psicodiagnóstica.

Para poder diagnosticar TDAH a un niño es preciso que cumpla con los criterios que establece el DSM-5 y que aparecen en la tabla que se presenta a continuación:

TRASTORNO POR DÉFICIT DE ATENCIÓN CON HIPERACTIVIDAD

A. Patrón persistente de inatención y/o hiperactividad-impulsividad que interfiere con el funcionamiento o el desarrollo, que se caracteriza por uno y/o dos:

1. Inatención: seis (o más) de los siguientes síntomas se han mantenido durante al menos seis meses en un grado que no concuerda con el nivel de desarrollo y que afecta directamente las actividades sociales y académicas/laborales:

Nota: para adolescentes mayores y adultos (diecisiete y más años de edad), se requiere un mínimo de cinco síntomas.

a. Con frecuencia falla en prestar la debida atención a detalles o por descuido se cometen errores en las tareas escolares, en el trabajo o durante otras actividades (por ejemplo, pasan por alto o se pierden detalles, el trabajo no se lleva a cabo con precisión).

b. Con frecuencia tiene dificultades para mantener la atención en tareas o actividades recreativas (por ejemplo, tiene dificultad para mantener la atención en clases, conversaciones o la lectura prolongada).

c. Con frecuencia parece no escuchar cuando se le habla directamente (por ejemplo, parece tener la mente en otras cosas, incluso en ausencia de cualquier distracción aparente).

d. Con frecuencia no sigue las instrucciones y no termina las tareas escolares, los quehaceres o los trabajos laborales (por ejemplo, inicia tareas pero se distrae rápidamente y se evade con facilidad).

e. Con frecuencia tiene dificultad para organizar tareas y actividades (por ejemplo, dificultad para gestionar tareas secuenciales; dificultad para poner los materiales y pertenencias en orden; descuido y desorganización en el trabajo; mala gestión del tiempo; no cumple los plazos).

f. Con frecuencia evita, le disgusta o se muestra poco entusiasta en iniciar tareas que requieren un esfuerzo mental sostenido (por ejemplo, tareas escolares o quehaceres domésticos; en adolescentes mayores y adultos, preparación de informes, completar formularios, revisar artículos largos).

g. Con frecuencia pierde cosas necesarias para tareas o actividades (por ejemplo, materiales escolares, lápices, libros, instrumentos, billetera, llaves, papeles del trabajo, lentes, celular).

h. Con frecuencia se distrae con facilidad por estímulos externos (para adolescentes mayores y adultos, puede incluir pensamientos no relacionados).

i. Con frecuencia olvida las actividades cotidianas (por ejemplo, hacer las tareas, hacer encargos; en adolescentes mayores y adultos, devolver las llamadas, pagar facturas, acudir a las citas).

2. Hiperactividad e impulsividad: seis (o más) de los siguientes síntomas se han mantenido durante al menos seis meses en un grado que no concuerda con el nivel de desarrollo y que afecta directamente a las actividades sociales y académicas/laborales:

Nota: para adolescentes mayores y adultos (a partir de diecisiete años de edad), se requiere un mínimo de cinco síntomas.

a. Con frecuencia juguetea o golpea con las manos o los pies o se retuerce en el asiento.

b. Con frecuencia se levanta en situaciones en que se espera que permanezca sentado (por ejemplo, se levanta en la clase, en la oficina o en otro lugar de trabajo, o en otras situaciones que requieren mantenerse en su lugar).

c. Con frecuencia corretea o trepa en situaciones en las que no resulta apropiado. (*Nota*: en adolescentes o adultos, puede limitarse a estar inquieto.)

d. Con frecuencia es incapaz de jugar o de ocuparse tranquilamente en actividades recreativas.

e. Con frecuencia está "ocupado", actuando como si "lo impulsara un motor" (por ejemplo, es incapaz de estar o se siente incómodo al permanecer quieto durante un tiempo prolongado, como en restaurantes, reuniones; los otros pueden pensar que está intranquilo o que le resulta difícil seguirlos).

f. Con frecuencia habla excesivamente.

g. Con frecuencia responde inesperadamente o antes de que se haya concluido una pregunta (por ejemplo, termina las frases de otros; no respeta el turno de conversación).

h. Con frecuencia le es difícil esperar su turno (por ejemplo, mientras espera en una fila).

i. Con frecuencia interrumpe o se inmiscuye con otros (por ejemplo, se entromete en las conversaciones, juegos o actividades; puede empezar a utilizar las cosas de otras personas sin esperar o recibir permiso; en adolescentes y adultos, puede inmiscuirse o adelantarse a lo que hacen otros).

B. Algunos síntomas de inatención o hiperactivo-impulsivos estaban presentes antes de los doce años.

C. Varios síntomas de inatención o hiperactivo-impulsivos están presentes en dos o más contextos (por ejemplo, en casa, en la escuela o en el trabajo; con los amigos o parientes; en otras actividades).

D. Existen pruebas claras de que los síntomas interfieren con el funcionamiento social, académico o laboral, o reducen la calidad de los mismos.

E. Los síntomas no se producen exclusivamente durante el curso de la esquizofrenia o de otro trastorno psicótico y no se explican mejor por otro trastorno mental (por ejemplo, trastorno del estado de ánimo, trastorno de ansiedad, trastorno disociativo, trastorno de la personalidad, intoxicación o abstinencia de sustancias).

Una vez que al niño se le ha diagnosticado trastorno por déficit de atención con hiperactividad (TDAH), se tiene que especificar el tipo de presentación que manifiesta:

- *Presentación predominante con falta de atención*: en este caso prevalece la inatención del niño sobre la conducta más impulsiva. Este subtipo es bastante más frecuente en las niñas que en los niños. Debido a sus manifestaciones encubiertas, suele ser más difícil de diagnosticar y se hace a una edad más tardía que la presentación hiperactiva-impulsiva. En el colegio, estos niños suelen ser tímidos, no molestan a sus compañeros pero se muestran muy distraídos, como en su mundo.
- *Presentación predominante hiperactiva-impulsiva*: es el subtipo que más fácilmente se ve, ya que al ser niños impulsivos y muy activos, son conductas observables para cualquier persona.
- *Presentación combinada*: es la presentación más frecuentemente diagnosticada. Reúne las características generales del subtipo inatento y del hiperactivo-impulsivo.

Independientemente de la que manifieste el niño, a las tres presentaciones se les conoce con la etiqueta de trastorno por déficit de atención con hiperactividad (TDAH). Por ejemplo, un niño que tenga la presentación inatenta, igualmente tendrá el diagnóstico de TDAH, aunque en este caso concreto, el niño no manifiesta la hiperactividad. A todos los casos se les diagnostica de TDAH y luego se especifica la presentación (predominante con falta de atención, hiperactiva/impulsiva o combinada) y la gravedad (leve, moderada o grave).

No existen diferencias significativas en cuanto a los criterios de diagnóstico del TDAH entre el DSM-IV, publicado en 1994, y el DSM-5, editado en 2013. Veámoslas de una manera breve:

- En el DSM-IV, el TDAH aparece dentro de los *trastornos de inicio en la infancia, la niñez o la adolescencia*, mientras que en el DSM-5 se engloba en la categoría de *trastornos del neurodesarrollo*.
- En el DSM-5 los ítems aparecen mejor descritos y con ejemplos.

- Añaden los ítems para el diagnóstico en la etapa adolescente tardía y edad adulta (a partir de los diecisiete años). Por ejemplo: "No llevan al día la agenda de trabajo".
- En la etapa adolescente y adulta, es necesario cumplir cinco síntomas en vez de los seis necesarios para los niños.
- La edad máxima de diagnóstico se amplía desde los siete a los doce años.
- En el DSM-5 no se habla de subtipos, como se hacía en el DSM-IV, sino de especificaciones o presentaciones: inatenta, hiperactiva/impulsiva o combinada.

En el DSM-IV (1994), uno de los requisitos para el diagnóstico de TDAH era que la edad de inicio del trastorno fuese antes de los siete años. En la práctica se vio que determinados niños, sobre todo los de la presentación inatenta, pasaban inadvertidos para padres y profesores en los primeros años de vida, y cuando se percataban de que existía un problema, el criterio de los siete años ya no se cumplía. Es por ello que el DSM-5 (2013) cambia el requisito de la edad de inicio hasta los doce años. Con esta modificación, los niños con el subtipo inatento pueden ser diagnosticados, aunque sea más tardíamente. Es difícil encontrarnos con casos en los que a un niño que jamás ha tenido problemas de concentración, que su rendimiento académico ha sido siempre bueno y que no ha tenido problemas de conducta, se le diagnostique TDAH en la adolescencia tardía.

Russell Barkley, una de las figuras de mayor autoridad en el campo del TDAH a nivel mundial y profesor de la Universidad de Carolina del Sur, argumenta que el nombre que le da el DSM a este trastorno es muy ambiguo y no describe fielmente los síntomas que tienen estos niños y, por tanto, sus dificultades. El nombre que propone como alternativa a esta patología es el de *trastorno por déficit de autorregulación* (*Self-Regulation Deficit Disorder*, SRDD), ya que para el profesor Barkley, en realidad, estos niños tienen dificultades en la autorregulación y la inhibición de sus conductas y no en la atención en sí.

Una de las grandes críticas que recibe el DSM-5 es que utiliza criterios vagos, subjetivos y que se cumplirán o no en función de las expectativas de los padres. El DSM describe conductas y consecuencias, pero no tiene en cuenta las causas que provocan dichos síntomas. A esta conclusión llegan muchos autores, entre los que podemos destacar a Fernando García de Vinuesa, Héctor González Pardo y Marino Pérez Álvarez, autores de la obra *Volviendo a la normalidad. La invención del TDAH y el trastorno bipolar infantil* (2014).

Además del sistema de clasificación DSM, la Organización Mundial de la Salud (OMS) propone la Clasificación Internacional de Enfermedades en su décima versión (CIE-10) y denomina al trastorno que nos ocupa como *trastorno hipercinético*. A diferencia del manual estadunidense DSM, la CIE es más estricta en cuanto a criterios se refiere, exigiendo un mayor número de síntomas presentes en el niño para poder diagnosticar trastorno hipercinético. De hecho, como ya se ha comentado, en 1989 Anna Farré y Juan Narbona encontraron en su estudio en España que la prevalencia estaba entre un 1 o 2 por ciento de la población infantil. El motivo de estos porcentajes tan bajos comparados con el DSM es que los criterios de la CIE son más estrictos que el manual DSM. Según los estudios de Santosh (2005), el diagnóstico de TDAH, si se utiliza el DSM-IV, es cuatro veces más frecuente que si se emplean otros sistemas de clasificación como el CIE-10.

COMORBILIDAD

El concepto de comorbilidad hace referencia a la presentación simultánea de dos o más trastornos a la vez. En el caso del TDAH nos encontramos algunos que suelen ir asociados a él, ya que es un trastorno muy comórbido. Los más frecuentemente asociados con el TDAH son:

- *Trastorno negativista desafiante* (TND): también se le conoce con el nombre de *trastorno oposicionista desafiante* (TOD). Según Thomas Brown (2006), un 40 por ciento de los niños con TDAH tiene asociado un trastorno negativista desafiante. Es más frecuente en varones. Suelen ser niños caracterizados por retar constantemente a la figura de autoridad (padres y maestros).
- *Trastornos específicos del aprendizaje*: en torno a un 30-50 por ciento de los niños con TDAH tienen asociado un problema específico de aprendizaje, ya sea de lectura, escritura o matemáticas. Suele afectar más a los varones que a las mujeres.

- *Trastornos del estado del ánimo*: entre los cuales destacamos la ansiedad y la depresión. Ambos más comunes en niñas. Las niñas que tienen un trastorno de ansiedad tienden a agradar a los demás, sean adultos o compañeros. Son muy complacientes.
- *Trastorno del espectro autista.* El síndrome de Asperger y el autismo, entre otros, se denominan en el DSM-5 como trastorno del espectro autista. Suelen presentar problemas de comunicación y del lenguaje.
- *Trastorno del desarrollo de la coordinación*: aproximadamente un 47 por ciento de los niños a los que se ha diagnosticado TDAH tiene un problema de coordinación.

Como señala César Soutullo, responsable de la unidad de psiquiatría infantil y adolescente de la Clínica Universidad de Navarra, en torno a un 60-70 por ciento de los pacientes con TDAH presentan una comorbilidad añadida, mientras que un 40-50 por ciento tienen dos o más comorbilidades. Estos porcentajes se dan si el TDAH no es tratado de manera temprana. En cambio, si la detección y la intervención son precoces, los porcentajes son más bajos en cuanto a la comorbilidad se refiere. Por lo tanto, encontrar casos de TDAH asilados y sin ningún tipo de comorbilidad no es la norma, sobre todo en detecciones tardías.

TRATAMIENTO

El objetivo de este apartado es describir de manera general las diferentes perspectivas y enfoques en cuanto al tratamiento del TDAH que, como ya sabemos, ha de ser multidisciplinario. No entraremos de una manera específica en este punto, pues se dedica un capítulo entero más adelante a las diferentes estrategias en cuanto al abordaje del TDAH.

Como afirma Alberto Fernández Jaén, un buen tratamiento comienza con un buen diagnóstico, con lo que es imprescindible realizar una buena evaluación para llegar a un correcto diagnóstico y emprender el tratamiento.

Existen muchas líneas de tratamiento diferentes en relación con el trastorno por déficit de atención con hiperactividad. Aun así, las más consolidadas para trabajar con estos niños son las cognitivo-conductuales, que están basadas en las técnicas de modificación de conducta y la administración de fármacos.

Las técnicas cognitivo-conductuales para trabajar con niños con TDAH son las más efectivas y han sido probadas científicamente en multitud de estudios. En dichos trabajos, se extrae la idea de que el castigo no es una de las técnicas más eficaces con estos niños, mientras que la aplicación contingente de refuerzos positivos a las conductas de estos niños suele ser lo más efectivo. A través del modelo cognitivo-conductual, los niños aprenden y desarrollan sus habilidades sociales, mejoran su autocontrol y aprenden a autorregularse. La mayoría de estrategias las aprenden mediante el juego.

A lo largo de los últimos años se han difundido diferentes programas o tratamientos para tratar el trastorno por déficit de atención. Entre ellos, se han puesto de moda tratamientos como el método Tomatis, método Kumon, flores de Bach, terapias visuales, etcétera. No existe evidencia científica significativa que demuestre que estas prácticas y otros tratamientos similares resultan efectivos para el TDAH. Con esto no quiero decir que no existan casos de niños que toman determinados productos o realizan algunas actividades y que les resultan efectivos. Por supuesto que esto ocurre, pero dichos programas no tienen una fuerte base científica como para afirmar rotundamente que beneficia a los chicos con TDAH.

En cuanto a la nutrición, existen datos contradictorios. Lo que aconsejan los especialistas es que los niños con TDAH tengan hábitos nutricionales saludables como se sugiere para el resto de la población, como son hacer deporte, seguir una dieta mediterránea, tener especial cuidado con las grasas y azúcares, etcétera. Se ha comprobado que existe relación entre los niveles de azúcar consumidos y la hiperactividad, pero esto es así para toda la población.

USO DE MEDICACIÓN EN EL TDAH

El tema de administrar psicofármacos a los niños diagnosticados con TDAH ha despertado polémica en los últimos años. Es bastante común que los padres muestren sus precauciones y miedos a medicar a sus hijos. Hay profesionales que se muestran a favor de medicar y otros claramente en contra. Tampoco existe un consenso en cuanto a si es recomendable o no suspender el tratamiento farmacológico en periodos vacacionales (verano, temporada navideña) o hasta incluso los fines de semana.

Los niños con TDAH tienen déficits en dos importantes neurotransmisores cerebrales: dopamina y noradrenalina. Tienen una menor liberación de estos dos neurotransmisores a nivel cerebral. La medicación actúa sobre estos receptores, lo que hace mejorar y potenciar los niveles de atención y autocontrol, facilita la inhibición de impulsos y aumenta la motivación del niño. La dopamina tiene mayor actividad en regiones anteriores del cerebro y mejora la atención sostenida y el control inhibitorio de las personas. En cambio, la noradrenalina está ubicada en zonas parietales posteriores y su función es más de filtrado de la información.

En multitud de estudios se ha comprobado que el uso de medicación con niños que han sido diagnosticados de TDAH es eficaz en un 80 por ciento de los pacientes, lo cual indica un porcentaje bastante elevado. Además, apenas tienen efectos secundarios. Sólo un 20 por ciento de los niños con TDAH que toman medicación no observan beneficio en ninguno de sus ámbitos. El hecho de que un niño tome medicación es una medida puntual para amortiguar los síntomas. Solamente un porcentaje muy bajo de niños, que está en torno al 10-15 por ciento, necesita tratamiento farmacológico de por vida. En este bajo porcentaje del que hablamos, encontramos niños que, además de estar diagnosticados de TDAH, suelen tener otros trastornos asociados de tipo conductual, como el trastorno negativista desafiante, trastorno de conducta o problemas de control de impulsos. Se les medica de por vida para atenuar y controlar su impulsividad.

El metilfenidato se sintetizó en 1945 y se ha comercializado en España por más de tres décadas, concretamente desde 1981. De lo que aún no se tienen datos es del efecto a largo plazo de este tipo de estimulantes. Se desconoce cómo se encontrarán los chicos que hoy en día están medicados cuando tengan cuarenta o cincuenta años o estén en la etapa de senectud. Como dato estadístico, en 1995 más de 2.6 millones de niños tomaban psicoestimulantes en Estados Unidos. En ese mismo año, en Estados Unidos se consumía 90 por ciento de la producción mundial de metilfenidato. Hoy en día, el consumo de metilfenidato está más normalizado en Europa y, en concreto, en nuestro país.

Como señala la catedrática en Psicología Evolutiva y de la Educación, Ana Miranda Casas, la administración de medicación en niños con TDAH mejora algunas de las funciones ejecutivas, como son la memoria de trabajo viso-espacial y la frustración que les provoca esperar una determinada gratificación. Sin embargo, otras funciones ejecutivas, como la capacidad de organización y planificación, no se ven mejoradas significativamente por los medicamentos. Por otra parte, los psicoestimulantes tienen no sólo beneficios en las funciones ejecutivas de los niños con TDAH, sino que también tienen efectos positivos indirectos en el rendimiento académico y social. Como dice Miranda, "el psicoestimulante no enseña, lo que sí hace es facilitar la eficacia de la labor educativa de la familia y de la sociedad".

La familia debe valorar el balance costo-beneficio de los psicoestimulantes, es decir, comprobar si con la medicación existe una mejora significativa en la conducta, sociabilidad y rendimiento, o si por el contrario este tipo y/o cantidad de medicación no es efectiva.

Existen varios tipos de tratamientos farmacológicos:

- *Fármacos psicoestimulantes (metilfenidato).* Funcionan en áreas anteriores del cerebro y aumentan a corto plazo los niveles de dopamina y noradrenalina en el cerebro. Marcas comerciales: Rubifen®, Medikinet®, Concerta®, Ritalin® y Equasym®. Posibles efectos secundarios: falta de apetito, insomnio, dolor de cabeza (cefaleas) y tics.
- *Fármacos no psicoestimulantes (atomoxetina).* Funcionan en áreas posteriores de nuestro cerebro y actúan sobre la noradrenalina. Marca comercial: Strattera®. Posibles efectos secundarios: falta de apetito, dolor de cabeza, somnolencia y dolor abdominal.
- *Lisdexanfetamina*: es una forma de anfetamina que actúa sobre la dopamina. Marca comercial: Elvanse®.

En líneas generales, podemos decir que el metilfenidato tiene un inicio rápido de acción, ya que después de treinta a sesenta minutos de su ingestión se notan los efectos. Los medicamentos que contienen metilfenidato actúan sobre la dopamina. En cambio, los primeros efectos de la atomoxetina (no estimulante) tardan entre dos a cuatro semanas en notarse. En este caso, actúa sobre la vía noradrenérgica y como efecto reduce la impulsividad.

Según las Naciones Unidas, entre los años 2000 y 2011, el consumo de psicoestimulantes en España se ha multiplicado por veinte, lo que refleja un aumento exponencial del uso de este tipo de psicofármacos. En Estados Unidos, dicho aumento se ha visto multiplicado por cuatro. Otro dato relevante es que el gasto farmacéutico en psicoestimulantes en toda la Comunidad de Madrid entre 2005 y 2008 se ha multiplicado por cinco.

Como conclusión a este punto, me gustaría añadir que la medicación no es ni la panacea ni el demonio. Con esto quiero decir que los padres deben manejar cuanta más información puedan reunir para tomar una importante decisión respecto a la medicación. En el caso del TDAH, una vez que los médicos han dado en el clavo de qué psicofármaco es más efectivo y en qué cantidades, los niños suelen estar medicados durante largos periodos, a diferencia de un proceso gripal en el que se les administra una medicación durante pocos días. Por este motivo es importante tener la información necesaria para tomar aquella decisión que sea más adecuada para el niño. Los padres también deben adecuar sus expectativas en relación con la medicación. Con esto quiero decir que ésta, lejos de ser mágica, no soluciona el problema, sino que ayuda al niño, siempre que se pongan en marcha otras medidas en casa, en el colegio y en el proceso psicoterapéutico. Un aspecto importante antes de terminar este capítulo es que la medicación NUNCA debe sustituir a las medidas pedagógicas y educativas.

5

La atención como proceso psicológico

LA ATENCIÓN EN LA VIDA COTIDIANA

Óscar es un chico preadolescente de sexto grado de primaria que se encuentra en clase de educación física. Hoy está con sus compañeros de clase en el patio del colegio jugando futbol. Además de esta circunstancia, en el campo de al lado se encuentran los alumnos de secundaria que están disfrutando de su tiempo de descanso después de una dura mañana de exámenes. Entre los alumnos de secundaria, se encuentra María, la chica que le gusta a Óscar pero a quien jamás se ha atrevido a decirle nada. Óscar debe estar muy atento a la actividad que están haciendo en clase, pues se juega la evaluación trimestral. Son muchos los tipos de atención que se ponen en marcha en esta situación. Por un lado, Óscar ha activado su *atención selectiva* para elegir del ambiente aquel estímulo que es más relevante para él en ese momento: la clase de educación física. Una vez que ha realizado la selección, debe focalizarse en dicha tarea, ignorando e inhibiendo el resto de estímulos que ocurren alrededor de él (*atención focalizada*). Dado que el partido de futbol dura los 45 minutos de la clase, está poniendo en marcha la *atención sostenida*, mediante la cual Óscar es capaz de centrar su atención en una tarea durante un tiempo prolongado. Pero no todo es tan sencillo. El hecho de que María esté muy cerca de Óscar, hace que éste tenga su *atención dividida*, ya que está atendiendo a dos estímulos prioritarios a la vez (el partido de futbol y a María). Por este motivo, le están metiendo muchos goles en la clase. Pero eso no es todo. Alberto, el profesor de educación física, ha comentado a sus alumnos que cada dos minutos hará sonar su silbato, y eso querrá decir que los chicos pasarán de jugar futbol al balonmano. Esto ocurrirá cada dos minutos, por lo que la *atención alternante* de los alumnos de clase también estará activa.

Con este sencillo y cotidiano ejemplo, vemos los diferentes tipos de atención que tenemos y lo complejo que es este proceso psicológico, aunque creamos que es algo sencillo e involuntario. Entremos en materia.

¿QUÉ ES LA ATENCIÓN?

Cuando tengo que explicarles a mis alumnos en clase qué es la atención y cómo funciona dicho proceso psicológico, siempre les hago la misma pregunta: ¿a qué estímulos pueden prestar atención en este preciso momento? Muchos de ellos, me dicen que están prestando atención a lo que yo estoy diciendo, pero verdaderamente hay una gran cantidad de estímulos a los que también pueden atender. Entonces, algún alumno suele decir que también puede prestar atención a lo que sucede en la calle mirando a través de las ventanas. Y los alumnos se empiezan a animar... Pueden contar el número de mujeres que hay en el aula, el número de jóvenes que tienen lentes, cuántos llevan puesta alguna prenda verde, el ruido que hace el proyector, etcétera. Con este sencillo ejercicio, podemos comprobar que los estímulos a los que podemos atender en un momento y lugar determinado son prácticamente infinitos. Y eso que aún no hemos comentado que también se puede prestar atención a los estímulos internos, es decir, a nuestros pensamientos, fantasías, planificar lo que vamos a hacer por la tarde, a quién le tenemos que llamar por teléfono de manera urgente, si tenemos hambre o algún dolor localizado en el cuerpo. Por lo tanto, el ambiente está cargado de potenciales estímulos externos a los que podemos atender, sin olvidarnos de los estímulos internos.

Vamos a utilizar un símil para entender cómo funciona la atención. Este proceso psicológico es como un foco de luz que va iluminando diferentes objetos, estímulos y situaciones, y deja en la penumbra los demás estímulos que no son iluminados por el foco. En el caso del TDAH, nos encontramos con la dificultad añadida de que, a menudo, ese foco recibe llamadas de otros estímulos que están en la penumbra para que también los ilumine, con lo que constantemente se está cambiando el estímulo al que se atiende. Los niños con TDAH tienen un foco muy inconstante y fácilmente cambiante.

El psiquiatra y profesor de Neurociencia Cognitiva en la Universidad de California en Los Ángeles (UCLA), Joaquín Fuster, define la atención

106

como la utilización de los recursos limitados del sistema nervioso para una función cognitiva o emocional concreta. Dado que las funciones cerebrales son limitadas, el cerebro debe optimizar al máximo los recursos que tiene para conseguir el máximo beneficio. El profesor Fuster señala que existen dos aspectos a tomar en cuenta en el proceso psicológico de la atención. Ambos están afectados en mayor o menor medida en el caso de los niños con TDAH y son necesarios para una correcta concentración del niño. Se podrían definir como las dos caras de una misma moneda:

- *Aspecto inclusivo*: consiste en focalizar y concentrarse en una parte de la realidad o estímulo. Por ejemplo, los esfuerzos que realiza Miguel, un niño de siete años, para concentrarse en las tareas que tiene para esta tarde pertenecen al aspecto inclusivo de la atención.
- *Aspecto exclusivo*: son todos los mecanismos inhibidores que ponemos en marcha para evitar perder nuestra concentración en la tarea que estamos haciendo. Continuando con el ejemplo de Miguel, serían los esfuerzos que realiza el niño para evitar hacer caso a estímulos que no tienen que ver con sus tareas. Existen dos tipos de estímulos que lo pueden hacer desconcentrarse: los que interfieren en su tarea, como por ejemplo, los dibujos animados que está viendo su hermano en la televisión y los impulsos internos, como que se levante y vaya al refrigerador porque tiene hambre. El aspecto exclusivo es lo que hace al niño vulnerable a la distracción.

La profesora de la Universidad de Murcia Julia García Sevilla entiende la atención como un mecanismo que pone en marcha una serie de procesos y operaciones que nos permiten ser más receptivos a los estímulos y sucesos del ambiente para poder realizar una tarea y conseguir nuestros objetivos de una manera más eficaz. Los procesos atencionales no son innatos en el ser humano, sino que son aprendidos y requieren de muchas horas de práctica para desarrollarlos al máximo de su potencial.

La atención, como el resto de los procesos psicológicos, no funciona de una manera aislada e independiente, sino que está en continua relación y coordinación con el resto de los procesos psicológicos, entre los cuales podemos destacar la percepción, la motivación, la memoria, la emoción y el aprendizaje. Por poner un ejemplo cotidiano, para que podamos prestar atención a una charla sobre un determinado tema, es necesario no solamente que sepa y pueda poner en marcha los diferentes tipos y mecanismos de atención, sino también que la temática de la charla me guste (motivación), que la pueda ver o escuchar (percepción), que esté dispuesto a formarme en la materia (aprendizaje), que me suscite algún tipo de sentimiento positivo (emoción). Por tanto, los procesos psicológicos no son compartimentos aislados e impermeables, sino que están relacionados y coordinados conjuntamente.

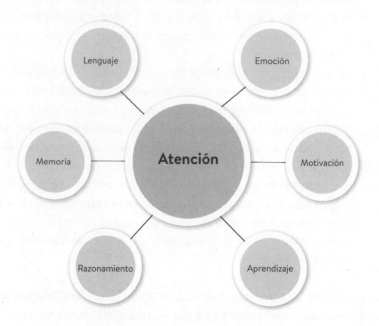

Debemos ser conscientes de que vivimos en un entorno con una gran cantidad de estímulos y reclamos publicitarios, pero nuestra atención es limitada y, por tanto, no podemos atender a todos los estímulos del ambiente a la vez, debiendo elegir a qué atendemos en función de nuestras motivaciones, objetivos y satisfacciones personales. Recordemos en este punto el símil del foco: no es posible que el foco capte todos los estímulos de paisaje, solamente aquellos que ilumina.

¿Existen diferencias entre niños y niñas a la hora de prestar atención? Los estudios científicos concluyen que no existen diferencias significativas y generalizadas en la manera y calidad de prestar atención en función del sexo. En lo que sí difieren es en los estímulos o tareas a las que prestan atención. Generalmente, los niños se sienten atraídos por tareas de mucho movimiento y contacto, mientras que las niñas prefieren actividades más tranquilas y de juego simbólico.

Cada vez hay más autores que manifiestan que el funcionamiento atencional de los niños con TDAH es diferente al del resto de niños. Por tanto, no es que los mecanismos atencionales del niño con TDAH no funcionen, sino más bien que atienden de una manera diferente. Tienen dificultades en *mantener* la atención ante una tarea o estímulo (*atención sostenida*), sobre todo si les resulta monótona y poco atractiva. Cuando se les propone en clase realizar un problema de matemáticas o un esquema de ciencias sociales, y esto les supone un costo importante, además de no ser nada motivante, rápidamente se aburren y abandonan la tarea. En cambio, en aquellas tareas que les resultan más motivantes, como pueden ser jugar futbol, las videoconsolas o ver la televisión, pueden estar horas "enganchados", ya que las encuentran muy atractivas, interactivas y reforzantes. Una queja habitual de muchas madres y padres es que sus hijos no hacen su tarea escolar o la hacen a regañadientes, pero luego pasan horas jugando a los videojuegos. La explicación es muy sencilla, aunque hiriente para algunos padres: los niños se sienten más motivados y atraídos por los videojuegos que por realizar las tareas escolares. Por ello, las tareas que les presentemos a los menores, sean de tipo escolar o no, deben ser propuestas de una manera atractiva y motivante para ellos. Habitualmente es en la concentración donde su rendimiento está por debajo de lo normal, en comparación con el resto de compañeros de clase.

CONCENTRACIÓN Y ATENCIÓN

En la vida cotidiana tendemos a confundir y a utilizar como sinónimos los conceptos de *concentración* y *atención*. Es verdad que tienen algunas características en común, pero difieren también en otros aspectos. La gran mayoría de veces que ponemos en marcha un sistema de atención de manera voluntaria estamos activando las funciones ejecutivas, que se encuentran localizadas en el lóbulo frontal, y concretamente en la corteza prefrontal. En resumidas cuentas, podemos decir que la concentración es un tipo de atención voluntaria, pero existen otros tipos de atención que son más involuntarios. La atención es un concepto más amplio que el de concentración. Veamos las características y diferencias entre estos dos conceptos:

Atención
Se puede poner en marcha el proceso de atención tanto de una manera involuntaria como voluntaria. La atención sería un proceso *involuntario* y *externo,* cuando es el estímulo quien capta nuestra atención. Este tipo de atención involuntaria está ubicada en el lóbulo parietal. Las características físicas de los estímulos, como son el tamaño, el color y el movimiento, pueden favorecer que capten involuntariamente nuestra atención y nos fijemos en ellos. Las investigaciones han demostrado que un estímulo en movimiento capta más y mejor la atención que aquellos que son estáticos. Nuestra atención sólo se fijará en estímulos que sean llamativos, importantes, que nos gusten o que sean necesarios para nuestra supervivencia. Por ejemplo, si vamos por la calle y vemos a un señor con un traje de luces, ese hecho hará que nos fijemos en él, ya que es un estímulo novedoso y poco frecuente. En este tipo de atención involuntaria, los niños con TDAH no tienen ningún tipo de dificultad. A ellos también les llamaría la atención ver al torero por la calle. Como explica el profesor Francisco Mora en su libro *Neuroeducación. Sólo se puede aprender aquello que se ama,* lo que abre las ventanas de la atención es el mecanismo emocional de la curiosidad. Si cultivamos la curiosidad en nuestros hijos y alumnos podemos conseguir que el niño aprenda y memorice para adquirir así un conocimiento explícito y consciente.

Evolutivamente hablando, podemos decir que todos los animales tienen este tipo de atención involuntaria, es decir, se muestran atraídos, quieran o no, por estímulos que son básicos para su supervivencia. Una cebra que va a cruzar por un río, comprueba antes de hacerlo que no haya ningún cocodrilo a la vista, ya que su supervivencia está en juego.

También existe otro tipo de atención que es más *dependiente de la voluntad e interna.* En este caso, estamos hablando de un tipo de atención ejecutiva o volitiva (dependiente de la voluntad), es decir, que depende de las funciones ejecutivas y, por tanto, se localiza en la parte anterior del cerebro, concretamente en el lóbulo frontal. En este tipo de atención es donde los chicos con TDAH pueden tener dificultades. Dicha dificultad va a depender de la tarea a realizar y la motivación externa que reciban de la actividad o persona que esté con ellos. Cuando la tarea es motivante, su rendimiento atencional voluntario puede ser excelente. Es por eso que se pueden pasar horas jugando a los videojuegos, leyendo su libro favorito que tan "enganchados" los tiene, viendo la televisión o jugando futbol, ya que son actividades que les suelen interesar y motivar mucho.

Debemos puntualizar que el sistema atencional se *inhibe* cuando estamos durmiendo, de forma que es difícil que algún estímulo nos llame la atención o despierte, salvo que sea muy significativo (llanto de nuestro hijo, ruido muy escandaloso, etcétera). Lo mismo ocurre cuando estamos concentrados en una tarea, ya que evitamos distraernos con estímulos que ahora no nos interesan (inhibición de estímulos no significativos). Este último aspecto coincide con el proceso exclusivo de la atención que describe el profesor Joaquín Fuster.

Concentración

El acto de concentrarse es completamente *voluntario*, por eso requiere de una motivación por parte de la persona. En ocasiones, el niño no encuentra la tarea atractiva, pero sí ve un refuerzo en realizarla o "quitársela de encima". Puede que haga dicha tarea para evitar que sus padres lo regañen por no hacerla (castigo positivo) o que le dejen sin hacer algo que le gusta (castigo negativo), como puede ser ir a una fiesta de cumpleaños. La concentración es un acto *interno*, sale de la propia persona, aunque los reforzadores puedan ser externos. Si el niño está en su habitación estudiando con la puerta abierta y escucha que su padre está viendo un partido de futbol, este estímulo captará involuntariamente la atención del niño. Acto seguido entra en juego la concentración, que es más dependiente de la voluntad del niño. Por muy motivado que esté el niño en ver el partido, si sabe que tiene que seguir estudiando para el examen de mañana y necesita silencio y tranquilidad, cerrará la puerta de su habitación para poder seguir concentrado en la tarea. Por este motivo, decimos que la concentración está muy relacionada con la voluntad y la perseverancia: para obtener premios, privilegios o cosas positivas o para evitar castigos o sucesos negativos.

Los niños con TDAH tienen serias dificultades para mantener la concentración en una actividad, ya que es una tarea que depende del lóbulo frontal, es voluntaria y consciente. Además, la concentración requiere un periodo, ya que es una actividad sostenida en el tiempo. El nivel de fatiga en una tarea de concentración de un niño con TDAH es de tres a cinco veces mayor que en un niño sin dificultades. Esto no sólo tiene implicaciones en cuanto al tiempo que los niños dedican a realizar sus tareas, sino también en un mayor consumo de glucosa en el cerebro y, por tanto, un mayor cansancio.

Por ejemplo, una persona con TDAH tiene problemas para atender a las explicaciones de un profesor en relación con un nuevo trabajo que tiene que hacer si el profesor o el trabajo en sí no lo motivan lo suficiente. Es probable que el alumno no se concentre, y por esto no sepa qué es lo que tiene que hacer.

Con todo ello, podemos concluir que la atención tiene dos variantes, una *involuntaria* y otra *voluntaria*, mientras que la concentración es siempre voluntaria y exige un esfuerzo mental por parte de la persona. La concentración es un tipo de proceso atencional. Como ya hemos comentado, la atención está muy relacionada con otros procesos psicológicos, como son la motivación y las expectativas que tengamos sobre el estímulo del que estemos hablando (una clase, una película o una conversación).

Como señala José Ángel Alda, jefe de la Sección de Psiquiatría Infantil del Hospital Sant Joan de Déu de Barcelona, la atención depende más de factores externos, como puede ser el profesor, las nuevas tecnologías o lo atractivo de la tarea, mientras que la concentración depende más del mundo interior del niño. Además, cuando uno está concentrado no es consciente de que lo está, ya que se encuentra muy metido en la tarea. No siempre que hablamos de variables personales del niño nos estamos refiriendo a la voluntad, porque a veces los chicos con TDAH quieren hacer algo, pero no pueden, sintiéndose impotentes y furiosos.

TIPOS DE ATENCIÓN

La profesora Julia García Sevilla explica que existen cuatro tipos de atención que han sido descritos desde las teorías y modelos más clásicos. Veamos estas modalidades de una manera más detenida:

Atención selectiva

Este tipo de atención se pone en marcha cuando el ambiente nos demanda dar respuesta a un solo estímulo, aunque en el ambiente confluyan varios estímulos a la vez. Requiere que seleccionemos del ambiente aquel estímulo o tarea que nos interese en ese preciso momento.

En tal situación hay muchos estímulos, pero debemos atender a uno solo, bien porque sea novedoso y requiere toda nuestra atención o porque los demás estímulos son irrelevantes para la tarea que estamos realizando. Es un tipo de atención consciente y voluntaria, aunque a veces es el propio estímulo quien nos capta la atención. Un ejemplo de la vida cotidiana en donde ponemos en marcha nuestra atención selectiva se da cuando estamos en la playa leyendo y decidimos voluntariamente leer nuestra novela, centrando toda nuestra atención en el libro, dejando otros estímulos, que en ese momento son irrelevantes a un lado (conversación que están teniendo nuestros amigos, el castillo de arena que hacen nuestros hijos, la gente que pasea por la orilla, etcétera).

Atención focalizada

Se refiere a la capacidad que tenemos de centrarnos y focalizarnos en un solo estímulo, para lo cual también necesitamos inhibir el resto de estímulos y posibles distracciones. La atención selectiva y la focalizada son dos procesos que suelen ir juntos y son complementarios. Selecciono del ambiente aquel estímulo que me parece relevante para después focalizarme en él.

Veamos el siguiente ejemplo: Juan está en una fiesta y de repente se le acerca una chica que quiere ligar con él. En esa situación concreta, existe una gran cantidad de estímulos ambientales, como es la música, la conversación con la chica, el ruido, otras conversaciones, etcétera. Juan debe elegir a qué estímulos va a prestar atención, por lo tanto, es una tarea de *atención selectiva*. Debe escoger entre estar atento a la conversación que tiene con la chica, la música que suena u otras conversaciones que haya a su alrededor. En función de los intereses que tenga, elegirá unas u otras. Una vez que ha realizado su proceso de selección, supongamos, atender a la chica, Juan focaliza todas sus energías atencionales en la conversación que tiene con ella, inhibiendo otros estímulos irrelevantes (música, otras conversaciones, la gente que baila, etcétera).

Atención sostenida o continuada

Es un tipo de atención que nos exige estar atentos durante un tiempo a un estímulo o tarea. Requiere de una alta persistencia por parte de la persona. Además de mantener la atención en la tarea durante largos periodos, es necesario que los procesos inhibitorios también funcionen a la perfección para evitar caer en esos estímulos que nos distraen. Mantener la atención durante un tiempo no es tarea fácil, ya que en muchas ocasiones estas tareas son muy monótonas y aburridas. La atención sostenida está ubicada en la parte anterior del cerebro, por tanto, es ejecutiva (corteza prefrontal).

Un ejemplo de tarea de atención sostenida se da cuando nuestros hijos están estudiando varias horas en su habitación para los exámenes. Durante mucho tiempo, están prestando y manteniendo la atención en un mismo estímulo, por ejemplo, el examen de ciencias naturales de mañana.

Otro ejemplo de atención sostenida aplicado al ámbito profesional lo representan los controladores aéreos, que deben estar mucho tiempo manteniendo su atención en una tarea muy importante para la seguridad de los pasajeros y tripulación, y que es monótona y aburrida.

Según José Antonio Portellano, profesor titular de Neuropsicología en la Facultad de Psicología de la Universidad Complutense de Madrid, la atención sostenida es un tipo de atención focalizada pero que se mantiene durante segundos o minutos. La diferencia no está en el tipo de tarea sino en la duración de la misma. En la práctica, es difícil establecer cuándo deja de ser una tarea de atención focalizada y pasa a ser una tarea de atención sostenida. Una de las pruebas estandarizadas más utilizadas para evaluar la atención sostenida es el test de percepción de diferencias, comúnmente conocido como *test de caras*. En él se entiende que la atención sostenida comienza a partir de los tres minutos.

Atención dividida

Ésta se pone en marcha cuando la situación nos demanda prestar atención a dos o más estímulos simultáneamente. Podemos decir que es un tipo de atención contraria a la atención focalizada, ya que la atención dividida demanda repartir los recursos, mientras que la atención focalizada exige exclusividad sobre un único estímulo. La atención dividida se localiza en el lóbulo frontal, por tanto es ejecutiva. Una manera de comprobar la atención dividida de un niño consiste en pedirle que realice dos actividades a la vez, por ejemplo, escribir un cuento mientras recita las tablas de multiplicar en voz alta.

A diferencia de lo que piensa la mayoría de la gente, los estudios científicos han demostrado que no existen diferencias significativas entre hombres y mujeres en relación con la atención dividida, es decir, que las mujeres no tienen una mayor capacidad que los hombres para realizar varias tareas a la vez, como refleja el mito popular. El número de tareas que simultáneamente se pueden llevar a cabo y la eficacia de su ejecución durante una actividad de atención dividida dependerá del grado de automatización de las diferentes tareas que estén en marcha.

Uno de los ejemplos clásicos de la atención dividida es conducir un coche. Una vez que hemos dejado de ser conductores noveles y tenemos cierta destreza en la conducción, podemos poner en marcha la atención dividida mientras conducimos, es decir, tenemos la capacidad de conducir y a la vez realizar otras tareas simultáneamente: hablar con nuestra pareja, escuchar música, cantar, ir pendiente del tráfico y los semáforos, encendernos un cigarrillo, etcétera. No podemos realizar actividades de atención dividida con tareas novedosas. En el momento en que nos encontramos con un estímulo novedoso, como puede ser un embotellamiento o un campo que está ardiendo en llamas, pasaremos de una atención dividida a una atención focalizada (nos centramos en un solo estímulo que es relevante). El estímulo novedoso requiere de toda nuestra atención.

En muchas ocasiones, para que podamos realizar actividades de atención dividida es necesario que las actividades sean rutinarias o automáticas, es decir, que tengamos experiencia en la tarea. Nos resultaría imposible realizar dos actividades novedosas al mismo tiempo, ya que una actividad nueva nos exige el máximo de nuestra atención para poder realizarla correctamente.

El profesor José Antonio Portellano incorpora otros dos tipos de atención:

Atención alternante

Se pone en marcha cuando el niño tiene que hacer dos tareas, pero no a la vez, sino que se van alternando. Realiza la tarea A y después la tarea B. Por ejemplo, a un grupo de niños se les dice que cuando suene la música en clase tienen que contar de 100 para atrás de dos en dos, y cuando la música se pare deben ponerse a describir a su mejor amigo. Son dos tareas que no tienen nada que ver y que no se realizan simultáneamente, como ocurre en la atención dividida. Ante una señal, como puede ser parar la música o dar una palmada, se tiene que cambiar la actividad.

Muy relacionado con este tipo de atención tenemos el concepto de *flexibilidad atencional*, que se refiere a la capacidad de una persona para cambiar su foco de atención de un estímulo a otro. Es entrenable y podemos mejorarla con la práctica. Por ejemplo, si estoy haciendo una tarea en la que tengo que estar concentrado y un estímulo llama mi atención, al regresar a mi tarea principal la velocidad de mi atención será menor y, por tanto, me va a costar más volver a concentrarme. En general, los niños tienen menor flexibilidad atencional que los adultos. No debemos confundir la flexibilidad atencional con la flexibilidad cognitiva. Esta última tiene que ver con cambios de comportamiento y se explicará con detenimiento en el capítulo de funciones ejecutivas.

Atención excluyente o de inhibición

Este tipo de atención se pone en marcha cuando necesitamos inhibir determinados estímulos o respuestas que no son relevantes para nuestra tarea. La actividad clásica para demostrar la atención excluyente es el *efecto Stroop*. Dicha tarea consiste en presentar al niño un listado de palabras impresas en diferentes colores cada una (azul, rojo, verde, amarillo, negro...). La tarea del niño consiste en decir el color en que está impresa cada palabra. *A priori*, puede parecer sencillo. La dificultad está en que las palabras que aparecen en la hoja son nombres de colores, por lo que hay una interferencia entre lo que tiene que decir el niño (el color de la tinta de la palabra) y la palabra en sí (que debe evitar leer). Como se pueden imaginar, la tarea es bastante complicada, sobre todo al principio, ya que exige una capacidad de inhibición importante. Las personas tendemos a leer la palabra y no a decir el color de la tinta. La explicación científica es que nuestro hemisferio derecho se encarga de decir el color de la tinta, mientras que nuestro hemisferio izquierdo tiende a leer automáticamente todo lo que ve.

Una tarea aplicada que está basada en el *efecto Stroop* es la siguiente: cuando veas en la pantalla de la computadora unas manos aplaudiendo, da un pisotón en el suelo y cuando veas una imagen de un zapato en la pantalla, da una palmada.

DESARROLLO EVOLUTIVO DE LA ATENCIÓN

Hasta ahora hemos visto qué es la atención y los diferentes tipos de procesos atencionales que podemos poner en marcha, pero ¿qué tipo de actividades va desarrollando el niño a lo largo de los primeros años? Aquí veremos de manera resumida algunos de los hitos que van alcanzando los niños en los primeros años de vida. Debemos recordar que la atención es un constructo que se aprende con base en la experiencia y la estimulación que vayan ofreciendo padres, maestros y profesionales. Nos serviremos del libro de Julia García Sevilla que se titula *Cómo mejorar la atención del niño* para explicar este apartado.

Desde el momento del nacimiento y a lo largo de los primeros meses de vida la atención es básicamente reactiva, inconsciente y automática. El bebé responde mirando o escuchando determinados estímulos pero de una manera muy básica y reactiva. Por ejemplo, se ha demostrado científicamente que los bebés responden agitadamente ante estímulos fuertes y sonoros como puede ser un golpe. Se puede comprobar que, en estas ocasiones, el ritmo cardiaco del bebé se acelera. En cambio, si el bebé escucha a su madre hablar de manera tranquila y afectuosa o escucha una pieza de música clásica, se relaja y disminuye su ritmo cardiaco. En estos primeros meses estamos dentro de lo que Jean Piaget denominó el *periodo sensoriomotor*, lo que implica que la gran mayoría de los aprendizajes que hacen los niños desde el nacimiento hasta los dos años de edad son gracias a sus *gnosias* (percepciones a través de los diferentes sentidos) y *praxias* (movimientos, conductas, etcétera). Una de las muchas maneras que tenemos para desarrollar y potenciar la atención en niños de hasta medio año de edad consiste en colocarnos delante de ellos para hablarles, cantarles, enseñarles diferentes objetos con diferentes texturas, formas y colores, etcétera. A lo largo de los meses, la atención irá pasando de ser reactiva e inconsciente a ser más voluntaria y consciente. Este cambio en el tipo de atención va muy ligado a la maduración del sistema nervioso y, en concreto, del cerebro.

Alrededor del primer año de vida aparece uno de los mayores hitos en el desarrollo evolutivo del niño: comienzan a andar sin la ayuda de sus padres. Este hecho extraordinario ocurre en torno al año de vida y, a la vez, aparece una motivación importante en el niño de explorar y mostrarse curioso ante su entorno y los objetos que lo componen. En torno a esta etapa es cuando los padres realizan juegos como ocultarse detrás de una manta o esconden cosas y se preguntan dónde están para favorecer los procesos atencionales y de orientación del niño. A partir del año, el área de lenguaje adquiere una gran relevancia y se experimenta un cambio exponencial entre el primer y segundo año de vida relativos al lenguaje. Con esta capacidad en pleno auge, se puede estimular a los niños para que presten atención a diferentes objetos y aprendan a nombrarlos.

En estos primeros años de vida es de suma importancia que nuestros pequeños reciban la posibilidad de explorar los objetos y juguetes de múltiples maneras en cuanto a los sentidos se refiere. Recuerdo que cuando trabajaba como orientador en un colegio, los miembros del departamento de Orientación solíamos organizar un taller multisensorial para los niños de preescolar. En este taller, el objetivo es que los niños tengan la oportunidad de experimentar y vivenciar las sensaciones que producen determinados estímulos por una sola vía sensorial. Dado que el sentido que más desarrollado tenemos es, con diferencia, la vista, a los niños se les tapaba los ojos con un antifaz. De esta manera, tenían que reconocer con sus manos qué objetos estaban tocando (arroz, hojas, gelatina...), oliendo (chocolate, jabón, naranjas...) y saboreando (azúcar y limón). Para los sentidos de la vista y de la audición podían hacer las diferentes experiencias sin el antifaz, observando algunas ilusiones visuales e intentando reconocer algunos animales y objetos de la vida cotidiana con unos auriculares. Estas experiencias, además de favorecer la percepción, tienen el objetivo de estimular la atención en sus diferentes experiencias sensoriales. Esta actividad no sólo es recomendable con niños pequeños, sino que sería interesante hacerla a lo largo de todo el ciclo vital.

En torno a los dos o tres años es recomendable leerles cuentos con imágenes que les resulten muy atractivas. Un aspecto que va a favorecer que el niño nos preste más atención es el tono de voz que utilicemos. Si queremos mantener atentos a nuestros niños, necesitamos modular de manera adecuada nuestra voz, haciendo pausas en momentos concretos, preguntando al niño por algunas cuestiones del cuento del tipo: ¿cómo se llama el niño?, ¿dónde está el gato?, ¿de qué color es la casa? En algunas ocasiones, con que nos señalen lo que les estamos preguntando será suficiente. Podemos aprovechar para trabajar la inteligencia emocional de nuestros hijos haciéndoles preguntas sobre estados emocionales de los personajes del cuento: ¿cómo se siente?, ¿por qué está triste el niño? o ¿en qué momentos tú estás tan alegre como el personaje principal? En torno a los dos o tres años es importante que favorezcamos las diferentes situaciones donde haya interacción social, como por ejemplo, cumpleaños, parques, jugar con amigos, etcétera.

Los niños de tres y cuatro años tienen una mayor capacidad para realizar tareas de atención selectiva y focalizada, es decir, son capaces de seleccionar de entre muchos estímulos aquella información que consideran más relevante e inhibir aquellos estímulos distractores. A esta edad, los niños son capaces de encontrar a un familiar entre la multitud y un juguete en el baúl de los juegos.

Entre los cuatro y cinco años, los niños adquieren una mayor capacidad de inhibición, es decir, controlan mejor sus impulsos. Como se verá más detenidamente en el siguiente capítulo el psicólogo Walter Mischel realizó un estudio para evaluar el autocontrol, en donde comprobaba si el niño era capaz de retrasar la gratificación de un algodón de azúcar o caramelo para conseguir un premio doble. Pues bien, es en torno a los cuatro y cinco años cuando los niños adquieren una capacidad inhibitoria importante. Antes de esta edad, es bastante complicado que los niños sean capaces de no caer en la tentación que supone tener un dulce enfrente de ellos. Además de la mejora en lo que denomina Joaquín Fuster el aspecto exclusivo de la atención, los niños de cuatro y cinco años son más efectivos en el cambio de su foco de atención. A esta edad, pasan de un estímulo al que estaban prestando atención a otro con mayor facilidad y efectividad. Ejemplos de actividades que se pueden plantear a estas edades son encontrar las diferencias que hay entre dos dibujos o imágenes, hallar la parte que le falta o le sobra a una imagen (por ejemplo, mostrarle un dibujo de un gato con tres patas, un coche sin un neumático o un teléfono sin algunos números), copia diferida de un dibujo, dominós infantiles, recortar contornos de dibujos con tijeras, contar el número de objetos o figuras geométricas que aparecen en una imagen, las cartas (el Uno y la baraja), rompecabezas, libros de calcomanías, etcétera.

Sin lugar a dudas, a lo largo de los seis primeros años de vida es cuando podemos estimular de manera óptima los diferentes tipos de atención en el niño. Tampoco debemos olvidar que la atención es un constructo que tenemos que seguir trabajando y potenciando a lo largo de la vida. A mayor experiencia y ejercitación en una actividad, mayor automatización y menores recursos atencionales consumirán. Desde el punto de vista ontogenético (desarrollo evolutivo), los diferentes tipos de atención de los niños de entre cuatro y siete años han experimentado una gran evolución y mejora.

Es a partir de los seis años, momento en que se adquiere el proceso de lectoescritura, si no antes, cuando se pueden utilizar muchas actividades que implican la lectura y la escritura para trabajar los diferentes tipos de atención. Ejemplos de aquéllas son la realización de sopas de letras, crucigramas, palabras encadenadas, sudokus sencillos, palabras que sean de determinado color o que empiecen por determinada letra, veo-veo, jugar al ahorcado, etcétera.

Además, existen muchos juegos de mesa que le pueden servir al niño para trabajar y ejercitar la atención, así como otras funciones como la memoria, el aprendizaje y las funciones ejecutivas. Ejemplos de estos juegos de mesa son conocidos por todos: Trivia, Scattergories, Rummikub, Memory, Jenga, las damas, el ajedrez, etcétera.

FACTORES QUE DETERMINAN LA ATENCIÓN

Además de los diferentes tipos de atención que existen, es importante saber que hay algunos componentes o variables que van a influir en la eficacia de la atención y que, por tanto, debemos tener en cuenta:

- *Presencia de un estímulo novedoso*: ante un estímulo nuevo o sorprendente, solemos dar una respuesta de orientación, es decir, que en milésimas de segundos damos la respuesta involuntaria de girarnos hacia donde está el estímulo. Por ejemplo, los niños cuando están en clase y alguien llama a la puerta, dan una respuesta de orientación, que consiste en desviar su mirada en dirección a la puerta para ver quién es y qué necesita. Hasta incluso las personas ciegas se giran para atender a un estímulo que está detrás de ellas, ya que se trata de una respuesta innata. La respuesta de orientación se da en los recién nacidos. Podemos decir que es uno de los primeros tipos de atención que tenemos cuando somos neonatos. Es una respuesta refleja y básica. Por ejemplo, los recién nacidos muestran respuesta de orientación ante determinados estímulos que son estridentes.
- *Características físicas del estímulo*: como ya hemos comentado antes, en función de las características del estímulo y del contexto en que se produce, éste captará mi atención o no. Por ejemplo, los publicistas saben bien que los estímulos coloridos llaman más la atención que los de blanco y negro. Existe una serie de características de los estímulos que favorecen que las personas prestemos atención a ellos, como son el tamaño (a mayor tamaño, mayor atención), la posición (la parte superior izquierda es la que más capta nuestra atención), la novedad y la relevancia.
- *Intereses y expectativas*: las motivaciones que tenemos las personas influyen para que prestemos mayor atención a unos estímulos que a otros. Las expectativas positivas suelen favorecer que estemos predispuestos a una mayor atención, por lo menos al principio. El lector puede pensar en las diferentes maneras que tenemos de "encarar" una película o un libro en función de las expectativas que tenemos depositadas en ellos. Ante una

película en la que teníamos altas expectativas y que el comienzo no nos gusta, la atención bajará irremediablemente.

• *Estado del organismo*: determinados estados del organismo van a influir no sólo en la capacidad atencional de la persona, sino también en su capacidad cognitiva. Por ejemplo, una persona que acaba de llegar a casa de trabajar va a tener la atención y el resto de capacidades cognitivas sensiblemente disminuidas.

• *Arousal*: es el estado fisiológico de alerta, tanto del sistema nervioso central como del sistema nervioso autónomo, ante una tarea en un determinado momento. Existen diferencias entre las personas en cuanto al nivel de arousal. Rendimos mejor con niveles de arousal medio o medio-alto. La relación entre arousal y rendimiento es conocida como la *ley de Yerkes-Dodson*. Si los niveles de arousal son bajos, nos cuesta más trabajo concentrarnos. En cambio, si los niveles de arousal son medios, nos resultará más sencillo prestar atención. A partir de cierto punto, la atención comienza a disminuir. El arousal se puede entender como una predisposición. Un niño con TDAH, aunque nuestra lógica nos lleva a pensar que tiene un nivel de arousal alto por su hiperactividad, tiene un arousal bajo. Uno de los motivos de la administración de psicoestimulantes es regular su nivel de activación o arousal.

Ya hemos comentado que la atención tiene una relación importante con la motivación. Podemos decir que el nivel de arousal es el que menos relación tiene con la motivación. Dicho nivel es bajo cuando estamos tranquilamente recostados en la playa, mientras que es alto cuando estamos haciendo una actividad que requiere una alta activación, como por ejemplo, jugando a las barajas. El nivel de arousal nunca está inactivo, ni siquiera cuando dormimos. Cuando tenemos un alto arousal, se activa la formación reticular de nuestro cerebro y por tanto, estamos en alerta.

• *Estrés, consumo de drogas y privación de sueño*: diversas alteraciones psicológicas como pueden ser el estrés, la ansiedad y la depresión provocan una disminución en el foco de la atención. Lo mismo ocurre cuando la persona ha consumido alcohol o cualquier otro tipo de drogas. Éste es uno de los motivos por los que es muy peligroso conducir un coche estando ebrio, ya que la capacidad atencional de la persona se ve significativamente afectada. También en situaciones de privación de sueño o mucho cansancio, la capacidad atencional se ve mermada.

ORIENTACIONES SOBRE LA ATENCIÓN

Como ya hemos comentado antes, la atención es un proceso psicológico que se puede entrenar y mejorar con la práctica. Pero ¿podemos estimar cuánto tiempo puede mantener la atención un niño? Responder a este tipo de preguntas de una manera científica no es tarea fácil. El tiempo que un niño puede estar prestando atención a un profesor o a una actividad depende de muchos factores, entre los que destacamos:

- *La edad del niño*: en líneas generales, a mayor edad del niño, mejor capacidad atencional. Los niños mayores prestan mejor atención y a más estímulos que los más pequeños. Tienen mejor amplitud atencional y la pueden mantener durante más tiempo. Por este motivo, es importante cambiar cada poco tiempo de actividad e introducir descansos cerebrales. En el caso de un adulto, ante una tarea aburrida y poco motivante, sobre los veinticinco-treinta minutos ya se detectan medidas indirectas de inatención a través de su sistema nervioso autónomo, aunque él no sea consciente de que está dejando de prestar atención.
- *Motivación por la tarea*: todos tenemos áreas o temas que nos interesan más que otros. A los niños les gusta más un tipo de asignaturas que otras. A unas personas les gusta ver cine romántico y otros se decantan por el cine policiaco. Cuanto más interesados estemos por la tarea, más atención prestaremos y mejor rendimiento tendremos. Por este motivo, la atención está muy relacionada con la curiosidad. En mi caso, me siento inclinado por los temas relacionados con la psicología y la educación. Por el contrario, me siento muy poco atraído hacia temas relacionados con la física cuántica. Estas inclinaciones hacen que ante una conversación, un documental o libro de psicología preste mucha atención y ante un documental de física cuántica mi inclinación es cambiar de canal inmediatamente.

- *Tipo concreto de tarea*: hay determinadas tareas que exigen mayor atención que otras. Una tarea nueva para nosotros nos va a exigir una concentración al 100 por ciento, mientras que tareas más automatizadas nos van a permitir realizar otras a la vez (atención dividida). El lector puede pensar en la diferencia que existe entre las primeras veces que empezó a montar en bicicleta y cómo lo hace ahora. La exigencia de recursos atencionales es muy diferente en ambos casos.
- *Diferencias individuales*: como ocurre con la inteligencia, la memoria y la capacidad manipulativa, las personas nos diferenciamos en nuestra capacidad para prestar atención. Algunos niños necesitan silencio absoluto para realizar sus deberes, mientras que otros se concentran fácilmente, aunque haya mucho ruido en clase.

Hay un par de principios que es importante tener en cuenta y que hacen aumentar la atención de los niños:

- *Principio de incertidumbre.* Aquellas situaciones que implican una incertidumbre o una curiosidad para el alumno aumentan su atención. Por ejemplo, el profesor que recibe a sus alumnos subido en su mesa, al estilo del profesor Keating en la película *La sociedad de los poetas muertos*, los tendrá atentos durante buena parte de la clase. Otras opciones igual de efectivas son aparecer disfrazado de la etapa de la historia que estén dando en clase, llegar a clase con una caja cerrada envuelta con un lazo o hacer algún truco de magia a los alumnos. Todas estas situaciones hacen disparar la curiosidad del alumno, que es la base de todo aprendizaje. El principio de incertidumbre activa el sistema límbico (cerebro emocional), en concreto, la amígdala. Dicha estructura está muy relacionada con el aprendizaje, y activarla moderadamente lo potencia. En cambio, una sobreestimulación de la amígdala va a ser perjudicial para el niño y su aprendizaje. Este último caso se da en niños que viven situaciones escolares o familiares estresantes.
- *Principio de gamificación.* Aquellas actividades que se realicen de forma lúdica se aprenderán mejor, más fácilmente y de una ma-

nera más divertida. El nombre viene del inglés *gamification*, que proviene de la palabra *game*, que quiere decir juego. Hoy en día, existen multitud de tareas, actividades y dispositivos para que los niños aprendan conocimientos a través del juego (computadoras, tabletas, aplicaciones, juegos de mesa, pequeñas representaciones de teatro en clase, etcétera). Recuerdo que cuando era pequeño nuestro profesor de historia del colegio solía explicarnos los hechos históricos más representativos mediante pequeñas obras de teatro que hacíamos los alumnos. Además de ser divertido para todos nosotros, entendíamos y memorizábamos mejor los acontecimientos históricos. Grandes empresas a nivel mundial, como Google y Apple, utilizan el juego antes de realizar una tarea importante de trabajo o para conseguir ideas novedosas y creativas.

ACTIVIDADES PARA MEJORAR LA ATENCIÓN

Resulta en especial importante estimular cognitivamente a nuestros hijos y alumnos para poder desarrollar óptimamente las diferentes capacidades, como la percepción de los sentidos, el aprendizaje, la memoria, la motricidad fina y gruesa, y, cómo no, la atención. Para ello, es muy importante que interactuemos con los más pequeños practicando diferentes conductas con ellos: hablarles, leer, jugar, etcétera. En definitiva, interactuar con ellos para estimularlos cognitivamente.

Como ya se ha comentado, la atención es un proceso psicológico que se puede y debe entrenar. Es verdad que existen diferencias entre los niños en cuanto a capacidad atencional se refiere, pero es una habilidad que se puede entrenar, como también podemos entrenar destrezas manuales (pintar, escribir), lingüísticas (pronunciación, comprensión) y memorísticas (recitar poemas, recordar lo aprendido). Por lo tanto, la atención no es un constructo que dependa sólo y exclusivamente de la genética, sino que es mejorable y entrenable.

Algunos aspectos que debemos tener en cuenta para mejorar la atención de los niños es acercarnos a ellos cuando les estemos explicando o contando algo, ponernos a su misma altura y mirarlos a los ojos. Es bastante frecuente que mientras que estamos hablando o explicándole algo a un niño pequeño, tienda a mirar a otros lados, especialmente si lo hemos llamado mientras estaba haciendo algo que le estaba gustando mucho, como puede ser jugar con sus amigos o sus juguetes. En esos momentos es importante decirle que nos mire a los ojos y, en caso de que sea necesario, orientarle su cabeza hacia nosotros de una manera suave. El contacto ocular es muy importante para que vaya aprendiendo a prestar atención. Estamos enseñándole a manejar su *foco*. Debemos darle al niño los mensajes de uno en uno, y no pasar a la siguiente instrucción o información hasta que estemos seguros de que haya escuchado, procesado y comprendido el mensaje anterior.

A continuación se propone una serie de actividades para trabajar y mejorar la atención de nuestros hijos. Es importante resaltar que, en función de la edad del niño, debemos adaptarlas, puesto que no resultan igual de atractivas para unas edades que para otras. Además, aunque aquí se presentan las tareas divididas en función de los tipos principales de atención que hemos descrito, en la práctica diaria las diferentes clases se ven mezcladas, ya que estamos constantemente cambiando los tipos de atención que ponemos en marcha y, en algunos casos, se solapan.

Ejercicios para mejorar la atención selectiva y focalizada

Existen muchas tareas o actividades que se pueden proponer para trabajar la atención selectiva y la focalizada. Dado que un tipo de atención (*focalizada*) sigue a la otra (*selectiva*), en este apartado se presentan actividades para trabajar estos dos tipos de procesos atencionales. Una vez comprendido el concepto de atención selectiva y focalizada, es mejor dejar volar nuestra imaginación y creatividad para idear juegos para poderlas trabajar:

- Sopa de letras.
- Sudokus.
- Encontrar las diferencias entre dos imágenes.
- Buscar determinados personajes u objetos en una hoja cargada de estímulos: el niño parte de una serie de objetos que tiene que buscar (*atención selectiva*) y otra serie de estímulos que debe ignorar (*atención focalizada*).

- Juegos de construcciones: bloques de madera, vallas, rocas, etc.
- Durante unos minutos le vamos a contar un cuento o una historia al niño para que vaya visualizándola con los ojos cerrados.
- Buscar personas con determinadas características en una zona transitada.
- ¿Quién es quién?
- Veo, veo.
- Rompecabezas
- Libros de calcomanías

Ejercicio 1. ¿Cuál de las siguientes figuras no tiene pareja? El ejercicio se puede ir complicando en función de la edad del niño. A continuación aparecen tres ejercicios con la misma instrucción pero con dificultad creciente.

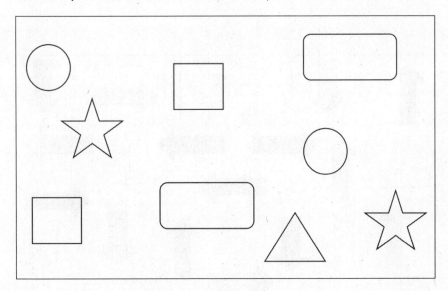

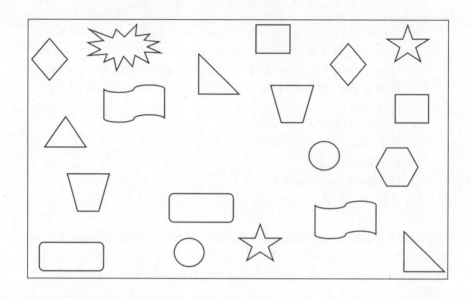

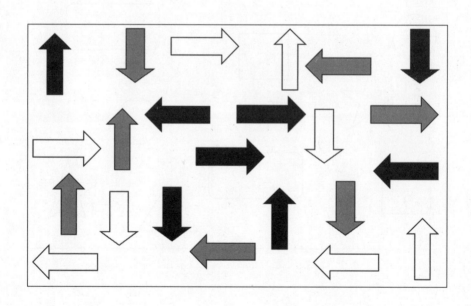

Ejercicio 2. Encontrar en la siguiente sopa de letras las siguientes palabras: verde, rojo, morado, azul, amarillo, naranja y rosa.

A	R	O	F	E	C	I	O	P	S	E	A	F	Y	I	E	P	P	O	A
N	S	X	C	O	P	E	S	A	G	U	I	O	P	E	D	F	U	I	O
R	A	S	E	T	R	A	I	O	P	U	R	E	R	A	P	I	O	U	C
U	O	B	N	E	G	O	P	E	Z	X	I	T	O	L	K	O	T	U	S
T	O	I	E	R	S	C	V	U	T	E	R	I	J	P	A	Z	U	T	A
E	W	T	P	L	A	A	M	A	R	I	L	L	O	D	C	T	V	I	O
S	A	E	R	C	B	N	I	O	T	P	E	T	C	B	H	I	O	S	A
T	W	A	F	V	C	W	E	T	S	A	I	P	L	O	L	Y	E	R	Z
R	A	S	F	V	C	A	B	N	E	R	S	B	I	P	L	O	S	A	U
A	R	A	S	R	F	A	Q	C	B	C	U	P	O	L	S	D	F	I	L
P	A	V	B	E	R	P	O	L	I	S	A	R	X	Z	Y	U	E	C	B
U	N	A	D	A	R	O	P	A	R	C	V	B	O	P	E	R	S	I	O
P	J	O	E	M	O	R	A	D	O	X	C	A	R	U	I	P	K	J	A
S	A	D	Q	D	T	Y	O	I	S	A	P	L	O	A	S	E	U	Y	S
Y	R	A	S	E	R	T	U	I	A	O	C	B	M	B	N	I	E	O	R
R	T	O	M	V	C	S	E	R	A	S	E	A	V	E	R	D	E	G	N
T	D	A	C	O	P	E	R	T	C	I	P	O	R	T	A	Y	V	B	A
D	F	P	M	B	U	P	O	L	Y	R	W	A	C	E	D	R	A	Z	E
R	T	P	E	R	T	E	R	A	C	A	E	Y	O	U	P	R	E	Y	E
C	N	A	M	E	R	T	A	R	U	I	E	R	O	P	A	S	T	A	R

Ejercicio 3. Ayuda a cada figura geométrica a encontrar el camino hasta llegar al número al que está asociado. El primer ejercicio es más sencillo que el segundo.

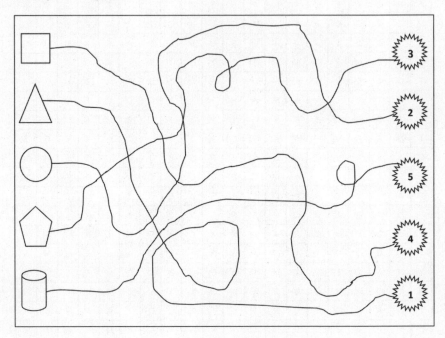

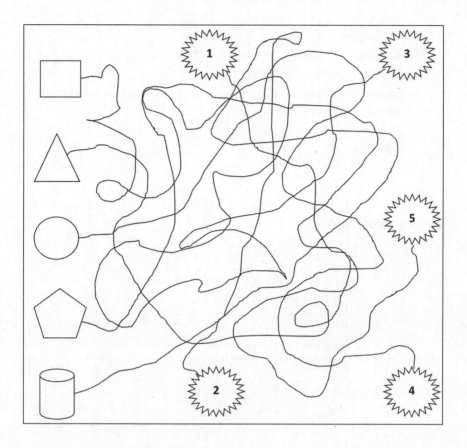

Ejercicios para mejorar la atención sostenida

Para trabajar la atención sostenida, podemos realizar cualquiera de las actividades que hemos mencionado para la atención selectiva y focalizada, pero alargando un poco más el tiempo de la actividad.

Aunque debemos tener en cuenta que casi cualquier tarea escolar o de estudio implica poner en marcha la atención sostenida durante un tiempo, las siguientes tareas nos pueden servir para trabajarla:

- Tareas de tachado: en una hoja llena de letras sueltas, buscar y tachar todas las vocales que encuentre.
- Jugar Tetris.
- Ver una película.

- Ir al teatro.
- Colorear un dibujo.
- Contar una historia inventada.
- Hacer series con gomets alternando formas y colores (también trabaja la atención alternante) .
- Palabras encadenadas.
- Adivinanzas.

Ejercicio 1. La tarea consiste en tachar todas las letras "s" que encuentres en el siguiente cuadro:

a	m	a	p	s	z	o	s	c	p	o	q	s	y	c
e	s	a	e	t	d	a	b	e	s	h	m	r	d	y
u	z	r	b	p	t	h	r	s	o	r	p	m	b	s
d	m	t	s	q	u	a	d	y	t	h	z	s	o	p
z	p	s	p	u	z	c	a	d	s	r	e	u	e	a
s	y	r	h	q	u	s	r	z	y	p	o	e	o	h
b	q	p	a	e	s	e	h	a	b	o	b	s	t	s
o	z	m	s	o	e	m	c	a	c	s	u	e	d	b
s	h	a	r	o	a	s	q	p	p	e	z	a	o	a
c	r	p	p	d	q	p	e	o	b	h	s	p	q	b
s	h	s	y	d	c	o	b	s	r	a	t	r	y	a
r	p	t	o	r	b	a	s	e	r	d	c	p	q	u
e	a	h	q	s	r	d	q	m	o	a	s	b	o	e
u	m	c	u	z	u	h	c	s	b	z	t	h	b	s
s	s	t	s	o	p	a	o	h	a	r	e	a	c	z
t	z	r	p	r	o	s	r	b	e	d	r	u	d	o
a	s	h	u	a	e	h	d	t	e	p	s	p	y	q
o	d	d	c	h	c	c	a	s	y	o	y	a	o	s
q	t	o	p	s	h	t	b	p	z	q	o	r	c	u
s	m	s	m	e	s	u	t	d	e	s	u	a	r	a

Ejercicio 2. Para los chicos mayores, pueden hacer el siguiente. La tarea consiste en tachar todos los símbolos que sean idénticos a este ╪.

Ejercicio 3. Fíjate bien en el siguiente recuadro. ¿Cuántas figuras geométricas hay de cada tipo?

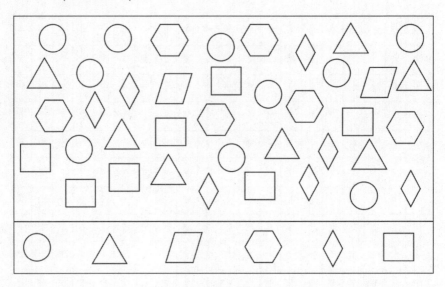

Ejercicios para mejorar la atención dividida

Algunas de las tareas que podemos proponer a nuestros hijos para trabajar la atención dividida son las siguientes:

- Construcciones: cuando el niño busca simultáneamente dos piezas diferentes para completar el siguiente paso.
- Jugar cualquier deporte de equipo que precise estar pendiente de varios estímulos y jugadores a la vez.
- Hacer malabares con pelotas o mandarinas.
- Mover la mano derecha como si estuvieras saludando en el sentido de las agujas del reloj y la mano izquierda en sentido contrario.
- Escribir una misma palabra con las dos manos a la vez.

Ejercicio 1. Ordena cronológicamente la siguiente secuencia de acciones de tal manera que tenga un sentido y recita, en voz alta, las tablas de multiplicar.

- Junta las dos rebanadas de pan.
- Agarra dos rebanadas de pan de la despensa.
- ¡Saboréalo! Seguro que está riquísimo.
- Unta a las rebanadas de pan un poco de mantequilla.
- Toma la mantequilla del refrigerador.
- Saca del refrigerador el jamón y el queso.
- Pon una rebanada de jamón y queso sobre una rebanada de pan.

Ejercicio 2. Intenta atender a dos conversaciones a la vez. Comprueba después cuánta información has extraído de cada una. Es difícil, ¿verdad?

Ejercicios para mejorar la atención alternante
A continuación aparecen algunos ejercicios para trabajar la atención alternante:

Ejercicio 1. Colorea este dibujo teniendo en cuenta que cada parte tiene asignado un número que equivale a un color.

Tabla de colores

1. Verde
2. Amarillo
3. Rojo
4. Azul claro
5. Café claro

6. Naranja
7. Azul marino
8. Café oscuro
9. Verde oscuro

Ejercicio 2. Tienes que ir uniendo una letra con un número teniendo en cuenta que las letras van en orden ascendente y los números en orden descendente.

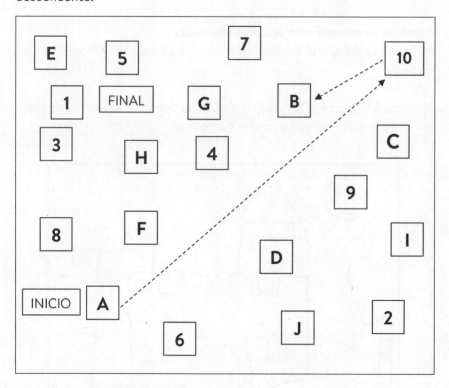

Ejercicios para mejorar la atención inhibitoria

A continuación aparecen algunos ejercicios para trabajar la atención inhibitoria:

Ejercicio 1. Presta atención a la siguiente tabla. Cada vez que aparezca un "Sí", debes decir "Sí", pero cuando aparezca un "Sí*" debes decir "No".

Sí	Sí	Sí*	Sí	Sí*	Sí	Sí*	Sí	Sí*
Sí*	Sí*	Sí	Sí*	Sí*	Sí*	Sí*	Sí*	Sí*
Sí	Sí	Sí*	Sí	Sí*	Sí	Sí	Sí	Sí*
Sí	Sí*	Sí	Sí*	Sí	Sí*	Sí*	Sí*	Sí
Sí*	Sí	Sí	Sí*	Sí*	Sí	Sí	Sí	Sí*
Sí	Sí*	Sí*	Sí	Sí*	Sí	Sí*	Sí*	Sí
Sí*	Sí*	Sí*	Sí*	Sí	Sí*	Sí	Sí	Sí*
Sí	Sí*	Sí	Sí	Sí*	Sí	Sí*	Sí*	Sí
Sí*	Sí*	Sí	Sí*	Sí*	Sí*	Sí	Sí	Sí*
Sí	Sí*	Sí*	Sí*	Sí	Sí*	Sí*	Sí*	Sí

Ejercicio 2. A continuación, cada vez que la rejilla sea de color negro, dirás "Blanco" y cuando la rejilla sea blanca dirás "Negro". Presta mucha atención.

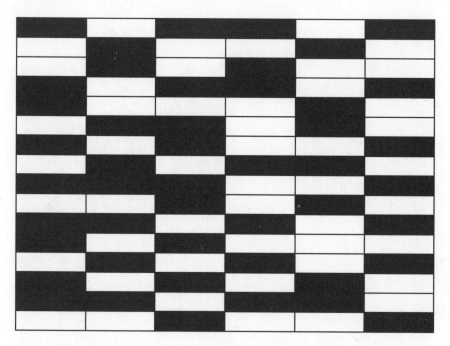

6

Funciones ejecutivas: qué son y cómo trabajarlas

HISTORIA DE LAS FUNCIONES EJECUTIVAS

A principios del siglo XIX, el médico alemán Franz Joseph Gall desarrolló las bases de una nueva teoría que fue muy popular en aquella época: la frenología. Esta teoría afirmaba que se podía describir el carácter, la personalidad, así como posibles patologías y tendencias criminales de las personas, mediante la forma de su cráneo. Además, asignaban a cada parte del cerebro una función psicológica específica. Los frenólogos ya destacaban la importancia de la parte frontal del cerebro.

Hoy en día, gracias a la evolución tecnológica y pruebas de neuroimagen, sabemos que el cerebro funciona en red y coordinadamente. Esto implica que aunque en el cerebro haya zonas que se encargan específicamente de determinadas funciones psicológicas, es más importante su asociacionismo y funcionamiento en red. También sabemos que lesiones en zonas más primitivas, cerebralmente hablando, como puede ser el tronco del encéfalo, pueden provocar síntomas y patologías más predecibles que aquellas lesiones que se produzcan en zonas más modernas. Por ejemplo, una persona que ha sufrido un traumatismo en la zona frontal, puede tener una manifestación de síntomas más amplia, ya que no solamente estaría afectada la zona dañada por el traumatismo, sino también la conexión con el resto de estructuras neurológicas.

Quizás el primer caso documentado que tengamos sobre las consecuencias que tiene una lesión en el lóbulo frontal sea el de Phineas Gage. En Vermont, un grupo de trabajadores estaba construyendo una línea de ferrocarril. Gage, una persona cariñosa y trabajadora, era el responsable del grupo de trabajo. Tras un descuido que tuvo con un explosivo, una barra salió proyectada hacia su cara y la atravesó completa. Este terrible incidente causó graves consecuencias en la vida posterior de Phineas.

Entre otras cosas, su personalidad cambió radicalmente: pasó de ser una persona social y agradable a ser asocial, impulsivo y poco constante. El accidente laboral que tuvo le influyó en todos los aspectos, tanto laborales como personales. No era capaz de plantearse un objetivo y ser constante para logarlo. Se mostraba impulsivo y caprichoso. Sabemos que semejante cambio radical en su conducta se debe a que sus funciones ejecutivas se vieron afectadas de lleno.

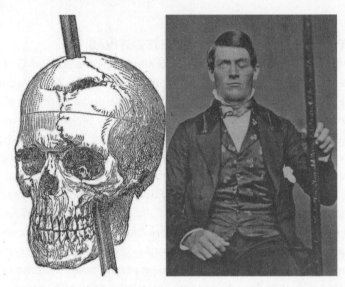

Ya en el siglo xx, el neuropsicólogo de la escuela rusa Alexander R. Luria puso de manifiesto la importancia del área prefrontal para controlar el resto de funciones del cerebro. Luria es, sin duda, el precursor científico más claro de las funciones ejecutivas y es considerado uno de los padres de la neurociencia cognitiva.

CONCEPTO DE FUNCIONES EJECUTIVAS

El ser humano siempre ha dado especial importancia al concepto de inteligencia y se ha esforzado en elaborar pruebas y cuestionarios para poder medirla de una manera eficaz. Existen múltiples definiciones sobre la inteligencia, pero muchas de ellas convergen en que la inteligencia es la capacidad que tenemos para adaptarnos al medio en el que vivimos.

La inteligencia se localiza principalmente en el lóbulo frontal, concretamente en la corteza prefrontal, donde también se encuentran las funciones ejecutivas. Los diferentes pensamientos, la memoria y el resto de funciones mentales se encuentran distribuidas a lo largo del cerebro y son controladas y reguladas por la corteza prefrontal.

Fue Muriel Lezak quien acuñó el concepto de *funciones ejecutivas* en 1983. Ella definió las funciones ejecutivas como "aquellas capacidades mentales esenciales para llevar a cabo una conducta eficaz y adaptada socialmente".

Aun así, el significado del concepto no está libre de polémicas, ya que en la literatura científica se encuentran muchas definiciones, y algunas de ellas muy diferentes. En lo que sí coinciden todas es en considerar que las funciones ejecutivas están en la capa más alta de la jerarquía cognitiva (corteza cerebral o neocórtex) y que para realizar la gran mayoría de conductas y procesos psicológicos necesitamos de ellas. Tampoco existe un acuerdo en determinar cuáles son las funciones ejecutivas.

Las funciones ejecutivas nos permiten dirigir la conducta hacia la consecución de objetivos, especialmente los que tienen que ver con la solución de conflictos en situaciones novedosas. Las funciones ejecutivas son las funciones psicológicas superiores, es decir, las que regulan, controlan y lideran las diferentes funciones psicológicas que están en nuestro cerebro cognitivo. Como ya hemos comentado, se localizan en la corteza prefrontal. Goldberg utiliza la metáfora del director de orquesta para explicar las funciones ejecutivas. Cuando vamos a ver un concierto de música clásica, vemos que en la orquesta existen diferentes secciones (sección de cuerda, viento, percusión, etcétera) y un director que coordina y marca los tiempos de las diferentes secciones musicales. El director de la orquesta encarna el papel de las funciones ejecutivas, mientras que las diferentes partes de la orquesta serían los distintos procesos cognitivos que están en el neocórtex (memoria, atención, razonamiento, planificación, etcétera). Una de sus funciones más importantes y que nos hace distintos del resto de animales es la capacidad de autocontrol. Ante determinadas emociones o impulsos, somos capaces de controlarnos y posponer en el tiempo esos impulsos gracias a nuestras funciones ejecutivas.

LAS FUNCIONES EJECUTIVAS EN EL TDAH

El TDAH no es el único trastorno donde están afectadas las funciones ejecutivas. Por ejemplo, la dislexia, trastornos de conducta, autismo y síndrome de Tourette son algunos de los ejemplos donde las funciones ejecutivas también se ven afectadas.

Como ya hemos comentado, el cerebro ejecutivo tiene su localización en el lóbulo frontal, concretamente en la corteza prefrontal. Todos los mamíferos tenemos corteza prefrontal, pero sólo el *Homo sapiens sapiens* tiene funciones ejecutivas.

Los niños con TDAH suelen tener problemas en el manejo de sus funciones ejecutivas. Uno de los motivos de esta dificultad es que el cerebro de los niños con TDAH es más inmaduro si lo comparamos con sus compañeros de clase. Suelen tener grandes dificultades en el autocontrol. Les cuesta mucho manejar y controlar sus emociones, mostrándose muy impulsivos y naturales con la expresión de sus emociones, sentimientos y opiniones, sin tener en cuenta ni valorar las posibles repercusiones que esto puede tener. Los niños con TDAH, como consecuencia de su escaso autocontrol, suelen ser impulsivos cuando el profesor pregunta algo en clase. Suelen levantar la mano y contestar lo primero que se les viene a la cabeza sin tener en cuenta lo que dicen ni las consecuencias de su conducta.

Las funciones ejecutivas, como la gran mayoría de habilidades y destrezas psicológicas, se aprenden mediante la práctica y el entrenamiento. Es un proceso lento y paulatino en el que la maduración del cerebro, y en concreto de la corteza prefrontal, junto con las diferentes experiencias, hace que poco a poco vayamos teniendo un mayor control sobre nuestras conductas, emociones y metas. El niño pequeño no tiene un desarrollo de sus funciones ejecutivas como lo tiene el adulto. Además, en los casos de niños con TDAH, esta maduración es más lenta.

En los adultos, cuando la corteza prefrontal ya está desarrollada por completo, podemos encontrar que siguen existiendo diferentes maneras de comportarse. Hay personas que son más ejecutivas y otras que son más viscerales. Estas diferencias se ven claramente cuando debemos tomar una decisión. Hay personas que son más racionales y sopesan los pros y contras de cada opción, mientras que otras se dejan llevar más por sus impulsos y emociones.

Hoy en día disponemos, afortunadamente, de una serie de recursos y dispositivos que permiten trabajar las funciones ejecutivas de una manera lúdica y motivante, como por ejemplo las computadoras, tabletas, videoconsolas y smartphones. A pesar de que existe un miedo importante por parte de los padres con esta avalancha tecnológica, utilizadas moderadamente y bien dirigidas son un recurso muy potente para trabajar no sólo las funciones ejecutivas de nuestros niños, sino también otros aspectos como la orientación viso-espacial, el equilibrio, la coordinación, percepción, etcétera. De una manera lúdica, los niños trabajan funciones básicas para su desarrollo y crecimiento.

LA CORTEZA PREFRONTAL

En el capítulo dedicado al cerebro ya se ha hablado de la importancia que tiene para el ser humano la corteza prefrontal, aunque me gustaría hacer especial hincapié en este punto, pues es el lugar donde se asientan las funciones ejecutivas.

Aunque todos los mamíferos tenemos corteza prefrontal, no podemos comparar las funciones de dicha corteza en nuestra especie con las del resto de animales, ni siquiera con nuestros *primos*, los grandes simios. La gran diferencia está en la capacidad de evocar el futuro que tenemos los humanos.

Joaquín Fuste diferencia cinco funciones básicas de la corteza prefrontal. Todas ellas están orientadas hacia el futuro (prospectivas):

1. *Planificación*: la corteza prefrontal nos permite planificar nuestro futuro, desde el más inmediato (qué vamos a cenar esta noche) hasta el más lejano en el tiempo (dónde nos gustaría casarnos o decidir si queremos ser incinerados al morir).
2. *Toma de decisiones*: muy relacionado con el anterior, una vez que hemos planificado y diseñado la acción, es necesario poner en marcha una serie de conductas para lograr la consecución de lo planificado. En ocasiones, hay que sortear obstáculos o cambiar la trayectoria sobre la marcha.
3. *Atención*: esta función nos permite decidir dónde vamos a poner el foco de nuestro interés. Como ya vimos en su momento,

dado que el ambiente está cargado de estímulos, debemos seleccionar hacia dónde queremos dirigir el foco.

4. *Control inhibitorio*: como ya hemos comentado, tan importante es saber o poder concentrarse en un estímulo o tarea como poder inhibir los estímulos que nos resultan irrelevantes en ese momento. La correcta coordinación entre la atención y la inhibición se parece al trabajo delicado de un equilibrista. Recordemos los aspectos inclusivos y exclusivos de la atención.

5. *Memoria de trabajo*: la memoria de trabajo es una memoria *para* algo. Gracias a ella podemos realizar alguna operación partiendo de una información inicial. Por ejemplo, resolver un cálculo matemático mentalmente o una adivinanza.

¿CUÁLES SON LAS FUNCIONES EJECUTIVAS?

Como ya hemos comentado anteriormente, no hay un acuerdo entre los diferentes expertos en determinar cuántas y cuáles son las funciones ejecutivas que conviven en el ser humano. Aunque existen muchas funciones ejecutivas, nos vamos a centrar en cinco que, desde mi punto de vista, son las más relevantes en el caso del TDAH:

- Atención
- Inhibición
- Memoria operativa
- Flexibilidad cognitiva
- Planificación

Atención

Ya hemos dedicado un capítulo entero al proceso psicológico de la atención, pero en resumidas cuentas podemos decir que la atención es el proceso que nos permite focalizar todas nuestras energías en un determinado estímulo del ambiente o de nuestros pensamientos.

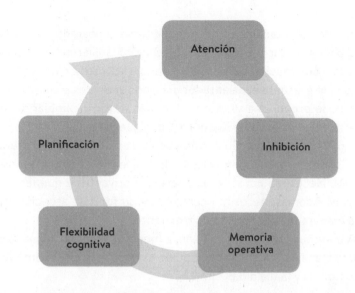

Los déficits atencionales representan uno de los síntomas nucleares de los niños con trastorno por déficit de atención con hiperactividad. Existen diferentes tipos de atención que están ubicados en distintos lugares del cerebro. Por ejemplo, sabemos que la atención selectiva está localizada en el lóbulo parietal, mientras que la atención sostenida y la dividida se encuentran en el lóbulo frontal, ya que son tareas principalmente ejecutivas.

Si planteamos una actividad a un grupo de clase consistente en presionar una tecla de la computadora cada vez que aparezca una vocal en la pantalla, los resultados nos indicarían que los niños con TDAH suelen cometer más omisiones en esta prueba que el resto de niños de su clase que no tienen el trastorno. Esto quiere decir que los niños con TDAH, debido a sus problemas atencionales, no van a presionar la tecla de la computadora siempre que aparezca la vocal, ya que en algunas ocasiones no lo harán por estar distraídos. En la rutina diaria, los niños con TDAH suelen prescindir de detalles y estímulos importantes debido a su déficit atencional. Suelen tener dificultades para mantener la atención pasado un tiempo, ya que desisten en dicho estímulo o actividad y pasan a concentrarse en otro estímulo que les resulta más relevante o atractivo.

Veamos el siguiente ejemplo. Guillermo es un chico de ocho años que presenta TDAH. El orientador de su colegio trabaja con él las funciones ejecutivas y, en especial, la atención. Siempre que acude al departamento de orientación, su orientador tiene preparados actividades y juegos para trabajar y potenciar la atención. Guillermo comienza muy motivado y con muchas ganas, atendiendo a las instrucciones del primer juego que le presenta el orientador. Pasados unos tres o cuatro minutos, Guillermo le pregunta a su orientador cuándo van a cambiar de juego y se muestra desmotivado e inatento con el juego. Sólo un cambio de actividad o juego hace que Guillermo vuelva a estar motivado y atento a la tarea. Esta manera de comportarse de Guillermo es típica en los niños con TDAH. Necesitan actividades y tareas motivantes y que les resulten atractivas. Además, necesitan cambios de su foco de atención (tareas) de una manera más continuada y frecuente.

A continuación, se especifican, a modo de ejemplo, algunos ejercicios para trabajar la atención ejecutiva, es decir, principalmente la atención sostenida y la dividida:

Ejercicio 1. El niño debe tachar todas las vocales que aparezcan en la siguiente tabla:

a	e	r	a	c	v	r	t	g	i
c	f	f	i	u	f	d	d	a	h
d	z	a	e	r	q	b	c	a	o
s	s	i	a	q	b	f	r	a	s
j	d	v	b	e	n	r	t	a	i
a	o	v	d	e	s	u	d	u	h
s	v	d	f	q	r	w	a	s	a
j	l	p	i	s	s	i	e	f	y
d	a	e	r	y	q	c	a	z	o
u	r	u	j	a	d	a	e	d	g
c	m	a	d	a	r	w	y	i	s
o	s	i	l	k	p	d	a	s	j
s	a	f	r	t	u	l	o	p	p
p	v	c	o	q	e	s	a	s	a
l	m	y	r	a	u	a	p	e	r
b	v	q	a	e	r	e	r	o	p
x	c	i	r	o	r	p	s	d	a
l	a	f	h	q	i	a	o	u	y
d	f	l	o	p	e	r	r	v	a
d	f	n	m	l	e	t	e	y	u
w	i	r	e	p	f	a	s	s	p
a	d	f	x	c	n	n	a	e	i
s	o	u	p	o	y	r	w	d	a
d	w	r	t	u	o	p	e	r	t
r	d	a	v	y	q	i	e	y	p
r	t	a	c	i	p	o	r	e	y
p	i	r	p	o	v	t	d	s	a
a	f	r	y	q	a	t	o	u	i

Ejercicio 2. El niño debe redondear todos los símbolos idénticos a este ↙ que aparezcan en la siguiente tabla:

→	←	↙	←	↘	↘	↓	→	↓	↓
↙	↘	↗	↕	→	↕	↑	↘	↙	↑
←	↖	↖	↔	↗	↓	↔	↙	→	↑
↙	↓	↑	→	→	↔	←	↗	→	↗
↖	↘	↕	↙	↓	↗	↓	↓	↗	↗
↕	↔	↖	↖	↙	←	←	↔	↓	↗
→	←	↙	↙	↔	↖	↕	↙	↔	↕
↓	↖	↓	↘	↘	↙	↗	↔	→	→
↘	↙	↗	↓	→	↓	↑	←	↗	↗
←	→	↔	↑	↘	↖	→	↗	↖	↖
↔	↗	↑	↔	↗	↙	↑	→	↕	↔
←	↔	↙	↓	↑	←	↘	↗	→	↘
↘	↖	→	→	↙	↘	↕	↖	↔	↙
↕	←	↘	↔	→	→	↖	↙	←	←
→	↗	↖	←	↓	↘	↙	↙	↔	↘
↗	↗	↓	↗	↘	↗	↓	↔	←	↙
↓	↕	←	↔	↕	↗	→	↘	←	↑
→	↑	↖	←	↓	↗	↗	↓	↓	↖
↑	↙	↘	↙	↙	←	→	↙	↙	→
↑	↗	→	↙	→	↕	←	→	→	←
↔	↓	↔	↖	↘	↘	↘	↕	↔	↗
→	↗	↓	↙	↔	↓	→	↓	↖	↕
↙	↙	↘	↘	↕	↔	→	↑	→	←
↗	←	↓	←	↖	←	↗	↗	→	↑
↕	↖	↑	↗	↔	↕	↖	↗	↖	↗
→	↖	↓	↙	→	↗	↑	←	↙	→
→	↘	→	↔	↕	↘	→	↕	↖	↖
↘	↙	↗	↕	↑	↘	↙	↓	↔	→

147

Ejercicio 3. El ejercicio consiste en tachar todos los símbolos que no sean ʊ ni # de la tabla que aparece a continuación:

α	Σ	&	ʊ	♦	Σ	α	ʊ	#	α	&	ω	#	‡	ʊ	Σ	ʊ
ʊ	ʊ	#	К	‡	α	&	‡	†	†	#	α	ω	#	α	α	&
Σ	ʊ	†	‡	ʃ	α	ω	ʊ	&	♦	†	ʃ	α	Σ	Σ	α	‡
ω	&	♦	ʊ	†	#	Σ	‡	ω	♦	Σ	ʊ	&	α	#	ω	♦
‡	‡	α	π	#	ʊ	†	Σ	α	К	α	ʊ	&	ω	†	ʊ	α
#	ω	#	ω	ω	&	ʊ	#	ʊ	α	#	‡	Σ	К	ʊ	&	Σ
Σ	α	Σ	ʊ	†	#	α	‡	†	ʊ	Σ	φ	#	ʃ	#	#	#
&	Σ	ʊ	α	α	‡	Σ	К	‡	ʊ	ʊ	#	†	α	‡	‡	‡
ω	#	#	К	ʊ	ʃ	α	ʊ	#	&	#	†	ʊ	♦	#	ʃ	&
К	‡	&	ʊ	‡	ʊ	†	ʊ	α	ʃ	&	ω	ω	‡	&	ʊ	ʊ
ʃ	&	#	‡	ω	α	ʊ	&	Σ	#	#	Σ	‡	ʊ	ʊ	α	ʊ
α	ʊ	ω	ω	&	Σ	#	†	♦	‡	ω	ʊ	β	α	Σ	Σ	†
♦	ʊ	α	†	ʃ	ω	‡	ʃ	&	ʊ	α	φ	#	#	ω	ω	Σ
‡	†	ω	Σ	‡	†	#	ω	#	α	ω	Σ	♦	ω	†	†	ʊ
ʊ	Σ	&	#	†	ω	&	&	ω	ʊ	&	Σ	#	&	&	ʊ	ʊ
α	ʊ	#	†	♦	α	ʊ	ω	α	#	#	α	#	#	·	К	α
#	Σ	♦	‡	ʊ	ʃ	Σ	α	ʊ	‡	♦	α	†	♦	α	‡	#
ω	ʃ	‡	Σ	#	Σ	ω	К	&	ω	‡	#	&	‡	К	ʊ	ω
&	#	Σ	α	ʃ	ʊ	†	†	Σ	ʊ	Σ	ʊ	‡	Σ	†	π	&
ʊ	‡	†	ʊ	α	‡	φ	&	#	‡	†	&	α	†	&	ω	ʊ
ω	ʊ	#	К	ʊ	φ	#	‡	†	Σ	#	#	ʊ	#	‡	ʊ	ω
‡	φ	&	†	#	#	α	ʊ	ʊ	ω	&	‡	†	&	ʊ	α	‡
α	К	ʊ	ʊ	‡	†	♦	#	ω	φ	ʊ	ʃ	‡	ʊ	#	К	α
#	α	ω	ʊ	&	ω	‡	Σ	‡	#	ω	ʊ	#	ω	Σ	ʊ	#
#	ω	Σ	α	ʊ	Σ	ω	ω	β	£	Σ	α	α	Σ	ω	‡	#
‡	ω	#	‡	α	ʊ	&	>	#	†	#	Σ	Σ	#	>	ω	‡
ʃ	α	†	ʃ	ω	φ	#	ω	♦	φ	†	ω	♦	†	ω	†	ʃ
ω	♦	ʊ	&	ω	Σ	ʊ	‡	#	†	ʊ	†	&	ʊ	‡	Σ	ω

Ejercicio 4. Encuentra las siete diferencias entre estas dos imágenes:

148

Ejercicio 5. Relaciona cada palabra que aparece con su contrario (antónimo):

Claro				Delgado		
	Feo					
Bajo			Valiente	Lento		Lejos
	Calor					
				Salado	Guapo	
Veloz						
	Dulce	Débil				
			Nuevo		Oscuro	
Alto						
		Frío		Cerca		Grueso
Fuerte	Cobarde				Viejo	

Inhibición

El proceso inhibitorio consiste en no dar una respuesta o evitar atender a un estímulo externo o interno. Es la capacidad que tenemos para no prestar atención a estímulos que no son relevantes en un momento dado. Por tanto, nos permite seguir atendiendo al estímulo en el cual estamos focalizados y obviar los estímulos distractores que no tienen ninguna importancia en ese momento. Existe una estrecha relación entre los procesos inhibitorios y los procesos atencionales, concretamente con la atención focalizada. ¿Se acuerdan del ejemplo del equilibrista? Los procesos atencionales nos permiten concentrarnos en el estímulo o situación que hemos seleccionado, mientras que los procesos inhibitorios permiten rechazar todos aquellos estímulos que no tengan que ver con la tarea que estamos haciendo. ¿Se imaginan cómo sería de caótico si atendiéramos a todos los estímulos del ambiente? Gracias a la buena coordinación de los procesos atencionales e inhibitorios podemos focalizar y centrarnos en tareas concretas sin estar constantemente distrayéndonos.

Cuando estamos paseando junto a nuestra pareja por la calle, solemos ir atendiendo a la conversación que estamos manteniendo (proceso atencional), pero a la vez, los procesos inhibitorios se encargan de rechazar aquellos estímulos que sean irrelevantes para la conversación, como

TRASTORNO POR DÉFICIT DE ATENCIÓN CON HIPERACTIVIDAD

pueden ser el número y color de los coches que pasan cerca de nosotros, los ladridos de los perros, los niños jugando en el parque, los obreros que están trabajando en la construcción, etcétera. Solamente, en caso de que haya un estímulo relevante o con cierto impacto para nosotros, la conversación se detendrá y atenderemos al estímulo que nos llamó la atención (un niño que llora amargamente porque se ha caído de un columpio, un coche que pasa a nuestro lado tocando el claxon, una señora que nos pregunta cómo llegar a determinada calle, etcétera). Generalmente, estos estímulos que nos llaman la atención activan nuestro lóbulo parietal, donde está localizada la atención selectiva. Ya hemos visto que algunos estímulos tienen mayor capacidad de llamar nuestra atención sobre otros. Aquellos estímulos o situaciones que se salgan de lo normal o lo habitual serán aquellos que tengan mayor probabilidad de que nos fijemos en ellos.

En todos los casos anteriormente descritos, los procesos inhibitorios se producen de una manera relativamente inconsciente, es decir, no somos conscientes de no responder a determinado estímulo porque no es relevante para nosotros. En algunos casos, los procesos de inhibición sí son más conscientes, como es en el autocontrol. En estas situaciones, la persona decide voluntariamente autocontrolarse. Dicha persona ejercerá su autocontrol porque le traerá beneficios, bien a corto o a medio-largo plazo. Esos beneficios pueden ser la obtención de algo positivo o bien evitar algo negativo. Por ejemplo, si nuestro jefe nos está recriminando un trabajo que, en su opinión, está hecho con pocas ganas, podemos decidir controlarnos y no responderle para evitar consecuencias mayores, como puede ser que nos abran un expediente disciplinario o que nos despidan. Los niños con TDAH tienen dificultades a la hora de ejercer su autocontrol, ya que además de ser un problema de maduración neurológica, las vías que conectan el sistema límbico (emociones) con la corteza prefrontal (autocontrol y funciones ejecutivas) no están desarrolladas como corresponde según su edad.

A principios de la década de 1960, el psicólogo de la Universidad de Stanford Walter Mischel llevó a cabo uno de los estudios más conocidos e interesantes en el campo de la psicología y que tiene un estrecha relación con el autocontrol y la inhibición. Para ello, escogió a niños de cuatro años de manera individual y les preguntaba por su golosina favorita.

La variedad era grande: caramelos, bombones, algodones de azúcar, gomitas, galletas, etcétera. La instrucción que le daba el investigador al niño era que podía comerse la golosina que había elegido en ese preciso momento, pero si esperaba quince minutos, mientras el investigador estaba fuera del aula, podía obtener el doble de recompensa. En todo momento el niño debía permanecer sentado en la silla sin poder moverse, lo cual exige una gran dosis de autocontrol. Sabemos que es en torno a estas edades cuando los niños empiezan a adquirir ciertos componentes del autocontrol. Este estudio se le conoce coloquialmente como el *test de la golosina*. Lo que pudo comprobar Mischel y su equipo de investigación es que existen muchas diferencias entre unos niños y otros a la hora de autocontrolarse. Algunos niños consiguieron el objetivo de tener el doble de recompensa y otros fracasaron en este intento. Entre las estrategias de autocontrol, encontramos conductas tan dispares como efectivas: no mirar al plato donde estaba la golosina, cantar, balancearse, darse la vuelta o taparse los ojos, etcétera.

Unos diez años después, Mischel volvió a evaluar a los niños que habían participado en su estudio y encontró resultados muy interesantes. Pudo comprobar que aquellos niños que con cuatro años habían sido capaces de esperar a que el investigador volviera pasados unos minutos, es decir, demorar la gratificación y autocontrolarse, eran adolescentes que obtenían mejores notas en el bachillerato, eran considerados líderes sociales positivos y soportaban mejor las situaciones de frustración, estrés y ansiedad.

Lo que este estudio concluye es que aquellos niños que fueron capaces de esperar a que el investigador volviera, eran niños capaces de contemplar el futuro y de anticiparse a las consecuencias que tendrían sus actos. No sólo eran capaces de pensar en el presente, sino también en el futuro y sus consecuencias. Como ya hemos comentado, la corteza prefrontal, sede de las funciones ejecutivas, tiene un carácter eminentemente prospectivo. Aquellos niños que pudieron superar la tentación demostraron tener una corteza prefrontal lo suficientemente madura como para esperar unos minutos a obtener un premio doble.

Los niños con déficit de atención e hiperactividad tienen importantes carencias a la hora de anticiparse a sucesos y consecuencias futuras, viviendo exclusivamente el presente, sin tener en cuenta lo que vendrá después y las consecuencias de sus actos en el futuro. Es por ello que los niños con TDAH tienen dificultades importantes para ejercer el autocontrol de sus impulsos, deseos, emociones y conductas; viven más en el presente y les cuesta mucho anticiparse al futuro. Uno de los motivos de esto es la inmadurez de su corteza prefrontal y, por tanto, de sus funciones ejecutivas.

Se ha demostrado en un estudio que la mayoría de niños con déficit de atención prefiere obtener una moneda en este mismo momento que esperar una hora a poder recibir tres monedas. Esto viene a demostrar que la capacidad de demora de la gratificación y el autocontrol de estos chicos es muy baja.

Independientemente de si existe algún trastorno como el TDAH o no, mejoramos nuestro control inhibitorio a medida que vamos cumpliendo años. A lo largo del desarrollo evolutivo del niño, éste va mejorando en su manejo de las funciones ejecutivas. En líneas generales, podemos decir que las funciones ejecutivas comienzan a desarrollarse sobre los cuatro años de edad y que en torno a los seis años (primero de primaria) ya disponen de una base ejecutiva importante. En cuanto a las diferencias de sexo, las mujeres, en promedio, maduran sus funciones ejecutivas antes que los varones.

Si anteriormente decíamos que los alumnos con TDAH tenían mayor número de omisiones en pruebas de atención, ahora añadimos que estos niños tienen también mayores puntuaciones en comisiones que el resto de niños de su edad. Continuando con nuestro ejemplo de la tarea de la computadora, una comisión se produce cuando el niño aprieta la tecla y no debería haberla apretado. Las comisiones se producen por actuar de manera impulsiva. Una vez realizada la acción impulsiva, se suelen dar cuenta de que se han adelantado, pero ya es demasiado tarde.

Cuando el profesor está haciendo una pregunta, los alumnos con TDAH son los primeros que levantan la mano, incluso antes de que el profesor haya terminado de formularla. En una ocasión, con una clase de quinto grado de primaria, me pasó algo parecido a esto. Empecé a hacerles una pregunta y, antes de terminar, ya tenía varias alumnas con la mano levantada. Ante dicha situación, decidí cambiar el final de la pregunta y les hice una pregunta personal que estaba seguro que jamás acertarían: ¿Alguien sabe cómo se llama mi abuela? La verdad que dejé a las alumnas que habían levantado la mano muy desconcertadas, pero más sorprendido me quedé yo cuando una de ellas respondió: Manuela. Y así es, se llama Manuela.

A modo de ejemplo se proponen algunas tareas para trabajar y mejorar la capacidad inhibitoria de los niños:

Ejercicio 1. En una pantalla de computadora van a ir apareciendo dos tipos de símbolos:

La tarea del niño consiste en que cada vez que aparezca la letra A, debe decir B y cada vez que aparezca la letra B, debe decir A. Es como jugar al revés, debiendo tener sus procesos inhibitorios activos.

Ejercicio 2. El juego anterior se puede hacer igual pero de una manera algo más compleja. En esta ocasión tenemos los siguientes posibles estímulos:

 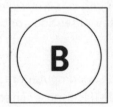 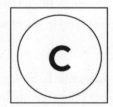

Ahora la tarea del niño consiste en que cada vez que aparezca la letra A, debe decir C, cuando aparezca la B debe decir A y cuando salga la C, debe decir B.

Ejercicio 3. Se pueden presentar en la pantalla los siguientes estímulos:

Cada vez que aparezca en la pantalla la palabra "Frío", en niño debe decir caliente, cuando salga "Caliente", debe decir frío y si sale "Frío*" también debe decir caliente.

Ejercicio 4. En esta actividad son posibles las siguientes opciones:

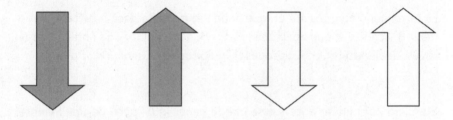

Cada vez que aparezca una flecha gris, el niño debe decir el sentido que marca la flecha (abajo o arriba), en cambio, cuando la flecha sea de color blanco, tenemos que decir el sentido contrario que marca la flecha.

Ejercicio 5. En la pantalla de la computadora pueden salir las siguientes opciones (también se puede hacer enseñándole al niño o a la clase cartulinas con los símbolos):

Cada vez que aparezca el símbolo de bien, el niño debe decir "mal", en cambio cuando salga la cruz, el niño debe decir "bien".

Memoria operativa

La memoria operativa es una de las funciones ejecutivas que se ve afectada en los niños con TDAH. También se le conoce con el nombre de *memoria de trabajo (working memory)*, puesto que es un tipo de memoria que *trabaja* y *opera* con determinada información.

Se define la memoria operativa como el proceso psicológico mediante el cual podemos mantener "viva" una información en nuestro cerebro durante unos pocos segundos. Esta información puede ser relativa a palabras, números, nombres u otro tipo de información. Como bien establecía Alan Baddeley, eminente experto en la memoria humana, la memoria operativa es un tipo de memoria a corto plazo (MCP), pero se diferencia de ésta en que la primera no sólo almacena información, como hace la MCP, sino que también opera con ella para llegar a un resultado o meta.

El neurotransmisor que está implicado en la memoria operativa es la noradrenalina. Debido a que la recaptación de este neurotransmisor no se hace de manera correcta en los niños con TDAH, la memoria operativa no funciona de manera óptima. Para compensar este tipo de memoria, los niños con TDAH suelen utilizar la memoria repetitiva o no significativa, es decir, se aprenden los conceptos académicos literalmente y sin que haya realmente aprendizaje.

Veamos la diferencia entre ambas con un ejemplo. Si nos encontramos con un compañero de nuestra etapa del colegio por la calle que hace mucho tiempo que no vemos y nos da su número de teléfono, pondremos en marcha nuestra memoria a corto plazo. Para recordar esa información en nuestra cabeza, el método que generalmente utilizamos es la repetición. El objetivo es recordar su número de teléfono pero sin tener que realizar ninguna operación ni procesamiento. En cambio, si una vez que tenemos el número de teléfono en nuestra MCP, nos preguntan por los números que ocupan las posiciones pares de dicha información, no solamente tendremos que recordar la información (memoria a corto plazo) sino que tendremos que hacer una operación mental o un procesamiento con dicha información (memoria operativa o de trabajo).

Por lo tanto, en la memoria operativa no se trata solamente de recordar una información tal cual la recibimos, sino que también hay que procesar y modificar determinados datos para llegar a una solución o conclusión. Por ejemplo, vamos a suponer que nos enfrentamos a la siguiente tarea: estamos delante de la computadora y van a ir apareciendo una serie de objetos en la pantalla de uno en uno. Nuestra misión consiste en contar el número de utensilios de cocina que aparecen en total a lo largo de un minuto. Para esta tarea necesitamos nuestra memoria de trabajo no sólo para almacenar el número de artilugios de cocina que llevamos hasta el momento, sino para irlos sumando cada vez que aparezca alguno. Aunque la tarea es sencilla, sumar de uno en uno implica un uso de la memoria de trabajo, que según la edad del niño y las posibles dificultades en su memoria operativa, le resultará más difícil o más fácil.

Como venimos diciendo a lo largo del libro, los distintos procesos psicológicos y las funciones ejecutivas en la práctica son muy difíciles de separar, ya que trabajan coordinadamente. Ante una actividad concreta, se activan varios procesos y funciones a la vez. Por esta razón, cuando estamos poniendo en marcha la memoria operativa, también se activan otros procesos que son imprescindibles para que este tipo de memoria pueda realizar bien su tarea, como son el proceso psicológico de la atención, la capacidad de inhibir estímulos que puedan estar interfiriendo en la tarea, la planificación, etcétera.

Las características más relevantes de la memoria de trabajo son:

- *Capacidad limitada*: la cantidad de información que puede almacenar es pequeña. Por ejemplo, nos resultaría extremadamente difícil almacenar y resolver mentalmente el siguiente cálculo numérico: $2+9+15-8+4-1+5-4+7-2$.
- *Duración breve*: una vez transcurrido un tiempo, los datos se desvanecen. Existen varios procedimientos para evitar que la información desaparezca, como es el caso de la repetición. Por ejemplo, podemos mantener el nombre de una calle "vivo" mediante la repetición.

Como señala el profesor Rusell Barkley, la memoria de trabajo, tanto la que tiene que ver con información verbal como no verbal, está deteriorada en los niños con TDAH. Como decíamos antes, estas dificultades en la memoria de trabajo llevan consigo problemáticas en el entorno escolar, familiar y social de los niños. La memoria de trabajo es, por tanto, imprescindible para las tareas escolares, como lectura de comprensión, cálculo de operaciones mentales, lenguaje, organización y planificación de tareas, etcétera. Es por este motivo por el que los niños con TDAH suelen tener muchas dificultades en asignaturas como Lenguaje y Matemáticas, aunque en el resto de asignaturas también es necesario un correcto funcionamiento de la memoria para poder rendir adecuadamente. Por ejemplo, si una alumna no tiene buena memoria de trabajo, cuando realice una lectura y llegue al final de la misma, por breve que sea, no recordará lo que ha leído al principio. La memoria operativa nos permite ir guardando en un almacén temporal lo que vamos leyendo en cada frase y párrafo con el objetivo de que el texto, en su conjunto, tenga una coherencia y un sentido.

¿Qué pautas podemos llevar a cabo para mejorar la memoria operativa en los niños con TDAH? Podemos hacer lo siguiente:

- Entrenar a los niños en tareas de cálculo mental, resolución de problemas y lectura de comprensión.
- Darles instrucciones sencillas y de una en una: no avasallarlos con una gran cantidad de tareas para hacer.
- Supervisar frecuentemente las tareas que realizan los niños.
- Reforzar positivamente las actitudes y conductas positivas de los niños.
- Complementar lo que deben estudiar con mapas, gráficas, nuevas tecnologías, etcétera.
- Realizar y cumplir un horario con las tareas que han de hacer por la tarde.
- Uso de estrategias que le recuerden al niño que debe realizar una tarea. Por ejemplo, usar notas, alarmas, agendas, etcétera.

Existen varios cuestionarios estandarizados para evaluar la memoria operativa de los niños, entre los que destacamos los siguientes:

- Prueba de memoria de trabajo de Siegel y Ryan
- Subtest de dígitos del WISC-IV de D. Wechsler
- Subtest de claves del WISC-IV de D. Wechsler
- TOMAL (test de memoria y aprendizaje) de C. R. Reynolds y E. D. Bigler
- SDMT (test de símbolos y dígitos) de A. Smith

A continuación se proponen algunos ejercicios, a modo de ejemplo, para trabajar la memoria operativa de nuestros hijos/alumnos:

Ejercicio 1. Realiza las siguientes operaciones de forma mental:

a) $2 \times 7 - 3$
b) $4 - 1 + 5 + 7 - 2$
c) $6 \times 3 + 15$
d) $121 \times 3 + 15 - 8$
e) $(8 : 2 + 4) : 8 + 1$

Ejercicio 2. A los siguientes números debes seguir el patrón de sumarle 3 y restarle 1 como se puede ver en el ejemplo:
Ejemplo: 50 > 53, 52, 55, 54, 57, 56, 59, 58, 61, 60...

a) 8
b) 21
c) 112
d) 1,000
e) 1,000,000

Ejercicio 3. La tarea del niño consiste en que repita la sucesión de letras que le vamos a leer pero en orden inverso al que se lo hemos leído.
Ejemplo: Si leemos "A, F" debe decirnos "F, A".

a) T, L
b) P, I, Q

c) G, W, R, E
d) A, P, Z, O, K
e) L, I, R, B, S, P
f) O, P, R, W, N, Y, D

Este ejercicio también se puede hacer con números. Si se quiere simplificar la tarea se puede hacer la repetición en orden directo, es decir, que el niño nos diga las letras o números en el mismo orden que lo dijimos nosotros.

Ejercicio 4: El niño debe resolver el siguiente acertijo: "Juan es un granjero que tiene muchos animales. En total tiene 22 gallinas, 10 vacas, 15 patos, 8 conejos y 2 burros. Responde mentalmente a las siguientes preguntas:

a) ¿Qué cantidad de animales tiene Juan en su granja?
b) ¿Cuántas patas en total tienen los animales de la granja de Juan?
c) ¿Cuántos animales hay en la granja que tengan pico?
d) ¿Cuántos animales hay en total que caminen en dos patas?
e) Si a Juan le regalaran dos conejos más y cinco gallinas, ¿cuántos animales tendría en total?

Ejercicio 5. Le presentamos al niño el siguiente acertijo. "El arroz tarda en hacerse al fuego 15 minutos. No podemos retirarlo del fuego antes, ya que estará duro, pero tampoco podemos retirarlo después, ya que estará pasado. Para poder medir el tiempo sólo disponemos de dos relojes de arena: uno tiene una duración de siete minutos y el otro tiene una duración de once minutos. ¿Cómo podemos hacer para saber en qué momento exacto debo retirar el arroz del fuego?"

De esta forma trabajamos su memoria operativa y su cálculo matemático.

Once minutos   Siete minutos

Flexibilidad cognitiva

La flexibilidad o fluidez cognitiva es la capacidad que tenemos para cambiar nuestra forma de pensar y de hacer en función de las demandas de la situación. Veamos un ejemplo de una persona con una alta capacidad de flexibilidad cognitiva. Antonio ha organizado un viaje con su familia a Londres. Él se había encargado de organizar los días que iban a estar en la ciudad. Para el primer día, tenía pensado llevar a su familia a dar una vuelta a Hyde Park, pero esa mañana amaneció fría y lluviosa. Dado que Antonio tiene una buena capacidad de flexibilización cognitiva, decide que vayan ese día a visitar el British Museum y dejar la visita al parque para el día siguiente que no están anunciadas lluvias.

Muchos niños tienen hoy en día problemas en la flexibilización cognitiva, y no sólo los niños con TDAH. Son niños con un esquema mental muy rígido y estricto y les cuestan mucho los cambios.

Aquellos niños con una baja flexibilidad cognitiva tienen serias dificultades para cambiar de tarea cuando están realizando una. Les cuesta mucho adaptarse a los ambientes cambiantes porque son muy rígidos cognitivamente hablando.

Para evaluar con pruebas estandarizadas la flexibilidad cognitiva, podemos utilizar el WCST (test de clasificación de tarjetas de Wisconsin) de R. K. Heaton, G. J. Chelune, J. L. Talley, G. G. Kay y G. Curtiss, y las pruebas de fluidez fonológica y fluidez semántica del ENFEN de J. A. Portellano y R. Martínez Arias.

Algunas de las tareas que se pueden proponer para trabajar y mejorar la flexibilidad cognitiva de nuestros chicos son:

- Realizar una tarea de cálculo mental de sumas y al minuto cambiar a restas.
- *Fluidez fonológica*: decir todas las palabras que se nos ocurran que comiencen por una determinada letra, que contenga una letra o que acaben por la sílaba "to".
- *Fluidez semántica*: escribir todas las palabras que pertenezcan a grupos concretos, por ejemplo, medios de transporte, animales que vienen en el mar, países europeos, nombre de mujeres, deportistas, etcétera.
- *Fluidez de diseño*: hacer tantas formas como se nos ocurran con cuatro palillos durante treinta segundos.

Ejercicio 1. El niño tiene treinta segundos para decir todas las palabras que se le ocurran que empiecen por la letra "T". Al finalizar el tiempo, le diremos que durante otros treinta segundos debe decir tantas palabras que se le ocurran que terminen en "sa".

Ejercicio 2. Debes decir todas las palabras que se te ocurran durante veinte segundos que pertenezcan a los siguientes grupos:

a) Medios de transporte
b) Nombres de mujer
c) Animales mamíferos
d) Futbolistas famosos
e) Marcas comerciales que comiencen por la letra "C"

En función de la edad del niño, se puede complicar o simplificar más.

Ejercicio 3. Fíjate bien en la siguiente imagen.

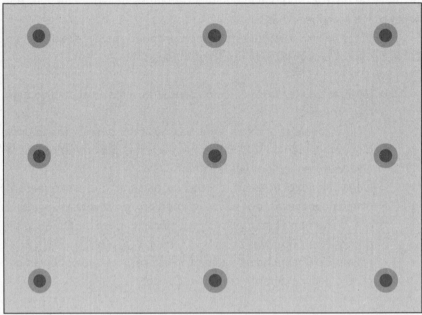

Tienes delante de ti nueve puntos que forman un cuadrado. Tu tarea consiste en unir estos nueve puntos con sólo cuatro líneas rectas sin poder levantar el lápiz del papel. Adelante.

Ejercicio 4. En esta tarea tienes que ir uniendo mediante una línea estas letras y números de tal manera que los vayas alternando.

Ejemplo: empezamos en la letra A y la uniremos al número 1. De ahí seguiremos nuestro trayecto buscando la letra B, después el 2, la letra C y así sucesivamente. Cuanto más largo lo hagamos, más complejo será.

A INICIO

M

F

7   13

10

2

R   L

E

1

6

G   12

N

11

I

Q   5

B

K

3   15   9

14

J

C

H   4   16

O

P   D

18 FINAL

17   8

Ejercicio 5. Nos ponemos por parejas y con dos barajas. Se reparten todas las cartas y los dos participantes tienen las cartas boca abajo de tal
manera que no las ven. Durante los primeros 30 segundos, cada participante irá poniendo una carta encima de la mesa y se irá sumando a la
anterior. Si el primero en jugar saca un 3, cuando su compañero saque
otra carta y la ponga encima del 3, la sumará. Iremos sumando cada carta que pongamos. Al acabar los 30 segundos, haremos lo mismo pero

realizando restas. Este proceso lo podemos hacer hasta que se acaben las cartas, alternando la operación matemática (sumas y restas) cada medio minuto.

Planificación

Entendemos la planificación como aquel proceso mediante el cual organizamos y ponemos en marcha una serie de pasos para conseguir una meta u objetivo. Cuando estamos planificando algo, siempre contamos con varias alternativas. Una vez puesta en marcha la opción elegida, se puede rectificar o amoldar la conducta si fuera necesario.

Veamos un ejemplo de la vida cotidiana. María recibe una llamada de su amiga Luisa invitándola a tomar un café a su casa nueva. Para ello, María mira en un plano de la ciudad cuáles son las diferentes maneras de ir a casa de Luisa. Una vez decidido en el trayecto, María se sube al coche dispuesta a ir a la nueva casa de su amiga. A mitad de camino, María se encuentra con que una de las calles por las que tenía que pasar está en obras. Debido a este contratiempo, María se ve obligada a cambiar su trayecto para poder llegar a su destino. En este ejemplo, vemos cómo funciona el proceso de la planificación. María valora las diferentes opciones para llegar a su destino, elige la que cree más adecuada (ir por la autopista, evitar embotellamientos, ir por sitios que ella conoce, etcétera) y es capaz de rectificar su conducta cuando se encuentra con dificultades o impedimentos para alcanzar su meta (zona en obras).

Ricardo es un niño de dieciséis años con TDAH que quiere preparar una receta sorpresa para sus padres. Se mete en la cocina y decide hacer huevos con verduras. No dedica un tiempo a preparar los ingredientes antes de hacer el plato, con lo que empieza a hacerlo sin más. Ante esta ausencia de preparación, mezcla los diferentes pasos, se le quema el aceite, acude varias veces a la despensa por ingredientes, no se acerca el bote de la basura para tirar los deshechos, etcétera. Además de no planificar la sucesión de pasos que tiene que dar y en qué orden debe hacerlo, Ricardo no evalúa en tiempo real cómo está haciendo la tarea y, por tanto, no es capaz de rectificar sus errores.

Podemos utilizar las siguientes pruebas para evaluar cómo un niño realiza los procesos de planificación:

- TESEN (test de los senderos) de J. A. Portellano y R. Martínez Arias
- Test de las anillas de J. A. Portellano y R. Martínez Arias
- Test de laberintos de S. D. Porteus
- Test de la figura compleja de A. Rey
- Subtest de laberintos del WISC-IV de D. Wechsler

A modo de ejemplo, les proponemos aquí algunas actividades para mejorar la planificación de sus hijos y alumnos:

- Realización de laberintos
- Ordenar secuencias lógicas de imágenes
- Torre de Hanoi
- Torre de Londres

Ejercicio 1. Torre de Hanoi
Este juego clásico consiste en pasar todos los discos que aparecen en la varilla de la izquierda a alguna de las varillas que al comenzar están vacías. Para realizarlo, sólo se puede mover un disco por movimiento, siendo éste el que se encuentre en la parte superior de la varilla. Además, no podemos poner discos mayores sobre discos menores en ninguna varilla.

Ejercicio 2. El niño debe unir los números que aparecen en la siguiente ficha en orden descendente, sabiendo que se empieza en el número 50 y se acaba en el 7.

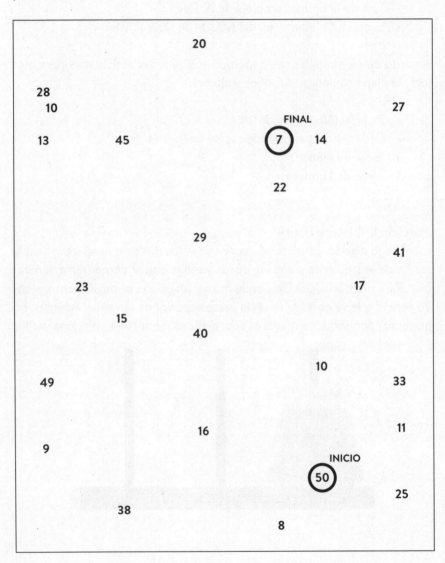

Ejercicio 3. Misioneros y caníbales

En este juego, tenemos en un lado de la isla a 3 misiones y a 3 caníbales. Disponen de una barca para poder llegar todos ellos al otro lado de la isla. En la barca sólo caben dos personas, pero debemos tener en cuenta que el número de caníbales jamás podrá superar al número de misioneros en ningún lado de la isla, pues se comerían a los misioneros. ¿Cómo lo podemos conseguir?

Ejercicio 4. Resuelve el siguiente laberinto.

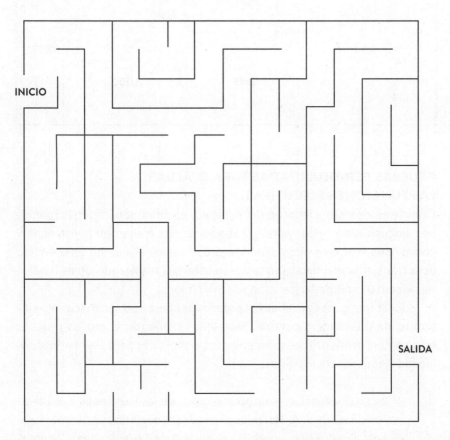

Ejercicio 5. Ayuda al señor Gutiérrez a ordenar las siguientes horas del día de la más madrugadora a la más cercana a la medianoche.

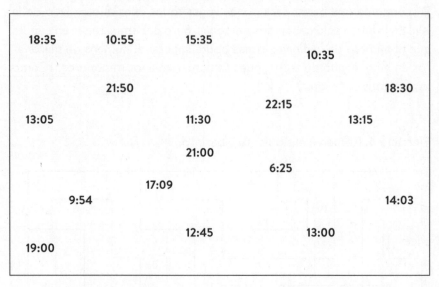

PRUEBAS ESTANDARIZADAS PARA EVALUAR LAS FUNCIONES EJECUTIVAS

Como hemos visto a lo largo del capítulo, es difícil separar unas funciones ejecutivas de otras, ya que trabajan de una manera muy estrecha y coordinada. Por ejemplo, cuando le proponemos al alumno un ejercicio para trabajar la planificación, también estamos trabajando otras funciones ejecutivas como la atención y la inhibición.

Existen algunas pruebas estandarizadas para evaluar funciones ejecutivas de una manera general. Sírvase las siguientes como las pruebas más comúnmente utilizadas en colegios y consultas para evaluar las funciones ejecutivas de los niños:

- ENFEN (Evaluación Neuropsicológica de las Funciones Ejecutivas en Niños) de J. A. Portellano y R. Martínez Arias y L. Zumárraga.
- BRIEF (Evaluación conductual de la función ejecutiva). Adaptación a población española de M. J. Maldonado Belmonte, C.

Fournier del Castillo, R. Martínez Arias, J. González Marqués, J. M. Espejo-Saavedra Roca y P. Santamaría
- FDT (Test de los 5 dígitos) de M. Sedó
- Aula-Nesplora: esta prueba ya se ha explicado en el capítulo 4.

JUEGOS PARA DESARROLLAR LAS FUNCIONES EJECUTIVAS

Además de las actividades y tareas que se han ido proponiendo en el presente capítulo en cada una de las funciones ejecutivas, mostramos un listado de juegos clásicos que podemos utilizar para, de una manera lúdica, trabajar las funciones ejecutivas. Entre ellos destacamos:

- Ajedrez: es uno de los juegos de mesa más potentes y efectivos para trabajar las funciones ejecutivas
- Parchís
- Damas
- Tangram
- Juegos de cartas
- Scattergories
- Jungle speed
- Rummikub
- Tabú
- Pictionary
- Scrabble
- Risk

Todos estos juegos y actividades que se proponen se deben adecuar a la edad de los niños, ya que, dependiendo de la edad, unos juegos resultarán más atractivos que otros.

Como conclusión, cualquier actividad o juego que haga trabajar los procesos atencionales, inhibitorios, memorísticos, de planificación, etcétera van a resultar útiles para trabajar de manera lúdica y divertida los procesos ejecutivos. Como suelo decir siempre, para favorecer las funciones ejecutivas, debemos echar mano de nuestra creatividad para proponer tareas y actividades lo más dinámicas y atractivas posibles para los niños.

APLICACIONES PARA TRABAJAR LAS FUNCIONES EJECUTIVAS

Además de estos juegos tradicionales y de mesa que acabamos de mencionar, existen multitud de aplicaciones para trabajar las funciones ejecutivas. En este apartado hablaremos de algunas de ellas.

Una de estas aplicaciones es *Sincrolab*, que como nos explica su cofundador, Ignacio de Ramón, es una plataforma de entrenamiento cognitivo dirigida a profesionales con el objetivo de facilitar el diseño de entrenamientos en funciones ejecutivas para pacientes con trastornos del neurodesarrollo y dificultades de aprendizaje. Es una aplicación que resulta muy útil y entretenida para los pacientes con TDAH, independientemente de su edad.

Kazuhiro Tajima, psiquiatra del hospital Universitario Fundación de Alcorcón, y TKT Brain Solutions han desarrollado una aplicación con el nombre de *TDAH Trainer* cuyo objetivo es servir de complemento a los niños con esta patología que ya siguen un tratamiento psicológico y/o farmacológico. Esta aplicación pretende estimular cognitivamente a los niños con TDAH de una manera regular mediante juegos y actividades lúdicas. El entrenamiento supone unos diez minutos diarios y resulta muy motivante para los niños. Además, los padres pueden acceder a ver los progresos que van realizando sus hijos.

7
Orientaciones para padres

En este capítulo, queremos profundizar en algunas de las orientaciones y pautas para padres con niños con TDAH. Como ya hemos comentado, cada niño va a tener una problemática y una sintomatología diferente, aunque todos compartan un mismo diagnóstico. Las dificultades pueden manifestarlas en mayor medida en unos contextos o en otros. Debemos recordar que el TDAH es una dificultad para realizar algunas tareas, pero nunca es un impedimento para hacerlo. Por ello, les planteamos múltiples tareas y orientaciones que podemos llevar a cabo para mejorar el rendimiento y comportamiento de nuestros hijos con TDAH.

¿Qué pautas podemos seguir ante las diferentes problemáticas de nuestros hijos con TDAH? A continuación aparece una serie de consejos y pautas que esperamos que les sean de utilidad.

¿CÓMO EXPLICARLE A MI HIJO QUE TIENE TDAH?
Sin lugar a dudas, creo que es nuestro deber como padres y profesionales explicarle al niño qué es el TDAH y cuáles son sus síntomas. Al proceso de explicarle al niño, independientemente de la edad que tenga, lo que le pasa, se le conoce con el nombre de *psicoeducación*. Es importantísimo hacer una buena intervención psicoeducativa con el niño.

No es sólo un deber ético, sino que darle al niño una explicación de lo que le pasa le ayudará a afrontar mejor sus dificultades. Tomar conciencia de nuestros obstáculos ya es un paso importante hacia la superación de los mismos. Por supuesto, el lenguaje y la manera de decírselo no será la misma para un niño de siete años que para un adolescente. El hecho de evitar contarle a nuestro hijo lo que le pasa no va a hacer más que aumentar su grado de frustración y ansiedad, puesto que no entenderá lo que le está pasando.

Como ya hemos dicho, el TDAH no se puede explicar jamás como un impedimento o imposibilidad de hacer algo, sino como una dificultad que tiene el niño para realizar determinadas tareas. Gracias a su esfuerzo y al apoyo de sus padres, educadores y profesionales que lo rodean, conseguirá superar los diferentes obstáculos. Otro aspecto importante a tener en cuenta en la conversación con el niño es enfocarla de manera positiva y siempre con ejemplos de su vida cotidiana: explicarle que a veces se enoja mucho con sus amigos porque le cuesta calmar sus emociones o que se mueve tanto debido a que tiene TDAH. Muchas veces haciéndoles esquemas o dibujos sencillos sobre cómo funciona su cerebro lo pueden comprender mejor.

Antes de comunicárselo al niño es recomendable que los padres piensen qué le van a decir exactamente. Y no solamente el contenido, sino también el día que se lo dirán, en qué contexto, etcétera. Dado que es una conversación importante, hay que prepararla bien. Lo que se pretende con esto es que planifiquen bien la conversación. Es importante que este hecho sea una conversación y no un monólogo por parte de los padres. Debemos dejarle al niño que intervenga en todo momento, haciendo sus preguntas o pidiendo aclaraciones sobre lo que le estamos contando.

En caso de que sean los profesionales los que le expliquen al niño que tiene TDAH, nos encontramos con que, como se dice cotidianamente, "cada maestro tiene su libro". Por ejemplo, Francisco Montañés, especialista en Psiquiatría y TDAH, suele explicarles a sus pacientes que el TDAH es un problema del desarrollo y que mejora con el tiempo. Para ello, les suele poner ejemplos que puedan entender, como es el caso de la ortodoncia. Muchos niños llevan aparato en los dientes de manera puntual en su infancia hasta que la dentadura mejora y ya no es necesario llevarlo. Por su parte, Alberto Fernández Jaén, responsable de la Unidad de Neurología Infantil del Hospital Universitario Quirón (Madrid), les explica a los niños con TDAH sus dificultades con una campana de Gauss: "hay personas flacas y gruesas, altas y bajas, inteligentes y menos inteligentes. En tu caso tienes una baja capacidad para prestar atención".

172

ESTABLECER NORMAS Y LÍMITES EN CASA

Es imprescindible que en casa existan normas y límites para nuestros hijos. Los *límites* en casa hacen referencia a las ideas generales de educación que tiene una familia. Nos dan información de hasta dónde y qué se puede hacer. Siempre utilizo el símil de las vallas para explicar el concepto de límite. Pensemos que llegamos con nuestros hijos a una pradera gigantesca para pasar una agradable tarde. Los niños, en cuanto llegan, ya tienen ganas de explorar el terreno: ir al río, tirarse por las laderas, correr, etcétera. Como la pradera no tiene vallas puestas, son los padres los que tienen que decidir en qué lugar ponerlas. ¿Dónde las pondrían ustedes? En función de la familia, unas restringirían mucho el terreno donde dejarían estar y jugar a sus hijos, mientras que otras delimitarían un gran terreno para que sus hijos campen a sus anchas. El concepto de *normas* hace referencia a las pautas, actitudes y comportamientos que están permitidos y prohibidos en el ámbito familiar. Es decir que la norma es la traducción más concreta en formato conductual y llevada a la práctica. Continuando con el ejemplo de la pradera, una norma sería "pueden ir donde quieran pero a las 14:30 tienen que estar aquí para comer". Las normas pueden ser impuestas por una empresa o institución de manera permanente o también pueden ser decididas por la familia en una situación concreta, como por ejemplo, "queda prohibido nadar en el río". El límite es un concepto más global que el de norma.

El hecho de que en casa existan normas es un claro factor de protección ante las conductas de riesgo en los niños. La familia es el primer lugar donde los niños se encuentran con unas normas que cumplir y unas obligaciones que llevar a cabo. Desde luego es el mejor lugar para ensayar y practicar para posteriormente generalizar a otros ámbitos (escuela, amigos, etcétera). Las normas y los límites dan seguridad a los niños sobre los caminos que tienen que seguir y las posibles consecuencias asociadas a sus actos. Es mejor establecer en casa pocas normas, pero claras, que intentar establecer muchas normas de una manera desorganizada. Es importante priorizar la importancia de las normas. En ocasiones tenemos que hacer un ejercicio de distinguir lo importante de lo deseable. No podemos plantearnos como objetivo tener niños modélicos.

En el establecimiento de normas es aconsejable, sobre todo con los adolescentes, que de alguna manera los hagamos partícipes. Darles la opción de que puedan opinar y participar en las normas de convivencia de la familia.

DAR SOLAMENTE UNA INSTRUCCIÓN

En muchas ocasiones, fruto del ritmo de vida que llevamos los adultos y la sociedad en la que vivimos, les damos a nuestros hijos una serie de órdenes prácticamente ilimitadas. En el caso concreto de los niños con TDAH, al tener afectada su memoria de trabajo y su atención, no van a poder registrar y almacenar toda la información que les pedimos.

No es infrecuente escuchar a un padre decirle a su hijo: "Juan, al entrar en casa, recuerda que te tienes que quitar los zapatos y ponerte las pantuflas. Después merienda que te tienes que poner rápido a hacer la tarea. Cuando acabes la tarea, tienes que llamar al abuelo, que hoy es su cumpleaños". Los niños con dificultades de atención empiezan por escuchar la primera instrucción ("cuando entres en casa cámbiate los zapatos por las pantuflas"); como el padre no le ha dejado tiempo a su hijo a procesar lo que tiene que hacer y continúa dándole el resto de instrucciones (merienda, haz la tarea, llama al abuelo, etcétera), el niño realiza, a nivel de procesamiento cerebral, un acto muy parecido al que hacemos cuando minimizamos diferentes ventanas en nuestra computadora. Al irlas minimizando, no están "visibles en la pantalla", por lo que el niño no las recuerda. Lo que el padre de Juan tenía que haber hecho es darle una sola instrucción y no impartir la siguiente hasta que hubiera cumplido la anterior. De esta manera, el padre de Juan se asegura de que su hijo procesa, comprende y realiza cada una de las normas que le dice y no se olvida de ninguna.

Éste es uno de los errores más habituales que cometen los padres. A los niños les decimos varias cosas que tienen que llevar a cabo, y como no se pueden quedar con todo —aun suponiendo que la atención no esté afectada—, luego nos enojamos porque no nos han hecho caso. Tendemos a creer que los niños tienen una capacidad atencional y memorística igual que la de los adultos, y no es así. Esta situación se ve agravada de una manera significativa en los niños con TDAH, como ya hemos visto.

Las órdenes que dan los padres deben ser claras, concisas y con un tono de voz neutro. Debemos evitar los chantajes emocionales a los niños. Recuerdo que, en una ocasión, un padre me confesó que fruto de su rabia e impotencia al no conseguir que su hija le hiciera caso, éste la amenazó con un "si vuelves a no hacerme caso, esta vez seré yo quien no te haga caso durante todo el día". Este tipo de respuestas deben evitarse siempre, ya que afectan la autoestima de nuestros pequeños.

DEJARLES TIEMPO PARA PROCESAR

Por curiosidad, ¿saben cuánto tiempo tarda en presionar un botón un niño que no tiene TDAH cuando ve en una pantalla de computadora un número o símbolo concreto? Aproximadamente tarda unos 600-700 milisegundos, es decir, poco más de medio segundo. ¿Y un niño impulsivo? ¿Cuánto creen que tardaría? En torno a un segundo. Esto se debe a que su velocidad de procesamiento, es decir, el tiempo que pasa desde que el niño ve el estímulo hasta que da la respuesta (apretar el botón), es muy lenta, comparándolo con un niño sin TDAH.

La mayoría de la gente cree que los niños impulsivos procesan la información más rápidamente de lo normal. Dicha idea es errónea, ya que los niños impulsivos son aquellos que procesan los diferentes estímulos que perciben del ambiente de una manera más lenta que la mayoría de personas de su edad.

Por este motivo, debemos darles más tiempo a los niños con TDAH para que procesen la información que les estamos transmitiendo. Muchas veces, fruto de la sociedad en la que vivimos y de los ritmos de vida que llevamos, pretendemos incluir a nuestros hijos en esa misma espiral. Practicar algún ejercicio de relajación, *mindfulness* o yoga puede favorecer que estemos más tranquilos y serenos.

FRAGMENTAR LAS TAREAS Y HACER DESCANSOS CEREBRALES

Muy relacionado con el anterior punto, es importante que, como modelos de nuestros hijos, les enseñemos a dividir o fragmentar las tareas, sean escolares o de cualquier otro tipo. Cuando la tarea es compleja o novedosa para nuestros hijos, lo ideal es dividirla en partes. También conviene dividirla si exige mucho tiempo, como sucede en el caso de las tareas escolares.

Ana es una niña de diez años que tiene TDAH de presentación inatenta. Es muy trabajadora en el colegio y su comportamiento en clase es muy bueno. Por las tardes cuando llega a casa, su madre la espera para ayudarle a hacer la tarea y para estudiar. Hoy Ana llega a casa con tarea de matemáticas, lengua y ciencias sociales. Su madre hace un cálculo aproximado del tiempo que Ana puede tardar en hacer la tarea y le establece tiempos para cada asignatura, así como periodos de descanso entre ellas. Los tiempos estimados son: 20 minutos de matemáticas, 15 minutos de lengua y 30 minutos para hacer el esquema que le ha mandado el profesor de ciencias sociales. Dado que lo que más le cuesta a Ana son las asignaturas de estudiar, su madre decide que empiece por lo más complicado, es decir, el esquema de ciencias sociales. Como esta tarea le llevará 30 minutos poder terminarla, cuando la concluya, harán un descanso cerebral que consiste en jugar a las cartas durante tres o cuatro minutos. Pasados esos minutos, comenzará la tarea de matemáticas y al acabarla, volverán a hacer un descanso cerebral, que esta vez consiste en levantarse de la silla y hacer unos estiramientos y ejercicios de equilibrio, también durante tres o cuatro minutos. Ya para terminar, Ana realizará la tarea de lengua.

La idea es poder darle descansos al cerebro y al cuerpo para volver "a la carga" con más energía y motivados. Éste es el motivo por el que se intercalan momentos de hacer tarea escolar con actividades más lúdicas y de entretenimiento. Es importante que se planifique bien la tarde para que los niños puedan tener tiempo libre después de las tareas escolares para hacer lo que más les guste (jugar con sus hermanos o a la videoconsola, ver su serie favorita, tener el celular, etcétera). Se ha comprobado que la única diferencia en los hábitos de vida entre los niños con TDAH y niños sin TDAH es que los primeros dedican más horas al estudio.

SEGUIMIENTO DEL ÁMBITO ESCOLAR

Es muy importante que los padres puedan llevar un seguimiento de la agenda del niño, para estar al tanto de los aspectos más destacados del día a día de él (tareas escolares, exámenes, trabajos individuales y en grupo, excusiones, material necesario para llevar al colegio, etcétera). Esto también implica acudir a las juntas y mantener cierto contacto con los profesores, el tutor o la tutora y el departamento de orientación en caso necesario.

En muchas ocasiones, este seguimiento implica que los padres se sienten con los niños a hacer las tareas como veíamos en el punto anterior. Algunas familias me comentan que, hartos de estar todo el día encima de ellos, han decidido probar algo nuevo: dejar a sus hijos con TDAH que se organicen solos para ver si ganan en autonomía. La gran mayoría de las veces esta prueba acaba en un fracaso estrepitoso. No podemos dejarles que se "estrellen" en los estudios. Si los niños con TDAH ya tienen dificultades cuando están con un adulto que les ayuda a gestionarse y a no perder en exceso la atención, ¿cómo vamos a pretender que mejoren ellos solos? Lo normal es que estén solos en su habitación divagando sobre sus cosas. Aquellos niños que tienen padres coraje o implicados al cien por ciento en los estudios de sus hijos, en cuanto deciden dejarlos a su aire, "chocan" contra la pared y se hunden anímicamente. Por este motivo, es importante que, sobre todo en casos de niños con TDAH, estemos muy pendientes de ellos sin dejarles todo el peso de las decisiones escolares a su criterio. Esto tampoco quiere decir que haya que hacerles absolutamente todo.

BUEN USO DE LAS NUEVAS TECNOLOGÍAS

Todas las personas necesitamos y agradecemos tener una serie de hábitos que configuren un horario lo más estructurados posible. Esto se acrecienta en el caso de los niños con TDAH. Por ello, además de tener una serie de normas y límites bien establecidos en casa, es necesario saber que cuanto más rutinarias sean las tardes en casa, mejor nos irá a todos.

Como ya hemos comentado anteriormente, las nuevas tecnologías son de gran ayuda y sirven de motivación para los alumnos con TDAH, ya que les resultan muy atractivas. A pesar de que les gustan mucho y pueden trabajar diferentes conceptos y habilidades en ellas que son fundamentales, la virtud está en el equilibrio, como se dice popularmente.

Una queja muy habitual de los padres con niños con TDAH es que están demasiadas horas con los videojuegos y los celulares. Para estudiar si esto era realmente cierto, Alberto Fernández Jaén hizo un estudio comparativo entre los hábitos de vida de los niños con TDAH y los que no tenían TDAH (grupo de control). Los resultados muestran que los niños con TDAH no dedican más tiempo a jugar a las consolas, a estar con la computadora ni a ver la televisión, como generalmente se piensa. De hecho, dedican menos tiempo que los niños del grupo control como podemos ver en la gráfica que nos ha cedido Alberto Fernández Jaén.

Hábitos de vida

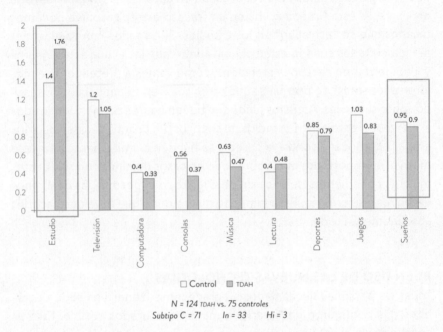

$N = 124$ TDAH vs. 75 controles
Subtipo $C = 71$ $In = 33$ $Hi = 3$

Es por este motivo que hay una serie de orientaciones a tener en cuenta:

- *Utilizarlas durante periodos cortos de tiempo.* Si los niños usan las videoconsolas o móviles durante mucho tiempo, el niño estará demasiado excitado e inquieto.
- *Evitar que utilicen este tipo de dispositivos a partir de las 20 horas o justo antes de cenar o dormir.* Esta sobreexcitación también hay que evitarla antes de hacer las tareas escolares.

Como bien decía William Shakespeare a través de su mítico personaje Hamlet: "Las cosas no son ni buenas ni malas, son como tú las quieras ver". Si aplicamos esta frase a las nuevas tecnologías, aunque en ocasiones nos dé un poco de miedo debido a nuestro desconocimiento, debemos dar el salto de adentrarnos en ellas, pues son el futuro y nuestros hijos disfrutan de ellas.

CORRECTA APLICACIÓN DE LOS REFUERZOS Y CASTIGOS

Debemos tener especial cuidado en cómo y por qué utilizamos los castigos con los niños con TDAH. Nos resulta sencillo y agradable premiar a los niños, pero muchas veces utilizamos el castigo como consecuencia de no saber qué más hacer y fruto de nuestra desesperación.

Todos sabemos que debemos utilizar el refuerzo positivo con los niños en general, pero en el caso de los que tienen TDAH, con mayor motivo y frecuencia aún. Existen diferentes tipos de premios o refuerzos que podemos aplicar. Los más conocidos son los materiales, como por ejemplo una paleta, una muñeca o un coche, pero en mi opinión los más efectivos son los afectivos y sociales. Con estos refuerzos damos la espalda a la sociedad materialista en la que vivimos y damos por bueno un guiño de ojo, un abrazo, un beso o un aplauso. Otro tipo de refuerzos que son muy efectivos son los de actividad, donde se premia la conducta positiva del niño con la ejecución de una actividad, como por ejemplo, ir a los karts o hacer una receta de cocina con mamá.

En cuanto a las conductas negativas de nuestros hijos, siempre que sea posible debemos ignorarlas. El motivo de esta medida es que, en ocasiones, los niños tratan de llamar nuestra atención de manera negativa. Prefieren ser regañados y castigados que ser ignorados. En estos casos, es posible que haya un déficit de refuerzo positivo de los padres hacia el hijo. Pero hay ocasiones donde no es posible, conveniente ni seguro, ya que entraña peligro para el niño o para otras personas. Por ejemplo, el niño que amenaza con cruzar solo la calle o que está agrediendo a su hermano pequeño.

En la medida de lo posible, debemos evitar el castigo en los niños. En los más pequeños podemos utilizar el "tiempo fuera de reforzamiento", que es la técnica de modificación de conducta en la que se basa la orden de ir a la "silla de pensar". El objetivo no es otro que sacar al niño de la situación que le resulta tan gratificante y llevarlo a un lugar tranquilo y más monótono. No siempre el objetivo es que el niño reflexione, ya que si hablamos de niños muy pequeños, por ejemplo de tres años, no lo va a hacer. El objetivo es sacarlo de la situación que le divierte y que consideremos que no es apropiada.

FAVORECER SU AUTOMONITORIZACIÓN

Como ya hemos comentado en capítulos anteriores, los niños con TDAH tienen serias dificultades para automonitorizarse, es decir, ser conscientes y autoevaluar cómo están haciendo una conducta. Por eso, en necesario que les ayudemos a hacerlo. Es muy importante decirles cómo están haciendo determinada conducta, tanto durante como después de la tarea. Como al principio de cada destreza que aprendemos, necesitamos que alguien (profesor, padres, instructor) nos digan cómo tenemos que realizar la conducta. La primera vez que agarramos un lápiz no sabíamos hacer letras ni formas geométricas, pero poco a poco fuimos interiorizando un lenguaje para poder darnos instrucciones a nosotros mismos y sabernos decir cómo lo estábamos haciendo por si era necesario hacer alguna rectificación.

El objetivo que perseguimos es pasar de un control externo en la monitorización a un control interno (automonitorización). En un primer momento son los padres y maestros quienes tienen que ayudar a los niños con TDAH para que posteriormente sea una habilidad que puedan realizar ellos solos.

GESTIONAR ADECUADAMENTE LAS ACTIVIDADES EXTRAESCOLARES

Son muchos los padres que nos preguntan a los psicólogos, orientadores y educadores si es recomendable que apunten a sus hijos en actividades extraescolares y cuál es el número óptimo de ellas a las que deben asistir. Todos estamos de acuerdo en que es importante cultivar y estimular el cerebro de nuestros hijos y alumnos. Además, muchas de las actividades extraescolares tienen el añadido de que son deportivas (futbol, basquetbol, esgrima), lo cual favorece la psicomotricidad y quemar el extra de energía que tienen los niños con TDAH. Sabemos que un cerebro activo, inquieto y curioso nunca envejece. ¿Esto implica que sea estrictamente necesario que los niños acudan a varias actividades extraescolares? La respuesta es no. No consideramos que sea necesario apuntarlos a actividades extraescolares para que mantengan su cerebro activo, ya que hay muchas actividades que favorecen esta condición y que se pueden realizar solos o bien acompañados de familiares o amigos: lectura, deporte en familia, juegos de mesa, etcétera. Tampoco es necesaria una actividad formal para conseguir dicho objetivo. Aun así, algunas de las actividades extraescolares que mejores resultados tienen en los niños con TDAH son: robótica, ajedrez, tiro con arco, esgrima, judo, yoga, *mindfulness*, fotografía, etcétera. Lo que tajantemente no es recomendable es que nuestros hijos estén apuntados a tres o cuatro actividades extraescolares a la vez. Recuerdo una vez que pregunté a los padres de un niño de siete años el motivo por el que le habían apuntado a cuatro de ellas. La respuesta de los padres fue justificar cada una de las cuatro actividades: el futbol porque aprende a jugar en equipo, el tenis porque lo viene practicando desde que era pequeño, la música porque dicen que amansa a las fieras, etcétera. Y es verdad que estaban bien justificadas pero no es necesario saturar a nuestros niños con tanta actividad. Los chicos deben aprender a aburrirse y a no hacer nada, saber gestionar esos tiempos en los que no tienen ninguna actividad dirigida ni está mamá o papá con ellos para proponerles juegos. Por lo tanto, ante las actividades extraescolares, sentido común.

CULTIVAR LA CURIOSIDAD DE NUESTROS HIJOS

Imaginen que una noche llega nuestra pareja a casa con una bolsa llena de regalos para nosotros. ¿Acaso no tendríamos ganas de abrirlos para saber qué nos ha comprado? Como decíamos en el punto anterior, no hay mejor manera de mantener activo y sano el cerebro de nuestros hijos que incentivando su curiosidad. Toda novedad supone un incentivo para los niños que están deseando conocer y aprender cosas nuevas.

En una ocasión entré en el aula de secundaria dispuesto a dar mi clase con una caja blanca y un lazo rosa que la envolvía. La coloqué encima de mi mesa y empecé a dar la clase como si nada hubiera pasado. Se pueden imaginar cómo estaban los adolescentes de curiosos respecto a lo que había en la caja. Algunos la miraban fijamente, otros cuchicheaban con el compañero de mesa, otros me miraban con cara de "ábrela ya, por favor" y otros, los más curiosos e impacientes, levantaron su mano y me preguntaron directamente qué había en la caja. Con este ejemplo vemos lo fácil que es estimular la curiosidad de nuestros hijos. Basta con tirar el anzuelo y los tendremos concentrados y motivados en la tarea.

JUGAR ES IMPORTANTE

Somos de las pocas especies animales que jugamos cuando somos adultos. Nos gusta jugar no sólo con nuestros hijos pequeños, sino también entre adultos. ¿Qué son si no los partidos de futbol que jugamos de adultos? Pero no solamente nos gusta jugar, sino que también nos gusta ver a los demás jugando. Por este motivo, millones de personas ven los partidos de futbol, basquetbol, Fórmula 1, carreras de motos, etcétera.

A los niños les gusta mucho jugar y además es necesario e importante para un correcto desarrollo. Recuerdo en una ocasión que mi sobrino quería tener a toda costa una pistola para jugar. Sus padres no eran muy partidarios de que la tuviera. Un día Hugo vio que sus amigos tenían una y se las pidió. Cuando su padre lo vio casi le dio un síncope y fue a quitarle a su hijo de las manos la pistola. Me encantó el razonamiento de Hugo mientras su padre le quitaba la pistola: "Pero si es sólo un juego". Y cuánta razón tenía Hugo.

Por ello es muy importante que los padres jueguen mucho con sus hijos. Además tiene importantes funciones para afianzar sus lazos de unión. Actividades como jugar en la playa a las palas, saltar las olas y hacer castillos de arena son un divertidísimo ejemplo.

Una actividad que les propongo hacer es utilizar los juguetes de uno en uno. Le podemos dejar elegir a nuestro hijo, pero solamente uno. Con ese juguete o actividad estaremos al menos quince o veinte minutos. El objetivo es que aprenda a focalizar su atención en una sola tarea y durante un tiempo prolongado, con lo que estamos trabajando la atención selectiva y la sostenida.

FAVORECER EL AUTOCONTROL

Para que una persona llegue a tener el control de sí misma es necesario que alguien le haya enseñado a hacerlo de pequeño. Para que lleguemos a un autocontrol tenemos que haber pasado por un heterocontrol, es decir, alguien que le da las pautas para controlar la conducta. El control del que los niños carecen lo tiene que imponer el adulto. Como hemos visto en el estudio de Mischel, no todos los niños pequeños de preescolar tienen un correcto autocontrol; de hecho, muchos de ellos no aguantaban tener la golosina delante y no comérsela. Nuestra función como padres es guiarlos en el aprendizaje de este autocontrol.

Por ejemplo, la técnica del semáforo se utiliza para enseñar a los niños a controlar sus emociones. Consiste en asociar el funcionamiento de un semáforo con nuestro situación emocional presente. Es una técnica muy sencilla y útil para niños pequeños.

SOBREPROTECCIÓN *VS.* HIPEREXIGENCIA

En los últimos años los niveles de sobreprotección que hemos alcanzado son alarmantes. Los padres y maestros tendemos a proteger en exceso a nuestros pequeños. Creemos que actuando de esta manera los beneficiamos, pero nada más lejos de la realidad. Como explica Francisco Montañés, psiquiatra de la Fundación Hospital Alcorcón, los niños deben sufrir de manera controlada, pero no descorazonada. Creo que el doctor Montañés tiene toda la razón, ya que en ocasiones es necesario sufrir para poder mejorar. Y yo me pregunto: ¿qué mejor lugar para equivocarse y caerse que cuando estamos con papá y mamá?

Los padres deben ser exigentes con sus hijos, favoreciendo en todo momento su autonomía. No consiste ni en hacerles las cosas ni en pedirles objetivos que sean inalcanzables para ellos. En el caso de los niños con TDAH es importante facilitarles tareas lo más atractivas posibles, para evitar caer en el aburrimiento y la monotonía.

Lev Vygotski, representante de la escuela soviética, entendía que para un óptimo desarrollo del niño, se le debían proponer actividades que estuvieran encuadradas en la *zona de desarrollo próximo*, es decir, aquellas que puede hacer por sí solo, pero con cierto esfuerzo. La zona de desarrollo real son aquellas actividades que el niño ya es capaz de hacer por sí solo, mientras que la zona de desarrollo potencial son todas aquellas tareas que no puede hacer solo, salvo que sea con la ayuda de un mayor u otro niño más experto que él. Por lo tanto, los padres y maestros debemos conocer bien a nuestros pequeños para proponerles actividades que estén dentro de su zona de desarrollo próximo.

Los padres deben ser conscientes de las necesidades que tienen sus hijos. Es importante diferenciar nuestros miedos y necesidades de las de nuestros hijos. En muchas ocasiones actuamos desde nuestro punto de vista sin tener en cuenta el de nuestros hijos. Esto me recuerda a la frase del mítico Miguel Gila: "Cuando mi madre tenía frío, me ponía el suéter encima". Recordemos que nuestras necesidades no tienen por qué ser las mismas que las de nuestros hijos.

NO MEZCLAR LOS DIFERENTES ÁMBITOS

Imagina por un momento que le has sido infiel a tu marido o a tu mujer. ¿Qué pensarías si al día siguiente al llegar al trabajo te comunicaran que te han despedido por esa infidelidad? Seguramente estarás pensando que es algo surrealista. La consecuencia de serle infiel a mi pareja no puede ser un despido laboral. Pues bien, este hecho lo estamos repitiendo constantemente con nuestros hijos. Como has reprobado el examen de matemáticas no vas a ir durante toda la semana a los entrenamientos de basquetbol. ¿Les resulta familiar?

La vida de nuestros hijos está formada por diversos ámbitos. A lo largo del libro hemos hablamos de las áreas académica, social, familiar, afectiva y conductual. Los padres deben tener un especial cuidado en no mezclar estas áreas. Las consecuencias de nuestros actos deben cumplirse en el contexto u ámbito en que se hicieron. Como comenta José Ramón Gamo en todas sus charlas: "No podemos mezclar las diferentes cajas de nuestros hijos". A pesar de que el rendimiento académico del niño no cumpla con las expectativas de los padres, jamás podemos poner en duda la valía personal y afectiva de nuestro hijo. En el ejemplo expuesto, el área académica ha afectado e inundado la caja afectiva. Los padres deben tener especial cuidado en no deteriorar la relación de confianza que tienen con sus hijos por unos malos resultados académicos. En mi opinión, en España existe la tendencia de idolatrar hasta límites insospechados la caja académica de nuestros hijos. Para la mayoría de padres, ésta es la principal; debajo está el resto. Esto quiere decir que si el niño cumple las expectativas académicas de los padres, tiene su cariño. En cambio, si los resultados del colegio no son los esperados por los padres, le retiramos el afecto. Esta manera de actuar es completamente perversa y debemos tener cuidado. Uno de los libros que siempre recomiendo es *El guion de vida* de José Luis Martorell que aparece en la bibliografía de este libro. En él, Martorell describe de manera sencilla y brillante cómo nuestras expectativas y guiones calan en nuestros hijos.

Lo mismo ocurre en el mundo adulto con la caja laboral. El trabajo está por encima de la vida familiar, personal y social. Y en mi opinión, esto es un terrible error. Volviendo al tema de los niños, no podemos permitir que un mal examen o unas malas calificaciones trimestrales dejen a nuestros hijos sin regalos de Reyes y con un ambiente tenso y enrarecido durante gran parte de las vacaciones. Los padres debemos aprender a separar estas cajas. El hecho de que mi hijo no se haya esforzado para un examen concreto o durante un trimestre entero no tiene que influir en mi afecto hacia él, en la opinión que tengo de él como persona ni en el ambiente familiar.

POTENCIAR LAS HABILIDADES POSITIVAS DEL NIÑO

Luis Rojas Marcos, prestigioso psiquiatra, reconoce que la música fue muy importante para él a lo largo de su infancia y adolescencia. Aprendió a tocar el piano cuando era pequeño y eso le sirvió para mejorar su autoestima. Se sentía muy bien tocando el piano. A pesar de que en el colegio sus calificaciones y su comportamiento no eran nada buenos, tocar el piano le sirvió de refuerzo, ya que todos lo admiraban por este hecho y para él era muy gratificante.

Una de las pautas más efectivas que podemos poner en marcha para los niños con TDAH es animarlos a que toquen algún instrumento musical. Por ejemplo, tocar la batería les suele gustar mucho, además de que para los niños hiperactivos supone un gran esfuerzo motor y requiere de altas dosis de concentración y coordinación, con lo que es un gran ejercicio. Otro aspecto positivo de la batería es que se suele tocar con otros compañeros, lo cual hace mejorar el aspecto social.

Como ya hemos comentado, no debemos castigarlo sin esta activi-dad. Ésta es la que le hace sentir bien y donde se encuentra bien consi-go mismo y con los demás. También es importante dedicar un tiempo al día a hacer algo que le guste al niño y se le dé bien, como puede ser jugar algo concreto, leer con él o echar una partida de cartas.

HÁBITOS SANOS: DIETA EQUILIBRADA, DESCANSO Y PRACTICAR ALGÚN DEPORTE

Como comentábamos antes, somos seres de hábitos y costumbres. Y como no puede ser de otra manera, en la alimentación, el descanso y la realización de un deporte es importante tener una buena regularidad.

Respecto de la alimentación, los niños con TDAH no deben hacer ninguna dieta especial a diferencia del resto de los niños. Se han nom-brado muchos tratamientos alimentarios para los niños con TDAH, pero no hay nada probado científicamente ni con resultados contundentes que lleguen a una misma conclusión. Por ello estas dietas que eliminan de raíz los azúcares no son efectivas, ya que todos los niños necesitan de azúcares.

Como explica Francisco Mora en su libro *Neuroeducación. Sólo se puede aprender aquello que se ama*, el sueño aparece como una necesidad de poder consolidar nuestros aprendizajes a lo largo del día. Sirve para for-talecer los procesos de memoria. El sueño es una de las consecuencias de la encefalización, es decir, del aumento del cerebro y más particularmente en relación con el peso del cuerpo. El ser humano tiene una encefalización de un 7 en la comparación cerebro-cuerpo; el perro tiene un 1. El sueño lo que hace es reparar el aumento de temperatura que tiene el cerebro: la baja. Estamos preprogramados para tomar una siesta porque necesita-mos un pequeño descanso para que se enfríe el cerebro y poder continuar aprendiendo. Sin la fase de sueño REM la memoria no se consolida. El sue-ño profundo que tenemos nosotros de siete u ocho horas no lo tienen los demás animales. Tiene que ver con el proceso de encefalización.

En cuanto al deporte, solamente añado que tiene efectos positivos sobre la concentración y otros síntomas del TDAH. En multitud de estu-dios se ha comprobado cómo al hacer deporte nuestro cerebro segrega dopamina y endorfinas, que son aquellos neurotransmisores que hacen que nos sintamos relajados y bien después de practicarlo. No es que el deporte sea una orientación exclusiva para los niños con TDAH, más bien es para toda la población, pero sí es importante que estos niños realicen actividades físicas regularmente. Además, favorece su aspecto social y emocional.

DESARROLLAR EL ÁMBITO SOCIAL Y ANÍMICO DEL NIÑO

Antes comentábamos que los padres deben tener cuidado para evitar que las diferentes "cajas" del niño se mezclen. Por ello, no es recomendable que un padre castigue a su hijo sin ir al cumpleaños de un amigo por haber reprobado un examen. Los padres deben favorecer que sus hijos socialicen y se relacionen con otros compañeros. Para ello, en ocasiones tendrán que organizar planes y actividades en su casa, acercarlos a determinados lugares (cines, campos de futbol, parques, centros comerciales, etcétera).

Otro aspecto importante del ámbito anímico es evitar comparaciones con hermanos/as y otros amigos. Es fácil entrar en estas comparaciones, sobre todo cuando nuestro hijo sale perdiendo en ellas, y es bastante doloroso para él.

Se ha demostrado en repetidas ocasiones que el éxito académico no predice el éxito en la vida. Esto demuestra que el ámbito escolar no es tan importante como los padres creen. Por ello abogamos por darle prioridad a la parte emocional, social y familiar. Nos encontramos con padres que, desgraciadamente, están excesivamente preocupados por los resultados académicos de sus hijos. Por lo general, el ámbito que más les preocupa, con diferencia, es el escolar.

SÉ EXPERTO EN TDAH

Los padres deben estar formados e informados sobre lo que es el TDAH. Cuando una pareja tiene un hijo con diabetes, se informa sobre cómo debe ayudar a su hijo a ser lo más autónomo posible, cómo y cuándo le debe suministrar insulina, etcétera. En el caso del TDAH, salvando la diferencia de que no es una enfermedad sino un trastorno, deben estar actualizados y al día no solamente de cómo evoluciona su hijo, sino de los últimos avances y actualizaciones en TDAH. Para todo ello, es muy interesante y reconfortante pertenecer a una asociación de padres de niños con TDAH.

También es muy interesante y reconfortante acudir a charlas sobre la temática, leer libros y artículos, etcétera. Russell Barkley, profesor de la Universidad de Carolina del Sur, ha desarrollado programas para padres que han resultado ser muy eficientes para poder trabajar con niños con TDAH. Entre ellos, destacamos Defiant Children, para niños y Your Defiant Teen, para adolescentes.

FORMAR PARTE DE UNA ASOCIACIÓN DE PERSONAS CON TDAH

El objetivo de las asociaciones de familias con niños con TDAH es mejorar la calidad y atención de los afectados por este trastorno. Para ello pretenden divulgar la realidad del TDAH y el impacto que tiene en la vida familiar, social y académica.

Para Carmen Engerman, presidenta de APDE Sierra (Asociación de Padres por la Diversidad Educativa de la Sierra de Madrid) y madre de un joven con diagnóstico de TDAH, es importante que los padres realicen lo que ella llama *profesionalización de padres*, un programa donde se forme y explique a los padres qué es el TDAH, con pautas prácticas para entender lo que es y saber manejarlo. El número de asociaciones de TDAH en España está en torno a setenta. En Madrid, las siete asociaciones que existen han fundado la Federación Madrileña de Asociaciones de TDAH (FMTDAH) para trabajar en común, entre otras cosas, en la elaboración de un protocolo de TDAH en Madrid. Para Engerman los beneficios de pertenecer a una asociación de padres son los siguientes:

- Formar parte de un grupo donde los padres se sienten identificados con las demás familias. Se dan cuenta de que al resto les pasa lo mismo que a ellos. Se relacionan con padres con los mismos miedos, preocupaciones e intereses.
- Se recibe información, orientación y apoyo en ciertas etapas, por ejemplo, justo después de haber diagnosticado a su hijo de TDAH. El hecho de poder acompañar y calmar a la familia y derivarla a un profesional que le pueda tratar es muy importante.

- Beneficiarse de asistir a congresos, jornadas y charlas sobre el TDAH para mejorar la calidad de vida de los niños con TDAH y sus familiares. Realizan talleres de habilidades sociales, inteligencia emocional, técnicas de estudio, profesionalización de padres, relajación, etcétera.

LOS PADRES SON MODELOS PARA SUS HIJOS

Siempre mantengo que debemos ser conscientes de que nuestros hijos nos miran constantemente para saber cómo y cuándo deben hacer las cosas. Somos modelos para ellos. Se fijan en nuestra forma de hablar, de hacer las cosas, de relacionarnos y hasta en cómo vestimos. Cuando los niños son pequeños tienen a sus padres prácticamente como superhéroes, capaces de llegar y hacer de todo.

El sociólogo Jonathan Crane desarrolló una teoría sobre los modelos positivos en una sociedad. Decía que todos somos partes de la sociedad: artesanos, carniceros, maestros, barrenderos, policías, comerciantes, etcétera. Decía que la sociedad sería disfuncional si el porcentaje de modelos bajara de 5 por ciento. En cambio, si el número de modelos se situara entre 5 y 40 por ciento, podíamos concluir que la sociedad o comunidad es funcional.

Les recomiendo que vean un video en Internet que tiene por título *Ellos nos ven*. Demuestra solamente a través de imágenes la influencia que tienen los padres, maestros y adultos en general sobre los niños. Somos modelos para ellos, tanto de los aspectos positivos como de los negativos.

INVERTIR EN EL FUTURO

El título de este apartado nada tiene que ver con las finanzas, pero es verdad que muchas veces hago referencia a él para explicar a los padres que lo que hagamos hoy con nuestro hijo, por mucho esfuerzo y tiempo que dediquemos, no es más que una inversión en el futuro. Veámoslo con un ejemplo.

Gonzalo es un niño de cinco años al que le cuesta mucho tiempo y esfuerzo ponerse el uniforme por las mañanas para ir al colegio. A pesar de que sus padres lo animan a que se vista solo, este momento es una auténtica pesadilla para ellos. Como Gonzalo tarda mucho tiempo en vestirse, al final son los padres los que acaban vistiéndolo para que no llegue tarde al colegio. Este hecho es contrario al concepto que quiero explicar de invertir en futuro. Gonzalo se viste solo los fines de semana, que es cuando no hay ninguna prisa por ir a los sitios. Entre semana, los padres, al vestirlo para que llegue a tiempo al colegio, están prolongando esta situación, sin dejarle repetidas experiencias de tener que vestirse sin la ayuda de sus padres. Lo ideal en este caso sería que, aunque llegue tarde al colegio, sea Gonzalo el que se vista sin tanta ayuda por parte de sus padres. Es mejor tener que levantarse cinco minutos antes para que se vista solo y vaya adquiriendo destreza en esta conducta, que sean los mayores quienes lo terminen vistiendo.

AUTOEXAMEN

Generalmente digo que la educación de nuestros hijos es el mayor reto al que nos enfrentamos en nuestra vida adulta, tanto por la exigencia y el sacrificio que supone como por el tiempo que implica. Además, la educación de nuestros pequeños nos exige, a veces, actuar en directo, es decir, dar una respuesta o hacer algo sin que tengamos la posibilidad de oprimir el botón de pausa. Es la diferencia entre ser actor de teatro y de cine.

Por éste y otros motivos, considero que es muy benéfico dedicar un tiempo, de vez en cuando, a pensar sobre nuestra labor como padres y como pareja en cuanto a la educación de nuestros hijos. Sería como hacernos una radiografía individual y de pareja, apuntando aquellas cosas que solemos hacer bien y las que debemos mejorar.

Siempre hay cosas que podemos mejorar y siempre hay muchas cosas que hacemos bien. Siempre.

JAQUE MATE

Es por todos conocido, como ya hemos visto en el capítulo de funciones ejecutivas, que los juegos de mesa, además de servir para pasar un buen momento con familiares y amigos, son fantásticos para mejorar diferentes funciones ejecutivas, como la atención y la memoria de trabajo.

Todas aquellas actividades que sean lúdicas y atractivas para los niños favorecerán la adquisición y asimilación de los aprendizajes.

Si hay algún juego que destaca por encima del resto es el ajedrez. Las variantes que tienen comparándolo con otros juegos clásicos como el dominó o las damas, son infinitas. Así lo pone de manifiesto el psiquiatra de la infancia y la adolescencia del Hospital Universitario Puerta de Hierro (Madrid), Hilario Blasco-Fontecilla, que investigó cómo afectaba un entrenamiento en ajedrez en niños con TDAH. Entre sus conclusiones destaca que en la gran mayoría de niños disminuyeron sus síntomas, que aguantaban más tiempo haciendo la tarea escolar y su competencia en matemáticas mejoraba de manera significativa. Además, señala Blasco, en poco tiempo el ajedrez será una asignatura en los colegios.

Hemos seleccionado el ajedrez como una de las actividades más completas para desarrollar de una manera lúdica la corteza prefrontal y las funciones ejecutivas, pero como ya hemos visto en el capítulo correspondiente, existen otras alternativas para potenciarlas que nos pueden servir igualmente. Nos decantaremos por una u otra en función de la edad del niño y de las preferencias que tenga.

8

Orientaciones para maestros

Los datos de niños que padecen TDAH y otras dificultades como la dislexia o la disgrafía son cada vez mayores en España. La prevalencia de este tipo de trastornos se ha disparado de una manera alarmante en los últimos años. Las instituciones educativas cada vez son más exigentes con los niños y las consecuencias las estamos sufriendo en la actualidad. Desgraciadamente, no es nada infrecuente encontrarnos con niños que tienen miedo de ir al colegio, ansiedad, dificultades de aprendizaje, etcétera. Es verdad que muchas de estas problemáticas debidas a las exigencias del sistema educativo y a la presión que ejercen los propios directivos del colegio no las pueden controlar los profesores, pero existen muchas estrategias o metodologías didácticas que los maestros pueden llevar a cabo en clase para reducir los alarmantes porcentajes de niños con dificultades que tenemos hoy en día. Por ejemplo, se ha demostrado que metodologías de aprendizaje cooperativo y el uso de las nuevas tecnologías, además de aumentar el nivel de atención y motivación del alumnado en general, reducen considerablemente las dificultades de aprendizaje.

Desde aquí quiero expresar todo mi apoyo, consideración y cariño hacia el trabajo diario del maestro. Son las personas que están al pie del cañón ayudando día a día a que sus alumnos se desarrollen en todos los aspectos. Es un trabajo que desgasta mucho, sobre todo emocionalmente hablando. La labor que hacen es muy importante para la sociedad actual y del futuro. No creo que la profesión de maestro esté reconocida en España como debiera. Envidio de manera positiva el estatus y reconocimiento que tienen los maestros en países como Finlandia. Ojalá en algún momento podamos estar a esa misma altura. Los profesores y toda la comunidad educativa se lo merecen. Por todo ello, quiero reconocer y felicitar a todos los maestros por la gran labor que realizan.

Centrándonos ahora en el TDAH, en el sistema educativo español podemos decir que los síntomas de esta patología son incompatibles con las exigencias que tiene la vida escolar. Para un niño con TDAH estar en el colegio, con todo lo que esto supone, en muchos casos se convierte en un verdadero infierno. Si nos centramos en los primeros cursos de la etapa de primaria, es decir, sobre los seis y siete años, las exigencias que tenemos en las aulas son contrarias a los síntomas típicos del TDAH. A los alumnos se les exige estar callados, atentos, trabajando y sin levantarse de su asiento. Además, esto se debe mantener así durante toda la jornada escolar, que no es corta. Dada la sintomatología que manifiestan los niños con TDAH, podemos entender que se les haga muy difícil seguir el ritmo impuesto. La consecuencia de todo esto a nivel individual es que les suelen llamar la atención constantemente por su comportamiento o por su falta de trabajo y además suelen tener malas calificaciones en trabajos y exámenes. Además, el nivel de sufrimiento y frustración que conlleva este día a día es bastante significativo. Por ello, en el presente capítulo se ofrecen algunas orientaciones para el profesorado que sirvan como ideas para poner en marcha en sus clases. No son pautas que se tengan que llevar a cabo de manera obligatoria y rígida, sino, más bien, ideas que se pueden implementar en algunos momentos a criterio del profesor.

REALIZAR DESCANSOS CEREBRALES FRECUENTEMENTE

A lo largo de la jornada escolar es importante que las actividades sean lo más variadas posible. Además, entre cada una de ellas, debemos hacer breves pausas para que los alumnos puedan descansar. Cuanto más movimiento introduzcamos en los descansos o pausas, mejor. Esto no es sólo aplicable a los niños con TDAH, sino que es muy positivo para la clase entera. Si cada cierto tiempo que los alumnos están haciendo tareas escolares no los dejamos que se muevan, la alerta atencional del chico bajará considerablemente, sobre todo en los niños con TDAH. Como veremos en el capítulo de neuroeducación, necesitamos activar la amígdala para continuar prestando atención. Niveles bajos o excesivamente altos de activación de la amígdala tienen como consecuencia una dificultad en el aprendizaje.

Si queremos que un alumno esté concentrado durante una sesión normal de clase (de cuarenta y cinco a cincuenta minutos), debemos hacer las clases y actividades dinámicas, proponiendo diferentes tareas que impliquen movimiento y oxigenación. Lo ideal es que cada clase, independientemente de la asignatura que sea, se divida en dos partes: una primera donde el profesor explica en diez y quince minutos los conceptos básicos de la clase de hoy y el resto de la clase se dedica a experimentar y hacer ejercicios prácticos. No debemos olvidar que el cerebro aprende haciendo, es decir, a través del movimiento.

Desgraciadamente, las dinámicas y actividades que se proponen en clase habitualmente no suelen favorecer que los niños se muevan. Estos descansos cerebrales son efectivos incluso cuando duran unos segundos o como mucho un par de minutos. Algunas tareas sencillas que pueden servir para que el cerebro de los niños se tome un descanso son:

- Patalear con todas nuestras fuerzas mientras estamos sentados durante 15-20 segundos.
- Levantarnos y dar abrazos o chocar las manos con los compañeros que nos encontremos mientras caminamos por la clase durante un par de minutos.
- Jugar a "Simón dice".
- Hacer un ejercicio de equilibrio o estiramiento durante unos veinte o treinta segundos.
- El baile absurdo: el profesor pone una canción y los alumnos bailan de la manera más graciosa y extravagante que se les ocurra.
- Hacerles a los alumnos algún truco de magia: la magia cumple con dos de los principios que favorecen la atención (los de incertidumbre y de gamificación).
- Jugar a piedra, papel o tijera con el compañero de banca.
- Dibujar la cara de su compañero de banca sin mirar el papel.
- Sigue el ritmo: los alumnos deben seguir el ritmo de una secuencia de palmadas dadas por el profesor o por un compañero.

Cualquiera de estas actividades, o las que se les puedan ocurrir, hacen que nuestro cerebro se oxigene y esté más receptivo al aprendizaje posterior. En caso contrario, o el alumno está muy motivado con la clase o será muy difícil que esté concentrado tanto tiempo. Lo mismo ocurre en el caso de los adultos.

TODOS LOS ALUMNOS SON IMPORTANTES

Todos los niños que forman parte de una clase deben sentirse importantes de la misma manera. Para ello se pueden hacer muchas dinámicas para que se conozcan, en caso de que haya alumnos nuevos o mezclas de grupos. Entre todos los integrantes de la clase pueden hacer un mural con las normas que se comprometen a llevar a cabo. Dichas normas han de ser consensuadas, dialogadas y aprobadas por la mayoría de niños, siempre con la supervisión e intervención del tutor/a.

Entre todos los alumnos se determinarán los responsables de algunas tareas como borrar el pizarrón al finalizar cada clase, pasar lista con la supervisión del profesor por la mañana, llevar a la oficina correspondiente el listado de alumnos que se queden a comer en el colegio, apuntar las tareas en el corcho de clase, etcétera. Estos responsables pueden ir rotando cada semana o mensualmente. El hecho de tener responsables favorece la autoestima de los chicos así como el espíritu de grupo o clase. Los hace sentirse importantes.

Un aspecto esencial es que nuestros alumnos evalúen tanto nuestra actividad docente como la tarea realizada. Para ello, podemos plantear la siguiente gráfica para que determinen lo que han aprendido en esta unidad y lo divertido o aburrido que ha sido el tema.

Un aspecto que me parece clave en el ámbito académico de cualquier niño es la relación con el profesorado en general, y con el tutor y psicopedagogo en particular. Es básico que el niño, independientemente de que tenga alguna patología o dificultad, se sienta querido, escuchado y entendido por sus profesores. Centrándonos en los chicos con dificultades de aprendizaje o con TDAH, es muy importante que los profesores, pero sobre todo el tutor y el psicopedagogo que trabajan de una manera más estrecha con ellos, se muestren cercanos para que el niño con TDAH sepa que están ahí para ayudarle. Por eso, también es conveniente que sobre todo estas dos figuras hablen con el niño de muchas otras cosas además de la parte académica, como pueden ser sus hobbies, sus intereses profesionales (en niños más mayores), cómo se encuentran y sienten en clase y en casa, si hay algo que les preocupe, etcétera. En definitiva, que sepan que pueden contar con ellos en cualquier momento y no sólo para cuestiones escolares. Un solo profesor puede encauzar y redirigir la trayectoria académica de un alumno con dificultades. Seamos conscientes de la gran influencia que tiene un buen profesor.

Dado que cada vez nos encontramos con más alumnos en las aulas que tienen dificultades, del tipo que sea, les propongo un cuento que ilustra de una manera muy sencilla y gráfica la diversidad. Se puede aplicar tanto para niños con TDAH como con dificultades de aprendizaje, discapacidades, autismo, etcétera. El cuento se llama "Por cuatro esquinitas de nada" y sería aplicable tanto para la etapa preescolar como para los primeros cursos de primaria. Otro cuento que es muy útil para explicar a niños pequeños la discapacidad es "El cazo de Lorenzo".

Hoy en día existen multitud de aplicaciones y dispositivos para favorecer la cohesión de grupo y aumentar la motivación de los alumnos en clase. Un ejemplo de esto lo constituye la aplicación Class Dojo, con la cual el profesor puede configurar a su gusto un sistema para reforzar determinados comportamientos de sus alumnos en clase. Una vez configurado, asigna puntos a cada alumno por la consecución de objetivos o por la realización de determinadas conductas, como puede ser haber terminado la ficha a tiempo, haber realizado la tarea, etcétera. Además, una de las ventajas de esta aplicación es que los puntos que adjudica el profesor a cada alumno le llegan al instante a los padres, siempre y cuando el profesor quiera que así sea (también se puede configurar como un sistema de economía de fichas interno sin que les llegue a los padres). A medida que los niños van acumulando puntos, éstos se pueden canjear por diferentes premios. Es un programa altamente atractivo y motivante para los niños.

REALIZAR UN BUEN SEGUIMIENTO DEL NIÑO CON TDAH

Para que el niño con TDAH vaya consiguiendo los diferentes objetivos que se plantean en el colegio es necesario que el tutor esté comprometido con el alumno y haga un buen seguimiento de él. Dado que los chicos con TDAH tienen serias dificultades en la planificación de sus tareas, es importante que el tutor en el colegio y los padres en casa asuman estas funciones. El control que el niño con TDAH no posee, lo tiene que imponer el adulto.

Con el objetivo de conseguir esto, el tutor debe prestar especial atención a la agenda del niño, y debe coordinarse de manera efectiva con el resto de profesores que le dan clase, así como con el departamento de orientación. Además, un porcentaje elevado de niños con TDAH y dificultades de aprendizaje por las tardes acude a clases de refuerzo, programas de intervención o consultas psicopedagógicas o psicológicas. Es de vital importancia que el tutor esté coordinado con todos los profesionales externos que controlan y siguen, en sus diferentes ámbitos, al niño con dificultades escolares. En caso de que esto no sea posible, serán los padres los encargados de informar al tutor y al resto de profesores de las novedades que haya en los demás ámbitos. Ejemplos importantes de esto que estamos comentando son el recibir el alta de un tratamiento psicológico, pautas por parte del psicopedagogo externo o un cambio en la medicación del niño. En caso de que el niño tenga profesor particular, también resulta útil y provechoso poder hablar con él, al menos una vez al trimestre.

HACER UN BUEN USO DE LA AGENDA

El uso de la agenda es fundamental en el ámbito escolar para los niños en general, y en particular para los chicos con TDAH. Dada la gran cantidad de información que se maneja en un centro educativo, hoy en día es clave su uso. En ella, los chicos apuntan los controles que tienen, las fechas de entrega de trabajos, las tareas, excursiones, etcétera. Además, la agenda tiene la importante función de ayudar a los niños a planificarse. También sirve de medio de comunicación entre los padres y el centro educativo, especialmente con el tutor. Por lo tanto, podríamos resumir que las funciones básicas de una agenda son:

- Registro de tareas, exámenes y eventos importantes.
- Favorecer la planificación.
- Sirve como medio de comunicación entre la familia y el colegio.
- Supervisión de tareas.

El buen uso de la agenda permite que los padres estén al tanto de la vida escolar de su hijo (fechas importantes, actividades extraescolares, excursiones, etcétera). También sirve para concretar tutorías. En ocasiones, dadas las dificultades de los niños con TDAH para planificarse, es recomendable que estos chicos tengan un compañero responsable que les ayude y supervise que el niño anote todo en la agenda.

Como todo elemento, su mal uso tiene una serie de consecuencias negativas. En ocasiones nos encontramos en las agendas con notas de los profesores para casa o de las familias para el profesor que no benefician en nada al alumno. Tenemos que ser conscientes de que la agenda es un instrumento que utiliza el alumno y por tanto lee. A veces los comentarios que aparecen en ellas no benefician en nada a los chicos con TDAH o con alguna dificultad en la escuela. Comentarios de profesores describiendo los síntomas del niño con TDAH ("no se está quieto", "es muy impulsivo" o "no atiende en clase") no aportan nada a la familia y mucho menos al propio niño. Es más, si en algo influyen, lo hacen en sentido negativo para su autoestima y motivación. En otras ocasiones, nos encontramos con notas en la agenda que provienen de los padres y que tampoco ayudan al niño (excusando al niño y sobreprotegiéndolo). A continuación aparece un ejemplo real de lo que estamos comentando.

Buenos días, Nacho no ha traído ni el libro ni el cuaderno ni el libro de matemáticas. Siempre le falta algo y no me parece el enfoque adecuado para clase.

SITUARNOS EN LA ZONA DE DESARROLLO PRÓXIMO DEL NIÑO

Como señalaba Lev Vygotski, psicólogo ruso que estudió en profundidad el desarrollo evolutivo, el profesor debe proponer objetivos a sus alumnos que se encuentren dentro de lo que él denominaba la *zona de desarrollo próximo*, es decir, aquel objetivo que el niño puede alcanzar por sí solo pero con esfuerzo y sacrificio. Si el objetivo que le pone el maestro está en la zona de desarrollo real (aquellas tareas que ya domina el niño), no conseguiremos desarrollar su autonomía ni su capacidad de esfuerzo, y nos estaremos comportando de modo sobreprotector. En cambio, si los objetivos que proponemos están fuera del alcance del niño, estaremos en la zona de desarrollo potencial, y salvo que un adulto o un compañero experto le ayuden, el niño no alcanzará su meta. Es como si echamos una carrera a un caracol (zona de desarrollo real) o a Usain Bolt (zona de desarrollo potencial). Debemos buscar objetivos que sean alcanzables para cada uno de nuestros alumnos. Es recomendable que, como maestros, les exijamos hasta donde puedan llegar, sin bajar la exigencia proponiendo metas realistas.

REALIZAR UNA BUENA ORIENTACIÓN ACADÉMICA Y PROFESIONAL

La orientación empieza en el tutor. Él es el primer agente que participa en la orientación. Gracias a sus consejos y pautas, el niño con TDAH puede ir salvando los diferentes obstáculos que se vaya encontrando a lo largo del curso.

Además de la labor del tutor, otro profesional de importancia para los chicos con dificultades de aprendizaje es el orientador o psicopedagogo del centro. El orientador le ayudará a planificarse, a mejorar las funciones ejecutivas, en las técnicas de estudio, aumentar su motivación, etcétera. Además, el orientador debe ayudar al alumno a tomar decisiones respecto a su futuro académico y profesional. El orientador le dará información sobre las diferentes vías y salidas una vez que acabe la enseñanza secundaria obligatoria en España: bachillerato, formación profesional básica o superior (una vez que tengan cursado el bachillerato), estudios universitarios, etcétera. Muchos chicos con TDAH, al haber sufrido durante muchos años el ambiente escolar exigente, deciden cursar formación profesional por su contenido práctico y más dirigido al ámbito laboral. Otros tienen muy claro que quieren seguir cursando bachillerato para poder acceder a los estudios universitarios.

Para aquellos alumnos que llegan a bachillerato y se presentan a la PAU (Prueba de Acceso a la Universidad) es importante que el departamento de orientación esté muy implicado en realizar un informe para que los examinadores de la PAU estén al tanto de las dificultades del alumno y puedan estar pendientes de él mientras realiza los diferentes exámenes. En este aspecto, tenemos que seguir luchando para conseguir mejores condiciones para los chicos con TDAH.

RECIBIR FORMACIÓN SOBRE EL TDAH

Aunque el profesorado no tiene por qué ser especialista en las diferentes dificultades de aprendizaje y patologías de la infancia, sí resulta necesario que tengan una formación básica en ellas. Como ya hemos mencionado, en la actualidad nos encontramos en la aulas con diferentes problemáticas que han de ser abordadas: autismo, discapacidad intelectual, dislexia, problemáticas emocionales y, cómo no, TDAH. La labor del profesor es esencial en la detección temprana de estos trastornos, ya que son los que dan la voz de alarma de que algo le pasa al niño. Uno de los ámbitos donde los síntomas y problemáticas se van a manifestar es en la escuela. Por todo ello, considero que es más que necesario que los profesores estén formados para intervenir en este tipo de problemáticas y dificultades. Es muy importante que desde los colegios les den herramientas para poder "levantar la liebre". Sabemos que cuanto antes detectemos las dificultades de un niño, éste será evaluado, diagnosticado y tendrá mejor pronóstico. La función de un maestro no es la de diagnosticar, pero sí tienen una importante función en la detección. Una vez que el maestro percibe ciertas actitudes sospechosas en un niño, deberá avisar al tutor, departamento de orientación y, por supuesto, a sus padres.

Además de los programas de entrenamiento para niños con TDAH, como pueden ser los de funciones ejecutivas o habilidades sociales, también existe una serie de programas de especialización para profesores y profesionales. En éstos se les explica a los maestros qué es el TDAH, con qué síntomas se presenta, cómo trabajar con esos niños, modificación de conducta, autoinstrucciones, etcétera. Por ejemplo, se les enseña a los profesores a realizar correctas atribuciones de las conductas de los niños con TDAH: no es que quieran tomarle el pelo al profesor, sino que tiene una dificultad.

NO CASTIGAR AL NIÑO SIN RECREO

Uno de los aspectos que consideran básico la gran mayoría de profesionales y expertos en TDAH es no dejar a un niño sin recreo por su comportamiento o actitud. Siempre encontraremos otras alternativas para sancionar la conducta del niño que no sea dejarlo sin recreo. Los patios suponen un momento muy importante para todos los niños en general, y en particular para los chicos con TDAH. Es su momento de diversión, de juego y de expansión. Además, en ellos se desarrolla el aspecto relacional, social y afectivo del niño con TDAH y somos conscientes de que en estos ámbitos suelen tener dificultades.

MOTIVAR AL NIÑO Y CUIDAR NUESTRA RELACIÓN CON ÉL

Uno de los objetivos básicos que tiene un profesor es cuidar de sus alumnos en todos los aspectos. En los casos de niños con dificultades, como el TDAH, debemos cuidar mucho la relación de confianza que tenemos con el pequeño. El hecho de que el niño vea y sienta que su profesor confía en él y que está para ayudarle en todos los aspectos que necesite es básico para un correcto desarrollo de la persona. En psicoterapia se ha podido demostrar en varios estudios que la variable que tiene mayor peso para que una terapia tenga éxito es la relación paciente-terapeuta, es decir, el vínculo entre ellos. Estableciendo este paralelismo en el ámbito escolar, podemos decir que la clave del éxito de todos los niños, y con mayor motivo de los que tienen algún tipo de dificultad, es la relación que el tutor establece con sus alumnos.

Es importante que el profesor dedique tiempo a estrechar lazos con sus alumnos hablando de otras cosas que no sean sólo los estudios y la vida estrictamente académica. En muchas ocasiones comentar acerca de sus hobbies, como el futbol, la música, sus ídolos, etcétera, puede ser muy importante para ellos.

El hecho de que el profesor se muestre cercano y sensible a las dificultades del niño no quiere decir que lo sobreproteja o no tome decisiones cuando su actitud o comportamiento no sean los adecuados. Un profesor debe actuar, como se dice habitualmente, "con mano de hierro en guante de terciopelo". Esto quiere decir que el adulto deberá tomar decisiones en relación con el alumno con firmeza y seguridad (consecuencias, castigos, etcétera), pero siempre aplicándolos de manera que respete al alumno y éste se sienta apoyado y comprendido. No respondemos con rotundidad por no saber qué hacer, sino por marcarle límites bien establecidos al niño.

Veamos el siguiente ejemplo. Joaquín es un niño de nueve años que tiene TDAH. En la clase de educación física, Joaquín se ha negado a realizar un determinado ejercicio que había propuesto el profesor para que hiciera toda la clase. Éste, al ver que Joaquín se niega a hacer el ejercicio, decide ponerle una consecuencia y se mantiene firme. El hecho de que en ese momento el alumno lo piense mejor o siga sin querer hacer el ejercicio poco depende del profesor, que ya ha actuado poniendo una consecuencia a la negativa del alumno. Lo que sí es verdaderamente importante es que, al finalizar la clase, el profesor se acerque a Joaquín para hablar de lo ocurrido. La idea es empatizar con el niño, entenderlo aunque manteniéndonos firme en lo decidido anteriormente. El objetivo de esta segunda parte de la intervención es que el niño, aunque esté irascible por haber sido castigado, vea que su profesor se preocupa por él.

Para aumentar la autoestima y el autoconcepto del niño con TDAH, podemos dejarle que, de vez en cuando, realice alguna actividad que se le dé bien y en la que pueda destacar. Por ejemplo, un día puntual se le puede permitir al niño que organice un taller de cocina en clase, donde todos los compañeros harán una receta sencilla.

Otro aspecto que debemos tomar en cuenta es que algunos chicos con TDAH, sobre todo en la etapa adolescente, pueden reaccionar muy mal si les llamamos la atención delante de sus compañeros en clase. Podemos conseguir el objetivo contrario al que buscamos. Por este motivo, es conveniente no llamarle la atención delante de todos, si sabemos que el alumno puede reaccionar así, y salir de clase a hablar con él un par de minutos. Sería conveniente que, al finalizar la clase, volviera a hablar con el alumno.

ENTENDER Y RESPETAR QUE NECESITA MAYOR MOVIMIENTO QUE LOS DEMÁS

Una de las características que comparten muchos de los niños con TDAH es que necesitan mayor movimiento y actividad que el resto de compañeros de clase. Por ello, los profesores deben permitirle que se levante más a menudo, ya que es una necesidad. Algunas de las estrategias que podemos poner en marcha para hacer que los niños con este perfil tengan un mayor movimiento es darles alguna tarea de responsabilidad, como ser el ayudante de la profesora, borrar el pizarrón o pasar lista.

UBICACIÓN DEL NIÑO CON TDAH EN EL AULA

El lugar que ocupan los niños en clase es fundamental, sobre todo en algunos casos. Es verdad que la gran mayoría de padres quieren que sus hijos se sienten en primera fila para poder atender de cerca al profesor y ver el pizarrón sin problemas. En la práctica, no es posible que el maestro ponga a todos sus alumnos delante. ¿Y entonces a quién pone? La verdad es que no es nada sencillo componer correctamente este rompecabezas que se les presenta a los profesores cada cierto tiempo cuando tienen que cambiar a los alumnos de sitio. Aun así, es recomendable, en la medida de lo posible, que los alumnos con necesidades educativas especiales, trastornos del aprendizaje o TDAH se sienten en las primeras filas. De esta manera, estarán más atentos al profesor.

En diversos estudios se ha podido demostrar que aquellas personas que se sientan en las primeras filas de una conferencia o taller prestan mayor atención al ponente y aprenden más que aquellas que están al final de la sala de conferencias. El motivo es la cercanía con el ponente o profesor y el contacto visual con él.

En caso de que no sea posible que el alumno con TDAH esté en las primeras filas, se pueden idear diversas estrategias para que retome su atención en nosotros. Una de las más sencillas consiste en tocarle el hombro suavemente al pasar al lado de él. Este acto puede ser espontáneo por nuestra parte o bien pactado con él. Le podemos explicar que, a partir de ahora, cada vez que lo veamos distraído, al pasar cerca de su banca, le tocaremos el hombro o pondremos nuestra mano sobre su mesa.

ASIGNARLES UN COMPAÑERO QUE LE AYUDE

Una de las estrategias más efectivas para favorecer su atención y organización en clase consiste en asignar al niño con TDAH un compañero/a que le ayude en actividades como apuntar las tareas en la agenda. Este compañero hará las funciones de la corteza prefrontal (funciones ejecutivas) del niño con TDAH.

REDUCIR LA CARGA DE TAREAS ESCOLARES

Un aspecto básico para los niños que tienen dificultades de aprendizaje o TDAH es reducir considerablemente las tareas que llevan por la tarde a casa. Dadas las dificultades que tienen, no es infrecuente encontrarnos con que siguen haciendo sus tareas escolares hasta altas horas de la noche y aún no las han acabado. Por ello es muy importante reducir la carga de tareas que llevan a casa.

Se queda por terminar la página 27, a las 23:00 h. Le mandamos a la cama. Un saludo Raquel

Una de las estrategias que puede servir para poner en marcha esta idea que comentamos es establecer una tabla que indique las materias para las que se pueden poner tareas según qué días. A modo de ejemplo, a continuación incluimos un comunicado del departamento de orientación a los profesores de un alumno de 6° de primaria con TDAH para evitar el exceso de tareas escolares.

DEPARTAMENTO DE ORIENTACIÓN
DE: Departamento de Orientación
A: Todos los profesores de Juan Pérez (6° A)
FECHA: 01/10/14
ASUNTO: Tareas de Juan Pérez

El Departamento de Orientación, junto con la tutora de 6° A, han decidido que a partir del próximo lunes 6 de octubre se tenga especial cuidado en las tareas que se le mandan al alumno Juan Pérez.

El motivo de esta reducción en las tareas de casa es evitar frustrar al alumno con tanto trabajo y conseguir que poco a poco vaya aumentando su autoestima en cuanto al área académica se refiere. Es por ello que se ha decidido, con la aprobación de la familia y la psicóloga externa que lo trata, reducir considerablemente las tareas que se le mandan. Para ello estableceremos que cada día recibirá exclusivamente tareas de dos materias, procurando que no superen los 30 minutos de ejercicios en cada una de ellas.

Los días asignados para mandar tareas de sus respectivas materias son:

- Lunes: MATEMÁTICAS y CIENCIAS NATURALES
- Martes: CIENCIAS SOCIALES e INGLÉS
- Miércoles: MATEMÁTICAS y LENGUA
- Jueves: CIENCIAS NATURALES e INGLÉS
- Viernes: CIENCIAS SOCIALES y LENGUA

Es importante que todos los profesores actuemos coordinados y cumplamos las normas aquí expuestas con el fin de que consigamos unos resultados óptimos en Juan.

Sería aconsejable que, para que Juan se pueda centrar lo máximo en la materia y evite perder tiempo de forma innecesaria, le mandemos tareas sin copiar los enunciados. Las tareas no deben sobrepasar los 30 minutos por asignatura, por lo que el total de tareas diario no debe superar, en ningún caso, la hora. Juan, al igual que el resto de sus compañeros, tendrá que copiar las tareas en su agenda.

Además de esta medida que se pondrá en marcha el próximo lunes, es importante que sepan que hoy ha comenzado a tomar una nueva medicación (*Strattera 18 mg*) y pronto formará parte del equipo de futbol de salón del colegio, medidas que creemos que serán muy benéficas para Juan.

Muchas gracias a todos por su colaboración.

Otra sugerencia importante que puede favorecer a los alumnos con dificultades de planificación y de atención es que las tareas se deben indicar al comienzo de la clase, cuando el alumno tiene su atención a un nivel óptimo, y no cuando la clase acaba. Al finalizar la clase, el alumno está más desconcentrado y con ganas de irse al recreo. Esta manera de proceder exige a los profesores que se organicen muy bien para dar las tareas al comienzo de la sesión. Puede ser una pauta que se haga para toda la clase y no sólo para los alumnos con TDAH.

AYUDARLES A MEJORAR Y POTENCIAR SU ATENCIÓN

Dado que a lo largo del presente libro hemos hablado en profundidad sobre la atención, en este capítulo mencionaremos de manera esquemática algunas ideas y estrategias para tener en cuenta a la hora de favorecer la atención de nuestros alumnos con TDAH:

- El profesor se debe mover por el aula, favoreciendo que sus alumnos estén activos y participen en la clase.
- Preguntar a los alumnos con TDAH para comprobar que siguen la clase y comprenden los conceptos explicados (nunca haciéndoles preguntas para tomarlos desprevenidos ni dejándolos en ridículo).

- El profesor debe modular su voz para favorecer la atención, evitando un discurso monótono y aburrido.
- Los silencios son clave y muy benéficos mientras explicamos algún concepto importante.
- Poner ejemplos que sean atractivos o generen curiosidad en el alumno. Para poder hacer bien esto, debemos partir de lo que les motiva a los alumnos.
- Presentar los conceptos teóricos de la clase en los primeros minutos, ya que es cuando están más relajados y atentos.
- Reforzar al niño cuando esté atento y no castigarlo cuando no lo está. Cuando el comportamiento sea negativo, apliquen la técnica de tiempo fuera de reforzamiento.
- Permitirles moverse.
- Si se distrae: acercarse y tocarle el hombro, mantener frecuente contacto visual con él, dirigirnos a él mientras explicamos, hacer que participe con preguntas que se sepa o sean relativamente sencillas.
- Grandes dosis de paciencia y cariño.
- Dirigirnos al alumno por su nombre y con mensajes escuetos y directos.
- Intentar inculcar la curiosidad por el aprendizaje.
- Si un niño le explica a otro algún concepto, tiene mayor incidencia que si se lo explica el profesor. Con ello se favorece el aprendizaje cooperativo.

PLANTEAR ACTIVIDADES CONTEXTUALIZADAS

Uno de los motivos que alegan los alumnos de secundaria para explicar su escasa motivación en los estudios y en ir al colegio/bachillerato es la poca o escasa utilidad práctica de algunos conceptos que les hacemos estudiar. Muchas veces se preguntan qué sentido práctico tiene para ellos el saber hacer una derivada o aprenderse de memoria los reyes visigodos. Si nos centramos en niños de preescolar, ¿qué sentido tiene que un niño esté treinta minutos amarrándose y desamarrándose las agujetas? Y en parte tienen razón, ya que muchas de las tareas y actividades que les presentamos a nuestros alumnos están descontextualizadas. Si planteamos una serie de tareas que tengan un sentido práctico, que obliguen a un pensamiento crítico, eso tendrá como resultado mayor aprendizaje y mayor satisfacción para el alumno. Por ello es recomendable el planteamiento de tareas contextualizadas.

Volvamos al ejemplo del niño de cinco años que está aprendiendo a amarrarse las agujetas. En vez de estar repitiendo esta actividad en presencia de sus padres durante quince o veinte minutos, ¿no será más efectivo si se amarra las agujetas cuando vayamos a algún lugar? En vez de hacer práctica masiva, hagámosla con un sentido. Que aprenda a amarrarse las agujetas cuando tengamos que salir de casa y que se las desamarre cuando lleguemos. Este aprendizaje es más potente porque tiene un sentido y está contextualizado.

¿Qué podemos hacer en el caso de los niños de primeros cursos de primaria que están aprendiendo a sumar y a restar? En vez de estar haciendo interminables listados de sumas y restas completamente descontextualizados, ¿qué les parece la siguiente idea?: proponer a la clase que para determinado día traigan al colegio objetos pequeños. Llegado ese día, la mitad de la clase serán los vendedores de esos objetos y la otra mitad los compradores. De esta manera sencilla hemos creado un mercado donde favorecemos el juego simbólico y el aprendizaje de una destreza contextualizada para trabajar el cálculo matemático. Además, si nos les decimos para qué son los objetos que les hemos pedido que traigan, estamos activando el principio de incertidumbre.

ADAPTAR LOS EJERCICIOS Y LOS EXÁMENES DEL NIÑO CON TDAH

Con el tiempo, más maestros se han convencido de que no se puede hacer una evaluación de una asignatura con base en un examen que se lleva a cabo al final del trimestre. En detrimento de este tipo de evaluación, cada vez es más común que se haga lo que se conoce como *evaluación continua*, en donde el alumno es evaluado a lo largo de todo el trimestre, si hablamos de la etapa escolar, o de todo el cuatrimestre, si nos referimos al ámbito universitario. En este tipo de evaluación se tendrá en cuenta la implicación del alumno, las diferentes pruebas y exámenes que haga, el trabajo diario y la realización de trabajos tanto individuales como grupales. El concepto de evaluación final está obsoleto. Muchos de los niños que tienen dificultades de aprendizaje necesitan adaptaciones a la hora de hacer los trabajos y los exámenes. En España, según la Ley Orgánica 8/2013, del 9 de diciembre, para la mejora de la ley educativa LOMCE, se establece una serie de medidas para la evaluación de alumnos a los que se ha diagnosticado dislexia, trastornos específicos del aprendizaje y TDAH desde la etapa de primaria hasta la etapa de bachillerato. A continuación se describen las medidas que podemos poner en marcha desde el colegio en caso de tener un alumno con alguna de las dificultades comentadas anteriormente:

- *Adaptación del tiempo de examen*: el alumno con TDAH podrá disponer de un máximo de 35 por ciento más del tiempo que se dedique a un examen. Por ejemplo, en caso de que un examen dure una hora, el alumno con TDAH podrá disponer de hasta una hora y veinte minutos para realizar el examen.
- *Adaptación del modelo del examen*:

  o En caso de que así lo considere el profesor de la materia, se podrá adaptar el tipo y el tamaño de la letra del examen.
  o Los niños con TDAH pueden disponer de hojas en blanco para favorecer sus cálculos matemáticos, esquemas, organización, etcétera.

- *Adaptación de la evaluación*: el profesor puede utilizar diferentes formatos para realizarle la evaluación al alumno con TDAH, como pueden ser las pruebas orales, ejercicios de respuesta múltiple, dividir el examen en dos días, etcétera.
- *Facilidades técnicas*: el profesor puede hacer una lectura en voz alta al alumno con TDAH de las diferentes preguntas que componen el examen.
- *Facilidades en las adaptaciones de los espacios*: el alumno podrá hacer el examen en un aula separada del resto de compañeros de clase.

Además de estas medidas que presenta la LOMCE como aplicables a la evaluación de los niños con TDAH y otras dificultades de aprendizaje, se añaden algunas otras ideas complementarias para la adaptación flexible de la evaluación de estos niños:

- Es recomendable que, además de que el profesor lea en voz alta las diferentes preguntas que componen el examen, esté pendiente y atento de cómo va el alumno con TDAH en el examen.
- En caso de que un ejercicio tenga dos o más apartados (a y b), es recomendable dejar un espacio entre ellos para que el alumno con TDAH no se olvide de responder a la pregunta *b*) como aparece en la siguiente imagen.

PROBLEMA DE MATEMÁTICAS

Juan tiene 2 pesos y María tiene 5 pesos.
a) ¿Cuántos pesos suman entre los dos? b) ¿Cuántos pesos tiene María más que Juan?

PROBLEMA DE MATEMÁTICAS

Juan tiene 2 pesos y María tiene 5 pesos.
a) ¿Cuántos pesos suman entre los dos?

b) ¿Cuántos pesos tiene María más que Juan?

- Una opción muy recomendable, como señala José Ángel Alda, jefe de Sección de Psiquiatría Infantil del Hospital Sant Joan de Déu de Barcelona, es hacerles exámenes orales.
- Los exámenes se deberían programar, siempre y cuando sea posible, a primera hora de la mañana. El motivo es que los niños están frescos, descansados y más atentos a estas horas que después de comer.

- La corrección debe ser lo más rápida posible para cumplir el requisito de la contigüidad. El *feedback* por parte del profesor es muy importante y cuanto antes llegue, más efectivo será. También es recomendable que el profesor haga algún comentario escrito constructivo en el examen para que lo vea el alumno cuando le entregue la corrección.

Debemos tener en cuenta que el objetivo principal de la evaluación es comprobar que el alumno ha adquirido los conocimientos. Por este motivo, si sabemos que una manera concreta de evaluar (oral, escrito, examen dividido en dos días) puede favorecer que el alumno con TDAH exprese y demuestre todo el conocimiento que ha adquirido, debemos ayudarlo adaptándonos a él.

Como conclusión, debemos tener en cuenta que las adaptaciones no significativas que hagamos a los alumnos con TDAH corresponden al propio colegio, sin que sea necesario el dictamen del Equipo de Orientación Educativa y Psicopedagógica (EOEP), en el caso de España. Debemos poner las medidas de evaluación en marcha cuando creamos que pueden ser benéficas para el alumno y para su escolarización. En algunas ocasiones, se ponen en marcha en un momento puntual de la escolaridad del alumno (un trimestre o curso escolar completo) y en otras son medidas que se mantienen a lo largo de toda la escolaridad obligatoria del niño.

LA REPETICIÓN DE CURSO EN LOS NIÑOS CON TDAH

En todos los casos, la posible repetición de curso de un alumno es un aspecto delicado que debemos valorar los docentes con sumo cuidado. En la reunión que se establezca para determinar si el alumno va a repetir o no, deben estar presentes todos los profesores del alumno, el tutor y el departamento de orientación. Además, el tutor debe llevar a la junta la opinión de la familia respecto a la posibilidad de la repetición. Con todos estos agentes educadores, debemos tener en cuenta los aspectos positivos y negativos de la repetición y cómo afectarían en los ámbitos social, académico y ánimico del niño.

Además, si estamos hablando de la posible repetición de un niño con TDAH, la situación puede ser más delicada aún. Debemos tener especial cuidado con la repetición de curso en los niños con TDAH, ya que suele ser un factor de riesgo para sus relaciones sociales. Aproximadamente un 70 por ciento de los niños con TDAH que repite, lo vuelve a hacer en una segunda ocasión. Además, la repetición de curso no suele solucionar los problemas del niño con TDAH, sobre todo si no se han puesto medidas antes. Esto suele afectar mucho a la autoestima y motivación del niño. Sin embargo, no podemos establecer generalizaciones con este tema. En otras ocasiones, el desfase curricular es tan grande que conviene que repita el niño. Aquí el consejo y la intervención del departamento de orientación es fundamental para poder tomar una decisión correcta. Como conclusión, el tema de la repetición o no de un alumno con TDAH es una decisión que se debe considerar teniendo en cuenta muchos factores y ámbitos, y no solamente el aspecto académico.

9

El ámbito socioemocional del niño con TDAH

IMPORTANCIA DE LOS ASPECTOS SOCIALES Y EMOCIONALES

El motivo por el que dedicamos un capítulo entero a hablar y desarrollar el ámbito socioemocional del niño con TDAH se debe a que se trata de uno de los aspectos menos abordados por los padres y maestros en general. Es verdad que existen padres y maestros realmente implicados y conscientes de que el aspecto socioemocional es básico en el desarrollo integral de los niños, pero desgraciadamente no es la tónica general. De ahí que se plantee este capítulo para describir las dificultades que pueden tener los niños con TDAH en este ámbito y cómo podemos fomentar un mejor desarrollo socioafectivo.

En nuestra sociedad existe una importante presión hacia nuestros niños en todo lo que tiene que ver con lo académico. No es infrecuente que los niños tengan como tareas interminables listas de problemas matemáticos, esquemas de ciencias naturales, ejercicios de lengua... ¿Y cuándo juegan estos niños? Sin lugar a dudas, en mi opinión, estamos dándole demasiada importancia al ámbito académico y negándole un espacio valiosísimo al juego. Si le dedicamos más horas a todo lo que tiene que ver con el colegio, le estamos quitando tiempo a otras facetas de la vida que son, por lo menos, igual de importantes. Desde diferentes perspectivas (sistema educativo, colegios, maestros, padres, etcétera) tendemos a ser muy exigentes con el rendimiento y el tiempo que dedican nuestros niños en el colegio y a tareas relacionadas con él. Y como no hay tiempo para todo, ni siquiera para jugar por las tardes en casa, se lo quitamos a la educación social y emocional. En el caso de los niños con TDAH que necesitan aún mayor tiempo para hacer sus tareas, esta situación es, si cabe, más caótica. Todo esto acaba desembocando en una gran cantidad de niños con baja autoestima. ¿Cómo nos sentiríamos nosotros si en nuestro trabajo nos estuvieran criticando constantemente por no hacer bien una serie de tareas que son inalcanzables para nosotros? Es así como se siente un niño con TDAH todos los días. Constantemente le están exigiendo una serie de tareas que no puede hacer (estarse quieto en su silla, prestar atención durante la hora que dura la clase, no hablar, etcétera). Si por un momento nos ponemos en la piel de un niño con estas dificultades y pensamos la gran cantidad de sucesos académicos estresantes y, en muchos casos, cargados de fracasos durante muchos años, nos parecería normal que tuvieran una autoestima tan baja. Además, las consecuencias de un bajo rendimiento en el colegio repercuten en casa, es decir, afectan en cómo los padres se relacionan y reaccionan ante sus hijos.

Si a todo esto le añadimos que los niños con TDAH tienen dificultades añadidas en el ámbito social, el coctel puede ser explosivo. Estos niños con dificultades para controlar sus impulsos o para solucionar correctamente los conflictos se encuentran con que no pueden desarrollar estas habilidades sociales relacionándose con otros niños porque tienen que dedicar interminables horas a hacer sus tareas. Desgraciadamente, nos encontramos con muchos niños con TDAH solos en los patios, sin compañeros que quieran jugar con ellos. Este tipo de situaciones sociales influyen negativamente en la autoestima de los niños, lo que les hace entrar en un círculo vicioso: sus compañeros de clase no quieren jugar con ellos porque son muy impulsivos y el niño con TDAH, al sentirse rechazado, tiende a evitar las situaciones en las que el conflicto o su malestar se ponen de manifiesto. Es lo que se conoce como la *profecía autocumplida*.

CARACTERÍSTICAS SOCIOAFECTIVAS DE LOS NIÑOS CON TDAH

Como ya sabemos, los niños con TDAH tienen un desarrollo emocional por debajo de lo normal, si los comparamos con compañeros de su misma edad. No olvidemos que el TDAH es un trastorno que se manifiesta a causa de una inmadurez neurológica, lo que implica que las diferentes estructuras cerebrales son más inmaduras de lo que deberían ser por edad y las conexiones entre diferentes partes cerebrales no están del todo óptimas. Fruto de todo ello son niños que igual que pueden comenzar ilusionados una tarea, al poco tiempo se pueden venir abajo fácilmente.

A continuación presentamos una serie de características relevantes en los niños con TDAH que se manifiestan en el ámbito socioafectivo:

- Vivir constantemente en una montaña rusa
- Dificultad para identificar emociones
- Baja tolerancia a la frustración
- Dificultad para asumir sus propios errores
- Baja autoestima
- Dificultades en las relaciones sociales
- Alteraciones motivacionales

Vivir constantemente en una montaña rusa

Los padres y profesores de los niños con TDAH los describen como muy lábiles en términos emocionales. Es como si estuvieran subidos en una montaña rusa constantemente. Suelen tener muchos cambios de estado de ánimo y un carácter fácilmente irritable.

En el cerebro humano existen pocas áreas cuya conexión sea bidireccional. Una de estas excepciones es el circuito estriado superior que conecta bidireccionalmente el sistema límbico con la corteza prefrontal. La inmadurez en el circuito estriado superior, entre otras partes del cerebro, dificulta la correcta coordinación entre estas dos zonas cerebrales y eso provoca mucha frustración en los chicos con TDAH, así como una falta de control sobre sus impulsos y emociones. Todas las emociones que experimentan los niños con TDAH son muy vívidas y además no suelen tener ningún tipo de filtro.

Los estudios científicos concluyen que los niños y adolescentes con TDAH expresan mayores niveles de depresión, agresividad, tristeza y enojo que sus iguales sin TDAH.

Dificultad para identificar emociones

Los niños a los que se ha diagnosticado TDAH suelen tener como característica una dificultad en la identificación de emociones tanto propias como ajenas. También tienen un menor sentimiento de culpa sobre sus acciones. Les cuesta bastante ponerse en el lugar del otro y entender su mundo emocional. No ocurre lo mismo con el proceso de mentalización o también llamado *teoría de la mente*. Para diferenciar la capacidad empática de la teoría de la mente veamos el siguiente ejemplo:

Sally y Anne están en una habitación. Sally toma una canica que tiene en su bolsillo y, en presencia de Anne, la guarda en una cesta. Sally sale de la habitación. Anne decide cambiar la canica de sitio y la esconde en una caja. Al cabo de unos minutos, Sally regresa a la habitación. ¿Dónde buscará su canica?

Ésta es Sally

Ésta es Ana

Sally tiene una cesta.

Ana tiene una caja.

Sally tiene una canica. Guarda la canica en su cesta.

Sally se va a dar un paseo.

Ana agarra la canica de la cesta y la mete en su caja.

Ahora vuelve Sally.

Quiere jugar con su canica.

¿Dónde va a buscar Sally su canica?

Si después de explicarle esta situación a un niño de tres años y medio le preguntamos que cuando regrese Sally dónde va a buscar la canica, nos dirá que la buscará en la caja. No son capaces de discernir el punto de vista de Sally del suyo porque aún no han adquirido la teoría de la mente. No son conscientes de que Sally no ha visto cómo Anne escondía su canica en un lugar distinto, ya que no disponen de la teoría de la mente. En cambio, a partir de los cuatro o cinco años los niños ya han adquirido esta mentalización que les permite responder en función de la información que tiene Sally y no con base en la suya. Los chicos con TDAH no tienen dificultades en la mentalización sino más bien en la empatía, que tiene un tinte más emocional, mientras que la teoría de mente se centra en la parte más cognitiva (ideas, pensamientos, puntos de vista, etcétera).

Un factor de protección a nivel social es saber reconocer e interpretar las emociones que están experimentando los demás. En otras patologías, como el trastorno del espectro autista, podemos comprobar cómo influye de manera significativa la dificultad o imposibilidad de reconocer las emociones en los demás. Un pobre dominio emocional está en la base de la depresión, el consumo de drogas y la conducta suicida.

Los estudios confirman que los niños y adultos con TDAH tienen peores resultados en reconocimiento emocional a través de la identificación de emociones básicas con base en la expresión facial y la prosodia del interlocutor, que las personas que no tienen TDAH. Estos datos ponen de manifiesto la existencia de una dificultad importante en el procesamiento de contenidos emocionales en las personas con TDAH. Está claro que la impulsividad y el déficit de atención dificultan que estos niños capten la información emocional de la otra persona, pero no es la única causa.

Baja tolerancia a la frustración
Ya hemos mencionado lo frustrante que es para un niño con TDAH verse envuelto día a día en una vorágine de situaciones estresantes y con fracasos incesantes. Debido a sus dificultades, las experiencias de fracaso y sufrimiento son mayores y más frecuentes que las del resto de compañeros de su edad. Experimentan mucha rabia y enojo. Cuando a un niño se le expone ante una tarea que no puede ejecutar correctamente o se siente incapaz de hacer, se frustra. En muchas ocasiones no es cuestión

de no que no sepa realizar la tarea sino que se siente incapaz. Si estas situaciones negativas se producen varias veces al día, llega un momento en que el niño se siente indefenso.

Veamos el siguiente estudio experimental que desarrolló en la década de 1970 el psicólogo estadunidense Martin Seligman: colocó una rata en una jaula con el suelo electrificado. Cada cierto tiempo, sin seguir ningún motivo o patrón, la rata recibía una descarga. Ante las primeras descargas, la rata se mueve e intenta buscar alguna solución para detener semejante situación aversiva. Deambula por la jaula en busca de una solución, se sube por las paredes, salta, etcétera. Como no hay ninguna respuesta que pueda dar para evitar el castigo, llega un momento en que la rata adquiere lo que se conoce como *indefensión aprendida*. El animal ha aprendido que, independientemente de su conducta, va a recibir la descarga. La indefensión aprendida está en la base de la depresión. Esta descripción de Seligman puede llegar a estar en el fundamento de los chicos con TDAH. Si ante la presentación continuada de tareas u objetivos el niño no es capaz de llevarlos a cabo correctamente y recibe un castigo por ello, acabará por desarrollar una indefensión aprendida. El niño tiene la sensación de que su capacidad para controlar dicha situación es nula, por lo que acaba por abandonar o dejar la tarea. Piensa que es mejor darlo por perdido que intentarlo y que no sea capaz. El objetivo es ayudar a los niños a cambiar su estilo atribucional: dejar de atribuir su conducta a causas externas y fuera de su propio control.

Dificultad para asumir sus propios errores

Los niños con TDAH suelen tener una gran dificultad para entender que las consecuencias de determinados actos son debidas a ellos, especialmente si hablamos de consecuencias negativas. No deja de ser una estrategia inconsciente para proteger su baja autoestima. De esta manera, es habitual encontrarnos con casos en los que tienden a atribuirse las causas de los éxitos pero tienen especial dificultad en reconocer que el fracaso se debe a ellos mismos. Por ejemplo, ante la situación de reprobar un examen, es frecuente encontrarnos con explicaciones del tipo "es que el profesor la trae conmigo", "había mucho ruido en la clase" o "Juan no me devolvió el libro para estudiar a tiempo".

Baja autoestima

A lo largo de nuestro desarrollo vamos construyendo nuestro autoconcepto. Podemos definir el autoconcepto como la dimensión cognitiva de la persona, es decir, es el conocimiento de uno mismo (personalidad, inteligencia, temperamento, capacidad atencional, sociabilidad, etcétera). En cambio, la autoestima se refiere a la parte emocional y, por tanto, tiene que ver con los afectos positivos y negativos que tenemos hacia nuestro físico, capacidades mentales y forma de ser. En la autoestima es importante diferenciar el yo real del yo ideal.

A pesar del prefijo *auto*, el autoconcepto se va desarrollando gracias a las diferentes experiencias que tenemos de pequeños y que son guiadas y traducidas por nuestras figuras significativas, especialmente padres, familiares y educadores. Por ejemplo, David de cinco años estaba viendo la televisión cuando decidió ir a la cocina por algo de comer. Al intentar agarrar unas galletas, David tira sin querer un frasco de cristal que cae al suelo y se rompe. Su madre acude inmediatamente sobresaltada por el ruido y le dice a su hijo: "¿Pero qué has hecho? Siempre estás ideando cosas malas". Los mensajes que les damos a nuestros hijos, sean positivos o negativos como en el caso de David, van calando en el autoconcepto de nuestros pequeños y finalmente determinarán que tengamos un buen autoconcepto o no. Un solo comentario no determina el autoconcepto de nuestros hijos, ya que todos en alguna ocasión hemos perdido el control, pero si este tipo de comentarios son el día a día de un niño, acabará por afectar de manera negativa al niño. El autoconcepto se va formando gracias a la información que recibimos de nuestros adultos significativos en función de las diferentes experiencias que tenemos y de la interpretación y consecuencias que nos dan nuestros adultos significativos. Por tanto, una buena autoestima supone que el niño está orgulloso de cómo es, mientras que una baja autoestima se debe a que el pequeño tiene una imagen de sí mismo negativa o que no le gusta.

Dadas las características de un niño con TDAH, podemos decir que es difícil encontrarnos con que estos niños tengan una autoestima alta. Si el niño en la escuela se esfuerza por sacar adelante la tarea y no ve que pueda con ella, obtendrá resultados negativos. Si además le añadimos que discurre con un pensamiento de "independientemente de lo que haga, siempre me sale mal" o "no soy capaz", acabará por desarrollar una indefensión aprendida y una autoestima baja. Suelen tener una baja autoeficacia en bastantes tareas, lo cual quiere decir que los niños con TDAH tienen la convicción, en muchas ocasiones errónea, de que no saben hacer o desenvolverse en determinadas tareas o que no tienen ciertas habilidades. Los niños con TDAH suelen recibir con bastante frecuencia comentarios despectivos y negativos tanto de sus padres como de profesores y amigos de colegio.

Los niños que tienen un bajo rendimiento escolar y son rechazados por sus compañeros de clase tienen mayor probabilidad de desarrollar una baja autoestima. Si además esto tiene consecuencias negativas en casa por las bajas notas escolares, la probabilidad de que en la etapa adolescente haya un consumo de sustancias o una depresión se hace mayor.

Dificultades en las relaciones sociales

Como ya hemos comentado a lo largo de los diferentes capítulos, muchos niños con TDAH tienen problemas en el ámbito social. No todos los tienen, ya que algunos niños con TDAH son verdaderos líderes positivos para sus compañeros y amigos. Algunos de los problemas que pueden manifestar son dificultades en el inicio y mantenimiento de las relaciones sociales, dificultades para tener un grupo de amigos de referencia, etcétera. Además, manifiestan un mayor número de conflictos sociales, problemas de interpretación social, dificultades para detectar información importante en relación con cómo piensa y siente el otro, etcétera.

Los estudios que se han hecho con los niños con TDAH demuestran que son, en promedio, más rechazados por sus compañeros que el resto de niños. Es verdad que tienen dificultades de habilidades sociales y una consecuencia de esto es que los invitan menos veces a los cumpleaños que a niños sin TDAH. A esto se suma que los padres de niños con TDAH suelen tener un miedo importante a llevar a sus hijos a fiestas de cumpleaños y otros eventos sociales debido a los conflictos que pueda haber y la posibilidad de que haya una marginación social al niño con TDAH. Según algunos estudios, un 50 por ciento de los niños con diagnóstico de TDAH son rechazados por sus amigos y hasta un 70 por ciento reconocen no tener un mejor amigo. Sus amigos, debido a este tipo de conflictos y rechazos, suelen ser cambiantes.

Los niños con TDAH también tienen una mayor probabilidad de sufrir bullying en la escuela. En la población general, entre un 25 y 30 por ciento de los alumnos están involucrados, de alguna manera, en el bullying.

El ámbito social es quizás el que más difícilmente vamos a poder controlar. Es muy complicado estar al tanto de las variables sociales y poder intervenir sobre ellas. Son muchas las personas que participan en las diferentes situaciones sociales como para poder controlarlas. En muchas ocasiones, el niño con TDAH se siente excluido del resto de compañeros y eso conlleva un gran sufrimiento para ellos, aunque generalmente no suelen reconocerlo. A veces se muestran agresivos ante otros niños o sus familiares sin un motivo aparente, pero esto nos indica que existe un sufrimiento en el niño y la está pasando mal. Las investigaciones demuestran que la cantidad de síntomas depresivos es mayor en los niños con TDAH que los que no tienen esta patología.

Generalmente no se suelen ensalzar las características positivas que tienen los niños con TDAH. Suelen ser niños a los que les gusta explorar lugares nuevos, ser muy creativos y con ideas geniales. Suelen ser valientes, rinden por encima del resto de niños si están suficientemente motivados, se les describe como enérgicos y normalmente no son rencorosos. Para que podamos valorar y destacar las características positivas del TDAH es necesario que el niño esté correctamente tratado en las diferentes áreas. También es importante señalar que, al igual que no todos manifiestan unos mismos síntomas, no todos reúnen estas características positivas.

Todas estas manifestaciones y dificultades del niño con TDAH también tienen una importante repercusión en el resto de miembros de la familia (padres y hermano/s). Algunos estudios llegan a la conclusión de que los padres de niños con TDAH tienen una probabilidad cuatro veces mayor de separarse o divorciarse en comparación con el resto de la población. Además, tanto el padre como la madre tienen mayores probabilidades de tener problemas de depresión y de abuso de sustancias. En cuanto a los hermanos de los niños con TDAH, suelen estar preocupados por éstos, sobre todo si el niño con TDAH es más pequeño. Manifiestan que la familia gira en torno al hermano con el trastorno. En el caso de los hermanos mayores o los que no se llevan mucha edad, los padres esperan que sirvan de ayuda y guía para el niño con TDAH en varios ámbitos, pero en especial en el área académica (muchas veces tienen la función de profesores particulares) y en la familiar (ayudando a poner normas y a hacerlas cumplir).

Alteraciones motivacionales

Ya hemos comentado que los chicos con TDAH tienen una pobre motivación intrínseca y precisan de constantes refuerzos externos en forma de aprobación, ánimo y tareas atractivas para funcionar adecuadamente. Esto se demostró en una revisión científica llevada a cabo por Luman, Oosterlann y Sergeant en 2005, donde se comprobó que los chicos con TDAH dependen en mayor medida del refuerzo externo para obtener su máximo rendimiento, que aquellos chicos que no tienen el trastorno. Además, si se les presentan refuerzos frecuentes e inmediatos, su rendimiento es bastante normalizado. También pudieron comprobar que si tienen que elegir entre un refuerzo inmediato y otro aplazado, los chicos con TDAH suelen escoger el refuerzo inmediato, aun cuando éste sea más contundente que el inmediato. Los niños con TDAH perciben la demora como algo desagradable; en estos casos se encuentra una activación de la amígdala.

En muchas ocasiones el hecho de que el niño encuentre a un maestro que confíe en él es de vital importancia y lo puede "salvar" académicamente hablando. Luis Rojas Marcos, prestigioso psiquiatra sevillano, además de dedicarse profesionalmente al TDAH, entre otras cosas, ha reconocido que le diagnosticaron esta patología cuando era pequeño. Sus padres y amigos lo describían como un niño muy inquieto e impulsivo que realizaba conductas de alto riesgo como subirse a los tejados de las casas. También describe cómo en el colegio siempre lo colocaban en las filas de atrás de clase, hasta que, con catorce años, una nueva profesora le dijo que debía sentarse en la fila delantera. Para Rojas Marcos es muy importante que los niños encuentren a una persona que confíe en ti, que puede ser desde sus padres, un profesor o cualquiera que vea fuerza y aspectos positivos en el niño. Muchos de estos niños que no reciben este apoyo y este refuerzo tan importante para la autoestima tienen mayores probabilidades de caer en patologías como la depresión o en conductas delictivas.

INTELIGENCIA EMOCIONAL

Le propongo al lector que realice el siguiente ejercicio: durante un minuto debes anotar todas las emociones y sentimientos que se te ocurran en una hoja. Pasado el minuto, haz un recuento de cuántas palabras relacionadas con la emoción has sido capaz de escribir. De todas las que has escrito, ¿cuántas te parecen positivas? ¿Y negativas? ¿Hay alguna que consideres neutras? Si has escrito en torno a diez o doce palabras en tu listado, tengo que darte la enhorabuena porque estás dentro del promedio. Una curiosidad: ¿has anotado más emociones positivas o negativas? Si has apuntado más emociones negativas, no te preocupes, no es que seas una persona pesimista o negativa. La gran mayoría de personas escribe más emociones negativas que positivas y la razón es que son más numerosas que las positivas, con un ratio de una positiva por cada tres negativas. Además, esto es así en la gran mayoría de lenguas que existen. Por lo tanto, es más probable que hayas anotado más emociones negativas que positivas.

Una de las características de la sociedad en la que vivimos es que estamos acostumbrados a no hablar mucho de nuestras emociones y de nuestro mundo interior. Rara vez cuando alguien nos pregunta cómo estamos le solemos contestar utilizando conceptos emocionales. Por ejemplo, si un compañero de trabajo nos pregunta cómo estamos o qué tal la hemos pasado el fin de semana, rara vez contestamos utilizando palabras que designen emociones como alegría, entusiasmo, rabia o vergüenza y solemos responder de manera cognitiva o racional.

El profesor Rafael Bisquerra, director del Posgrado en Educación Emocional y Bienestar de la Universidad de Barcelona, explica que el concepto de inteligencia emocional surge en el año 1990 a raíz de la publicación de un artículo de Peter Salovey y John Mayer donde describen dicho constructo. Aun así, dicho concepto no se dio a conocer hasta que en 1995 Daniel Goleman publicó su exitoso libro *Inteligencia emocional*. Según el profesor Bisquerra, las emociones llegan inevitablemente, es decir que, ante una situación que consideramos injusta, inevitablemente vamos a tener la emoción de ira o rabia. Una vez que hemos experimentado la emoción, podemos decidir si la vamos a manifestar o no. Por ejemplo, ante la rabia que me provoca observar un acontecimiento injusto, yo puedo decidir si es conveniente u oportuno expresar mi rabia. Experimentar la emoción no es un problema; el problema puede ser si no manejo bien mis emociones. Está bien y es normal sentir rabia (emoción) ante determinada situación, el problema es mostrarse agresivo (conducta).

El sentimiento es el proceso mediante el cual hacemos consciente la emoción. Una diferencia importante es que la emoción es intensa y breve, mientras que el sentimiento se puede prolongar mucho más tiempo en función de la voluntad que tengamos.

Aunque algunos teóricos diferencian entre emociones positivas y negativas, no me gusta hablar de esta diferenciación. En mi opinión, todas las emociones son positivas en el sentido de que son necesarias para la supervivencia y, por tanto, adaptativas. Otra cosa bien distinta es lo placentera o desagradable que sea la emoción. Está claro que para todos nosotros es más agradable experimentar la emoción de alegría y amor, que las emociones de tristeza y miedo, pero todas estas emociones, independientemente de la sensación subjetiva que nos dejen, son igualmente necesarias. Qué pensaría el lector si viera a alguien por la calle que se acerca a acariciar a un león que se ha escapado del zoológico. ¿Esta persona se ha vuelto loca? Evidentemente. El miedo a determinados animales y situaciones nos aleja de esos peligros y aumenta nuestras probabilidades de supervivencia. Por tanto, tan importante es una emoción placentera como las de miedo, tristeza y rabia.

Desgraciadamente, la educación emocional está fuera del currículum educativo. No existe ninguna materia que se dedique al área emocional en profundidad. Los pocos programas que suelen ponerse en marcha para fomentar la educación emocional surgen de un interés especial del colegio o del profesor para introducirlos.

¿CUÁLES SON LAS EMOCIONES BÁSICAS?

La gran mayoría de autores están de acuerdo en que existen unas emociones básicas en el ser humano. En lo que no existe acuerdo es en decidir cuántas hay y cuáles son. Se consideran emociones básicas aquellas que han tenido un papel relevante en la evolución de la especie humana (filogénesis). En un estudio clásico realizado en 1972, Paul Ekman llegó a la conclusión de que existían seis emociones básicas en todas las culturas: miedo, tristeza, rabia, sorpresa, alegría y asco. Sin embargo, en la década de 1990, Ekman añadió más emociones a su listado original. Otros autores, como Begoña Aznárez, psicóloga de la Sociedad Española de Medicina Psicosomática y Psicoterapia, sostiene que son siete las emociones básicas: alegría, rabia, miedo, tristeza, amor, vergüenza y curiosidad.

Como puede observarse, la gran mayoría de emociones en los listados de emociones básicas son negativas. El motivo es que, como señala el profesor Rafael Bisquerra, los seres humanos no estamos programados para ser felices sino para aumentar las probabilidades de supervivencia. Todas las emociones que tenemos, y con mayor motivo las básicas, nos ayudan a conseguir este objetivo: la supervivencia. Según Bisquerra, existe un triángulo de emociones que nos ha permitido, a lo largo de la evolución, aumentar nuestras opciones de supervivencia. Piense el lector en todas las situaciones extremas que han vivido nuestros antepasados lejanos: cazar para sobrevivir, luchas en ambientes hostiles, periodos de hambruna, guerras, etcétera. Las emociones negativas son más frecuentes, intensas y duraderas que las emociones positivas.

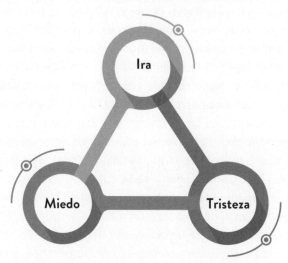

En un estudio científico de Williams en 2008 se pudo comprobar que los niños y adolescentes con TDAH cometían más errores que los que no tenían esta patología cuando tenían que identificar emociones negativas en rostros humanos como el miedo y la rabia.

ACTIVIDADES PARA MEJORAR LAS HABILIDADES EMOCIONALES

Como señala Zahra Ávila, terapeuta especialista en TDAH, el primer paso para la prevención o la intervención en el aspecto emocional de nuestros niños es el aumento de su vocabulario emocional. Para ello, es fundamental que los adultos comencemos a introducir las emociones tanto en casa como en el ámbito académico, expresando cómo nos sentimos y poniendo nombre a sus emociones cuando ellos aún no estén preparados para hacerlo. Es importante enriquecer su vocabulario con el fin de ayudarles en la identificación y expresión de sus emociones.

Una vez trabajada la identificación emocional tanto en nosotros mismos como en los demás podremos incidir en la expresión y regulación de emociones. Para ello ofrecemos diferentes estrategias de manera que nuestros niños tengan recursos para expresar sus emociones de una forma asertiva y puedan regular sus estados de ánimo.

A continuación se recogen algunas actividades que podemos poner en práctica tanto en casa como en el aula:

- *El Emocionario* (editorial Palabras Aladas): se trata de un diccionario ilustrado en el que aparecen explicadas detalladamente diferentes emociones poniendo ejemplos de situaciones en las que aparecen y relacionándolas con algunas similares. El *Emocionario* es un buen recurso por su formato motivador para los niños, ya que nos permite aumentar su vocabulario emocional y ayudarles a través de las imágenes a identificar sus emociones.
- *El semáforo de las emociones*: elaboramos con cartulina un semáforo con tres colores (rojo, naranja, verde), asignaremos junto con los niños emociones a cada color, de manera que las emociones consideradas negativas se sitúen en el rojo (enojo, miedo, etcétera), en el naranja las intermedias (vergüenza, nostalgia, etcétera) y en el verde las positivas (alegría, orgullo, satisfacción). Los niños elaborarán una tarjeta con su nombre, y tendrán que colocarla en el color correspondiente a la emoción que sienten. Si la colocamos en el rojo trabajaremos sobre posibles estrategias para regular esa emoción, solucionar el problema y poco a poco conseguir una emoción positiva y situarnos en el verde. Para ello podemos seguir los siguientes pasos:

1) ¿Qué siento?
2) ¿Cuál es el problema?
3) ¿Qué puedo hacer?

También resulta útil que los adultos tengamos una tarjeta con nuestro nombre de modo que ofrezcamos información visual de nuestro estado emocional o incluso les preguntemos dónde creen que nos situaríamos en cada momento.

- *Tienes cara de...*: es importante entrenar a nuestros niños en la identificación de emociones en los demás. Para ello podemos jugar con la expresión facial de emociones, pidiéndoles frente al espejo que pongan cara de alegría, tristeza, miedo..., y comparen sus caras para identificar qué tienen en común. También resulta útil trabajar con dibujos o fotografías jugando a identificar qué siente la persona de la foto y qué puede haberla hecho sentirse así.
- *Identificación de situaciones emocionales*: fabricamos tarjetas de colores; cada color representa una emoción, por ejemplo, alegría, enojo, tristeza, envidia, vergüenza y miedo. Comenzamos contando historias breves. Los niños deben levantar la tarjeta del color correspondiente cuando identifiquen la emoción que siente el protagonista de la historia. Se pide que justifiquen por qué han elegido esa emoción.
- *Una esquina para cada emoción*: se divide el aula en seis espacios; cada uno representa una emoción: alegría, envidia, enojo, tristeza, miedo y vergüenza. Comenzamos a narrar una historia. A medida que la historia avanza, los participantes deben correr a situarse sobre la emoción que siente el protagonista; puede pedirse que expliquen por qué se sitúan allí. Cuando se considere oportuno puede continuar con la historia otra persona.
- *El bingo de las emociones*: se entregará a cada participante un cartón con emociones descolocadas (alegría, tristeza, enojo, ira, envidia, miedo, orgullo, frustración, etcétera). Las mismas emociones estarán escritas en tarjetas y mezcladas. Por turnos, cada niño tomará una tarjeta y contará una historia breve en la que aparezca representada la emoción. Los demás deberán identificar la emoción y tacharla en su cartón. Al igual que en el bingo,

cuando hagamos línea o tachemos todas las emociones lo diremos en alto y comprobaremos si lo hemos hecho bien.

- Los cuentos son un recurso muy valioso para trabajar los aspectos emocionales. Existen numerosas recopilaciones de cuentos con contenido emocional. A modo de ejemplo recomendamos *Cuentos para sentir* de Begoña Ibarrola. También podemos utilizar dibujos animados o historias que los motiven para jugar a asignar emociones a cada personaje.

- Las películas suelen ser un buen recurso para trabajar las emociones de los niños. Algunos aspectos en los que podemos incidir en las películas es en las emociones que están experimentando los personajes en diferentes momentos de la película. Un ejemplo maravilloso de película para trabajar las emociones es *Intensa-mente* (*Inside Out*), en la que se muestra cómo se producen cerebralmente las emociones y cómo la protagonista las experimenta en los diferentes contextos en que se mueve (con sus padres, en el colegio, con sus amigas, etcétera).

- El dibujo resulta una herramienta de gran utilidad para la intervención en los aspectos emocionales. Por ejemplo, podemos trabajar el enojo dibujando una cara enfadada con los pelos de punta; en cada uno de los pelos escribimos motivos que pueden hacer que una persona se enoje. Otra forma de utilizar esta herramienta es pedirles que dibujen una situación en la que alguien esté triste o contento, ayudándoles a expresar qué lo ha hecho sentirse así y qué podríamos hacer para solucionarlo y cambiar esa emoción en el caso de que sea necesario. De este modo trabajaremos tanto la identificación como la regulación emocional.

- La realización de murales sobre las emociones resulta una actividad motivadora a la vez que útil. Pueden añadirse fotos, dibujos de situaciones emocionales, palabras o frases relacionadas con cada emoción, estrategias de regulación, etcétera.

- En el caso de los adolescentes es muy útil valerse del recurso de la música para trabajar los contenidos emocionales. Se les pide que asocien cada emoción con una canción o parte de una canción, de manera que puedan utilizarlo como recurso tanto para la identificación como para la expresión de sus propias emociones.

10

Estrategias de intervención

¿CÓMO PUEDO AYUDAR A UN NIÑO CON TDAH?

El objetivo del presente capítulo es presentar una amplia gama de estrategias y metodologías que pueden ser útiles para trabajar con los niños con trastorno por déficit de atención con hiperactividad. La literatura científica es muy amplia y diversa en cuanto a las estrategias de intervención se refiere. Algunas de ellas tratan de eliminar o mitigar el síntoma del niño (hiperactividad, desatención, impulsividad), otras trabajan el manejo de emociones, algunas perspectivas indagan en la raíz del problema (apego, relación padres-hijos) y así un sinfín de orientaciones y perspectivas diferentes.

La gran mayoría de estrategias de intervención en las que se basan los estudios científicos sobre el TDAH son las técnicas cognitivo-conductuales, que tienen como objetivo intervenir en los pensamientos, emociones y comportamientos del niño que resultan desadaptativos. Por ello dedicaremos una parte del capítulo a explicar las diferentes técnicas de modificación de conducta que han demostrado ser más eficaces en la intervención con niños con TDAH. Además de la perspectiva cognitivo-conductual, expondremos otras estrategias cuyas maneras de intervenir en el niño y en la familia han demostrado su eficacia en este campo y que deben ser tenidas en cuenta.

TÉCNICAS DE MODIFICACIÓN DE CONDUCTA

Antes de comenzar a desarrollar las diferentes estrategias cognitivo-conductuales, es preciso tener en cuenta dos principios generales en los que se sustentan todas ellas:

- *Principio de contigüidad*: decimos que una consecuencia es contigua a una respuesta o conducta cuando se dan seguidas o con poco margen de tiempo entre ellas. Si la consecuencia de pedir educadamente un vaso de agua en un restaurante se aplica justo después de hacerlo, decimos que se cumple el principio de contigüidad. En cambio, si estamos al principio de la semana y le decimos a nuestro hijo que si su comportamiento en casa hoy es correcto lo llevaremos el fin de semana al cine, no estamos cumpliendo con el principio de contigüidad. En líneas generales, cuanto más contiguas o cercanas estén la respuesta/conducta del niño y la consecuencia, mayor es el aprendizaje. Cuanto menor sea la edad del niño, mayor importancia y repercusión tendrá que apliquemos las consecuencias de manera contigua a su respuesta. En el caso de niños mayores y adultos, existe una mayor capacidad de postergar las consecuencias de su esfuerzo, como ocurre con los salarios en el ámbito laboral. Este principio se da tanto para las consecuencias positivas como negativas.

- *Principio de contingencia*: la contingencia se refiere a la cantidad de veces que una consecuencia sigue a la conducta o respuesta. Por ejemplo, si cada vez que Ana juega de manera tranquila con su hermana pequeña es reforzada por ello, decimos que la contingencia es del cien por ciento, es decir, siempre que Ana se comporta de una manera concreta con su hermana es reforzada positivamente. En cambio, si este refuerzo se diera pocas veces, supongamos en un 20 por ciento de las ocasiones, decimos que la contingencia es baja, ya que la consecuencia aparece en un porcentaje muy bajo de ocasiones. Como es lógico, a mayor contingencia entre la conducta del niño y las consecuencias que recibe, mayor aprendizaje. Si la contingencia es del cien por ciento es fácil que el niño prediga con precisión que su conducta tendrá una consecuencia concreta. Lo mismo que ocurría con el principio de contigüidad, el principio de contingencia se da con las consecuencias tanto positivas como negativas.

Como vamos a estar hablando mucho de conductas y refuerzos (consecuencias), vamos a hacer un análisis de los diferentes refuerzos que podemos aplicar a nuestros pequeños:

- *Refuerzos materiales*: son aquellas consecuencias que recibe el niño de tipo físico, como por ejemplo, los juguetes. Estos reforzadores materiales son muy potentes en los niños y es bastante difícil que se cansen de ellos.
- *Refuerzos comestibles*: son todas aquellas consecuencias que implican comerse algo, como por ejemplo, la niña al que su abuelo le compra una galleta por portarse bien. Son muy efectivos si los niños tienen hambre y poco efectivos si están saciados. Es un tipo de refuerzo universal y compartido por todos. Es importante que el niño no esté saciado para que actúe como refuerzo. La galleta hará las veces de refuerzo siempre y cuando la niña tenga hambre.
- *Refuerzos afectivos y sociales*: son todas las consecuencias que obtiene un niño en el ámbito afectivo y social, como por ejemplo, un abrazo, una caricia, un aplauso, una sonrisa, un guiño, etcétera. Son muy efectivos y difícilmente el niño se sacia de ellos. Tienen una gran relevancia para la autoestima del niño y aumentan la motivación intrínseca del niño.
- *Refuerzos de actividad*: consisten en permitirle al niño hacer alguna actividad o juego que le resulte motivante. Por ejemplo, jugar con sus primos, hacer una receta de cocina con su madre, realizar alguna manualidad o ir a los karts. La ventaja es que es difícil que se cansen de ellos, por lo que resultan muy reforzantes para los niños. La desventaja de este tipo de refuerzos es que, muchas veces, se tienen que retrasar en el tiempo (ya que no podemos jugar con los primos o ir a lo karts cualquier día).
- *Refuerzos canjeables*: mediante puntos, estrellas o gomets se refuerzan determinadas conductas del niño para posteriormente optar por un gran premio. Les resultan muy atractivos y motivadores. La técnica de economía de fichas se basa en este tipo de refuerzos. Lo positivo de este tipo de refuerzos es que permiten que retrasemos el refuerzo, aunque hay que dejar muy claras

las condiciones de este programa para que el niño no se sienta engañado.

Como suele suceder en la práctica, muchas veces una consecuencia implica varios refuerzos a la vez, como en el caso de permitir a un niño que ha cumplido con sus tareas jugar con el coche nuevo que le ha regalado su tío (refuerzo material, afectivo y de actividad).

A continuación se desarrollarán los programas del enfoque cognitivo-conductual que resultan más efectivos en el caso del TDAH y cuáles son las pautas para optimizar su puesta en marcha.

Reforzamiento

El reforzamiento se da cuando aplicamos una consecuencia, sea positiva o negativa, ante una conducta concreta del niño y conseguimos que la frecuencia de dicha conducta en el futuro aumente. En función del tipo de consecuencia, hablamos de dos tipos de reforzamientos:

- *Reforzamiento positivo*: si la consecuencia que recibe el niño es positiva o agradable, estamos en presencia de un reforzamiento positivo. Por ejemplo, Pedro ha recibido un guiño de ojo por parte de su profesor por haber respondido bien a la pregunta que le ha planteado en clase. Otros ejemplos son recibir un diploma después de impartir un curso, regalar un juguete a un niño que se ha portado bien y aplaudir a un ponente que ha dado una buena conferencia.
- *Reforzamiento negativo*: cuando la consecuencia que recibo por realizar una conducta es evitar o escapar de un estímulo aversivo, estamos en presencia de un reforzamiento negativo. Esta mañana fría de invierno, Juana ha salido al patio con sus compañeros de clase sin su abrigo. Dado que hacía mucho frío, Juana le pide a su profesora que le deje entrar en clase para recoger su abrigo. La conducta de abrigarnos ante el frío o quitarnos ropa ante el calor supone un caso de reforzamiento negativo. Otros ejemplos son ponernos los lentes cuando nos molesta el sol o tomarnos un paracetamol cuando nos empieza a doler el cuerpo.

En ambos tipos de reforzamiento, la probabilidad de que la conducta se repita en un futuro cercano es mayor, y por este motivo se le denomina reforzamiento. En ocasiones, el reforzamiento negativo es confundido con el castigo.

A continuación se presenta una serie de recomendaciones para la puesta en práctica de los reforzamientos, tanto positivos como negativos:

- *Explicarle al niño con un lenguaje claro, directo y sencillo qué esperamos de su conducta.* Cuanto más específica sea la instrucción que le demos, mejor. Evitar mensajes del tipo "tienes que portarte bien". Estos mensajes son ambiguos y poco claros. El niño no sabe qué esperamos de él. Darle mensajes del tipo: "Si haces la tarea que tienes tú solo y en tu habitación, cuando la acabes podrás jugar media hora con la tableta".
- *Establecer objetivos alcanzables.* Debemos proponer a los niños metas que puedan alcanzar, que no sean muy sencillas pero tampoco muy complicadas. Recuerdo que en una ocasión una madre de una niña que había repetido el sexto grado de educación primaria me comentaba que le había prometido a su hija que si en la primera evaluación sacaba sobresalientes en todas las asignaturas, le compraría un caballo. Me imagino que se estarán preguntando, como lo hice yo en ese momento, dónde metería el caballo. Para una alumna que viene de repetir curso no es un objetivo, ni mucho menos alcanzable, pedirle que obtenga sobresalientes en todas las asignaturas de la secundaria. Debemos evitar este tipo de objetivos que no hacen más que minar la autoestima y crear una sensación de indefensión aprendida: haga lo que haga, no lo voy a conseguir. El objetivo es dotar al niño de autonomía, capacidad de esfuerzo y transmitirle que las consecuencias están en sus manos.
- *No comprometernos con consecuencias que no vayamos a cumplir.* En muchas ocasiones, los padres o maestros amenazan o informan a sus hijos/alumnos de consecuencias que no van a aplicar. Este tipo de reacciones, más comunes en el ámbito familiar que en el escolar, se dan como consecuencia de no saber qué más

hacer con el niño, fruto de la desesperación y la impotencia. Castigar a un niño sin jugar en la computadora o en la videoconsola durante un mes o de manera indefinida, muy frecuente por cierto, no son nada efectivos en general, y menos aún con los niños con TDAH. Recuerdo en una ocasión que una madre me comentaba que le había prometido a su hijo que si sacaba un 9 en el examen de inglés, le compraría un perro. La madre estaba convencida de que su hijo, que no se le daba muy bien el inglés, no llegaría a esa nota. Pues bien, el chico sacó un 9.5 en el examen. Los padres lo motivaron con esa meta pero en ningún caso se planteaban realmente comprarle un perro. Finalmente, decidieron comprarle un gato.

- *Realizar atribuciones correctas de las conductas positivas de nuestros hijos/alumnos.* Como señala la catedrática de Psicología de la Universidad de Columbia en Nueva York (Estados Unidos), Carol S. Dweck, es mejor reforzar y atribuir el buen rendimiento del niño a su esfuerzo que a sus capacidades o aptitudes. En la práctica, esto se traduce en que es más efectivo alabar el esfuerzo y la actitud positiva del niño que centrarnos en atributos considerados más naturales o estables a lo largo del tiempo, como por ejemplo la inteligencia. Si reforzamos el esfuerzo de nuestros pequeños, conseguiremos niños más orientados al sacrificio y con mejor tolerancia de la frustración. Por ejemplo, cuando un niño se acerca a la mesa del profesor para enseñarle la actividad que ha realizado, la atribución por parte del profesor de "debiste de esforzarte mucho para hacer tan bien la actividad" será mucho más positiva que el comentario de "has hecho la actividad muy bien porque eres muy inteligente".

- *Refuerzos motivantes y atractivos para el niño.* Debemos partir de la base de que existen diferencias individuales entre los niños. No todos los juguetes y actividades son igualmente motivantes y atractivos para todos los niños. Por este motivo, debemos tener muy en cuenta qué tipo de refuerzos le resultan más llamativos al niño.

- *Las consecuencias de los actos de los niños han de ser proporcionadas.* Esto se aplica tanto para comportamientos correctos como para los inadecuados. La consecuencia que tenga el niño ha de ser proporcional a la conducta que ha realizado. Por ejemplo, no es sensato ni proporcionado regalarle un viaje a Disneyworld por hacer una tarde su tarea en casa.

Castigo

Definimos el castigo como aquella consecuencia que sigue a una conducta valorada como negativa y hace que disminuya la probabilidad de que se vuelva a presentar en el futuro. La aplicación del castigo es una técnica eficaz, siempre y cuando se emplee para conductas muy negativas y se aplique poco frecuentemente. En estos casos es muy efectivo. El problema está en que la mayoría de nosotros estamos constantemente amenazando y aplicando castigos a los niños. Es en ese punto donde pierde su eficacia. Desgraciadamente nos encontramos con muchos chicos que están habituados al castigo.

Al igual que ocurre en el reforzamiento, existen dos tipos de variantes en el castigo:

- *Castigo positivo*: estamos en presencia de un castigo positivo cuando aplicamos una consecuencia negativa ante la conducta del niño. Por ejemplo, Juan le ha faltado el respeto a su amiga María y, por tanto, tiene como castigo escribirle una carta pidiéndole disculpas.
- *Castigo negativo*: se da cuando retiramos algo positivo para el niño como consecuencia de haber realizado una conducta no deseada. Por ejemplo, a Pablo lo han castigado sin ver las caricaturas en la televisión esta tarde por no hacer caso a su madre.

¿Qué características deben presentar los castigos para que resulten eficaces? A continuación se muestra una serie de pautas que pueden ser útiles:

- *El castigo debe suponer una señal para el niño.* La aplicación del castigo es una manera de decirle al niño que se ha saltado una norma o un límite.

- *Las consecuencias del castigo deben tener relación con la conducta que realizó el niño.* Igual que en el mundo adulto no se gratifica la buena elaboración de un informe para el trabajo con que nuestra pareja nos haga un rico platillo, lo mismo ocurre en el entorno de los niños. Recordemos las diferentes *cajas* que componen nuestra vida. Están relacionadas pero son independientes. Por ejemplo, si Víctor tiró a propósito las cartas con las que estaba jugando su hermana, ¿qué mejor consecuencia le podríamos poner a Víctor que recoger las cartas y colocarlas de nuevo en la mesa? En esta idea se basa la técnica de sobrecorrección.
- *Informar al niño de las consecuencias de su conducta cuando las tengamos claras.* Aunque este aspecto pueda vulnerar el principio de contigüidad, en ocasiones es mejor decirle al niño que pensaremos en la consecuencia que tendrá su conducta, que decirle lo primero que se nos venga a la cabeza fruto del enojo o desesperación. Lo ideal es hablar con nuestra pareja, si la conducta se da en casa, o con el tutor o algún profesor, antes de tomar una decisión. Unos padres contaron que habían castigado a su hijo mayor sin ver la televisión. Hasta aquí todo bien. Lo malo es que el niño iba a cumplir el castigo un día que los padres salían fuera a cenar con unos amigos y los niños se quedaban solos. Vamos a castigar con cosas que podamos cumplir y estar seguros de que se cumplan; si no, nuestra autoridad se debilita.
- *Si el castigo no resulta eficaz, buscar otras alternativas.* En ocasiones, el niño tiene una conducta que resulta disruptiva en casa o en el colegio y la repite muy a menudo. Si estamos aplicando castigos ante esta conducta y no resulta efectivo, debemos probar con otras estrategias, como puede ser reforzar la conducta contraria. Por ejemplo, Virginia está acostumbrada a responder a las preguntas que hacen sus profesoras sin levantar la mano. Si el castigo de esta conducta no es eficaz para Virginia, probar con reforzar positivamente las pocas veces que levante la mano.
- *Realizar atribuciones correctas a las conductas negativas de los niños.* La profesora Dweck observó en sus estudios que la atribución que damos los adultos a las conductas de los niños tiene un

peso muy importante. No es lo mismo atribuir un hecho negativo del niño que se ha portado mal o se ha equivocado, que atribuirlo a características de su personalidad. Así, por ejemplo, es más efectivo decirle al niño: "Me parece muy mal que le hayas pegado a tu hermano" que: "Eres malo por pegarle a tu hermano". En el caso de los niños con TDAH, en muchos casos malinterpretamos sus conductas o no entendemos que tienen dificultades para el control de sus impulsos. A modo de ejemplo extraigo de la agenda de un niño con TDAH el comentario de su profesor.

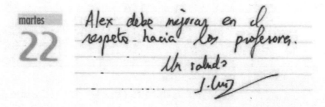

- *Los castigos tienen que aplicarse independientemente de quién esté en la situación.* Si queremos reforzar una conducta de un niño, todos debemos reforzarla siempre que ocurra. Lo mismo ocurriría si hablamos de castigar una conducta. Independientemente de quién presencie la conducta, se debe reforzar o castigar siempre. Vamos a imaginar que queremos castigar la conducta de Iñaki de decir groserías en clase. Si en función del profesor que esté en clase va a tener unas consecuencias diferentes (uno lo recrimina, otro lo castiga sin recreo, otro no lo hace caso y otro se ríe), será muy complicado eliminar dicho comportamiento, ya que no estamos actuando de una manera contingente.
- *El castigo debe ser realmente un castigo para el niño y debe ser proporcional con lo que ha hecho.* Todo castigo debe ser algo que no le guste al niño (castigo positivo) o algo que le guste (castigo negativo). Si la consecuencia que tiene no le afecta, no resultará efectivo. Además, como decíamos en el reforzamiento, los castigos también deben ser proporcionados. No es nada sensato ni justo privar al niño de los videojuegos indefinidamente por

pelearse con su hermano mientras jugaban. El castigo debe ser puntual y moderado.

- *Informar y aplicar el castigo de una manera tranquila.* Como ya hemos visto, las normas y límites son necesarios para todos nosotros. Nos aportan seguridad y tranquilidad. Por este motivo, cada vez que tengamos que comunicar a nuestro hijo o alumno las consecuencias que tiene su conducta, debemos estar lo más tranquilos y seguros que podamos.

Ahora presentamos la siguiente tabla a modo de resumen de los diferentes tipos de reforzamientos y castigos que hemos explicado:

	CONSECUENCIA POSITIVA	CONSECUENCIA NEGATIVA
APLICAR LA CONSECUENCIA	Reforzamiento positivo	Castigo positivo
RETIRAR O ESCAPAR DE LA CONSECUENCIA	Castigo negativo	Reforzamiento negativo

Tiempo fuera de reforzamiento

La técnica de tiempo fuera de reforzamiento consiste en sacar durante un tiempo al niño de determinada situación que le está resultando reforzante y divertida.

Aplicamos la técnica de tiempo fuera de reforzamiento cuando dos alumnos están en clase sin hacer los ejercicios que ha indicado el profesor y éste decide separar a los dos chicos para evitar que se sigan distrayendo. También se aplica cuando una madre manda a su hijo a la silla de pensar después de que le haya avisado varias veces que deje de molestar a su hermano mientras están todos viendo una película en casa.

A continuación aparecen algunas orientaciones a tener en cuenta para la correcta aplicación de tiempo fuera de reforzamiento:

- *Esta técnica se debe utilizar conjuntamente con otro tipo de técnicas.* Por ejemplo, es muy efectivo que utilicemos paralelamente el reforzamiento positivo de las conductas positivas alternativas que puede realizar el niño en la situación. Continuando con el ejemplo del niño que es mandado unos minutos fuera del salón por molestar a su hermano, podemos reforzar cada vez que le dice algo a su hermano en voz baja para no molestar al resto.
- *La aplicación de esta estrategia ha de ser contingente sólo ante la conducta que queramos cambiar.* No podemos mandarlo fuera del salón cada vez que haga algo mal, sino sólo ante la conducta de molestar a su hermano gritando.
- *Aplicarlo siempre de manera consistente y firme.* Aunque el niño nos prometa que es la última vez que lo hace y que a partir de ahora se va a comportar bien, se debe aplicar la técnica de tiempo fuera. Debemos mantenernos firmes en nuestra decisión.
- *El lugar donde vaya a estar debe ser lo más neutro posible.* Debe ser un sitio donde el niño no se pueda entretener con otras cosas o realizar una conducta que sea más peligrosa o desadaptativa que la anterior. Por tanto, evitar que se vaya a su cuarto a jugar o a cualquier lugar donde esté entretenido. Tampoco debe ser un sitio amenazante ni donde el niño tenga miedo y la pase mal.
- *El tiempo que el niño debe permanecer fuera es corto y limitado.* Los niños pequeños deben permanecer fuera de la situación reforzante unos tres o cuatro minutos como mucho. En los más mayores, un minuto por cada año de edad que tenga el niño.

Economía de fichas

Es una estrategia muy dinámica que sirve para reforzar conductas que están en el repertorio del niño y cuyo objetivo es incrementar su frecuencia. A diferencia de las otras técnicas que hemos visto, utiliza reforzadores artificiales, como por ejemplo, estrellas, puntos, fichas o gomets, que se pueden intercambiar por reforzadores naturales (un estuche, ir al cine, 30 minutos de computadora, un juego de mesa, etcétera).

Una ventaja de esta técnica es que el reforzador artificial, por ejemplo los puntos, se puede aplicar contigua y contingentemente a la conducta del niño. Otro aspecto positivo es que se puede trabajar con una o varias conductas a la vez, aunque no es recomendable más de dos o tres a la vez, y se puede aplicar de manera individual o grupal, como por ejemplo con una clase que está teniendo muchas quejas de los profesores porque no suele traer las tareas hechas.

La técnica de economía de fichas o de puntos ha demostrado ser una de las estrategias más efectivas con los niños ya que les resulta muy motivante. Es como un juego para ellos. Para hacerla más motivadora y visual, se puede hacer un mural o, en su defecto, una hoja donde vengan especificados los premios que puede conseguir en función de los puntos que tenga. Generalmente resulta muy efectiva con niños hasta los diez u once años, aunque su duración no puede ser de mucho tiempo (no más de tres o cuatro semanas). En el mundo de los adultos, también encontramos situaciones donde se aplica el sistema de economía de fichas, como por ejemplo, los programas de fidelidad de las gasolineras, donde se dan puntos cada vez que cargamos combustible y posteriormente se pueden canjear esos puntos por regalos.

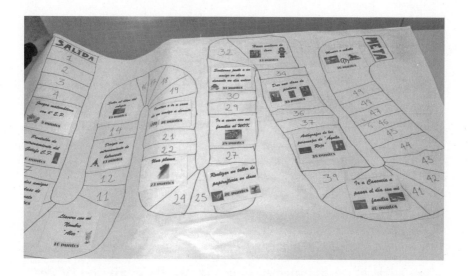

Antes de poner en marcha esta técnica, es necesario que especifiquemos qué conducta o conductas serán reforzadas y habrá que definirlas claramente para que el niño o la clase sepan qué se espera de ellos. Una vez definidas las conductas que vamos a reforzar, debemos concretar qué vamos utilizar como premios. Lo ideal es que tengamos un listado de entre cinco y quince premios donde el niño pueda elegir. Sería recomendable que la lista de premios la elaboremos junto con el niño, teniendo en cuenta lo que a él le gusta y lo que estamos dispuestos a darle. En función del premio que sea, se conseguirá con más o menos puntos. Después debemos preparar o hacer las fichas.

Una de las cosas que suelo hacer cuando aplico un programa de economía de fichas es elaborar un contrato conductual con el niño donde se especifican todas las condiciones del programa, desde el día que comienza, cuándo concluye, conductas que serán reforzadas, quién le puede entregar puntos, cuándo canjearlas, etcétera. A continuación se muestra un ejemplo de un contrato conductual para un programa de economía de fichas que se realizó con un alumno de cuarto grado de educación primaria en el contexto escolar, aunque también se pueden realizar en casa.

CONTRATO DE FERNANDO GARCÍA PÉREZ

Yo, Fernando García Pérez, alumno de 4º de educación primaria, me comprometo a esforzarme cada día por conseguir el máximo de puntos y poder optar por los premios que a continuación se enumeran:

1
PUNTO

1. Hacer juegos matemáticos con la clase de los mayores (5º de primaria): 5 puntos
2. Invitar a dos amigos a la clase extraescolar de basquetbol: 7 puntos
3. Un llavero con mi nombre: 8 puntos
4. Dirigir un entrenamiento de basquetbol: 10 puntos
5. Libro sobre los dinosaurios en tres dimensiones: 12 puntos
6. Invitar a dormir a casa a un amigo que yo elija: 15 puntos
7. Realizar un taller de papiroflexia en clase: 20 puntos
8. Ir a cenar con mi familia a un restaurante asiático: 23 puntos
9. Pantalón corto del Real Madrid: 25 puntos
10. Ir al parque de atracciones con mi familia y un amigo: 28 puntos
11. Juego de mesa sobre ciencia: 30 puntos
12. Ir al campo a pasar el día con mi familia: 32 puntos
13. Ir a los karts: 35 puntos

Cláusula Nº 1. *Cuándo obtener un punto*
Fernando podrá obtener un punto en cada una de las clases que tiene a lo largo del día en el colegio, incluidas las extraescolares de judo, basquetbol y pintura.

Cláusula Nº 2. *Cómo obtener un punto*
Fernando obtendrá un punto cuando realice las dos siguientes conductas:

1) Ayudar a sus compañeros
2) Aceptar las normas de cada profesor

Cláusula Nº 3. *Puntos extra*
En momentos puntuales, y siempre a criterio del profesor, éste podrá premiar con dos puntos la actitud y el comportamiento de Fernando.

Cláusula Nº 4. *Duración del contrato*
Dicho contrato tiene vigencia desde el lunes 10 de febrero hasta el viernes 28 de febrero de 2014. En los siguientes casos, el contrato se considerará anulado:

- Faltar de manera grave al respeto de compañeros o de los profesores
- Tener intención de hacer trampa durante el juego

Cláusula Nº 5. *Extravío de puntos*
El alumno se hará responsable del cuidado de los puntos. La pérdida, robo o extravío de los puntos es responsabilidad del alumno, no existiendo posibilidad de recuperación alguna.

Cláusula Nº 6. *Sinceridad*
En caso de conflicto o problemática, la sinceridad se premiará con dos puntos.

Cláusula Nº 7. *Canjear los puntos*
Fernando podría ir canjeando los puntos que vaya obteniendo en cualquier momento, siempre que sea dentro de las fechas establecidas para este contrato. Deberá informar al tutor/orientador del premio que quiere canjear con un mínimo de dos días.

Cláusula Nº 8. *Copias de los contratos*
Se firmarán tres copias del contrato, de tal manera que una copia será para el propio Fernando, siendo las otras para sus padres y la tercera para el tutor de Fernando.

Los abajo firmantes se comprometen a cumplir las normas y condiciones del presente contrato.

Fernando García   José Luis García   Consuelo Pérez

(Alumno de 4º de Primaria)   (Padre de Fernando)   (Madre de Fernando)

Raquel Llorente   Rubén Santos   Rocío Pascual

(Tutora de 4º de Primaria B)   (Orientador de Primaria)   (Jefa de estudios de Primaria)

A continuación aparecen dos programas de economía de fichas a modo de ejemplo que realizó un padre para favorecer algunas conductas en casa de sus hijos, ambos alumnos de primaria:

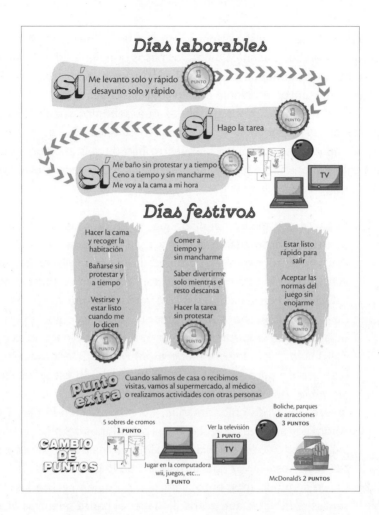

Entrenamiento en autoinstrucciones

El entrenamiento en autoinstrucciones es una técnica que tuvo mucha importancia en los años setenta en pleno dominio del paradigma cognitivo-conductual. Meichenbaum y Goodman (1971) empiezan a desarrollar esta estrategia como solución a la hiperactividad e impulsividad de algunos niños, cuyos objetivos son que el niño entienda la tarea que tiene que realizar y ponga en marcha las diferentes estrategias para guiar, controlar y monitorizar su conducta en los distintos momentos de la actividad.

La técnica de autoinstrucciones contiene preguntas sobre el tipo de tarea que tienen que hacer los niños, los pasos que deben dar para completarla, cómo proceder ante los obstáculos y posibles errores y, en último lugar, cómo autorreforzarse por los logros conseguidos.

¿Cuáles serían los pasos generales que debemos seguir para poner en marcha el entrenamiento en autoinstrucciones? Supongamos que queremos aplicar esta técnica con nuestro hijo de seis años para enseñarle a colorear un dibujo prestando atención a lo que hace. Llevaríamos a cabo los siguientes pasos:

1) El padre o la madre del niño, que hacen de modelo, se dirigen con su hijo a su cuarto donde van a hacer la tarea del dibujo. Ahí, en presencia de él, comienzan a hacerse preguntas relevantes para la tarea y se contestan a sí mismos. Por ejemplo, "¿Qué hago en la habitación? He venido porque voy a colorear un dibujo. Bien, ahora voy a tomar la hoja y los colores para dibujarla. Voy a empezar a colorear muy despacio para no salirme del dibujo... Así, de esta manera... Muy bien... Tengo que estar bien atento para hacerlo bien... Estupendo, lo estoy haciendo increíble. Ahora voy a cambiar de color porque la camiseta la quiero poner de color amarillo. Lo estoy haciendo muy bien. Ahora voy a utilizar el azul para los pantalones del niño del dibujo. ¡Perfecto, lo hice genial!". El padre va realizando las diferentes acciones a la vez que verbaliza todo lo que hace.

2) En un segundo momento, será el niño quien realice las diferentes conductas que acaba de hacer el padre mientras que el adulto irá verbalizando en voz alta unas instrucciones similares a las que se dio antes, aunque adaptándolas a la ejecución del dibujo del niño.

3) Ahora, el niño volverá a colorear el dibujo pero esta vez será él mismo quien se vaya dando las diferentes instrucciones en voz alta. También es importante que se refuerce a sí mismo. El padre está ahí para cualquier ayuda que necesite su hijo.

4) El niño colorea otra vez el dibujo aunque esta vez se dará las autoinstrucciones en voz baja, como si estuviera pensando para sí mismo. Recordamos la importancia del autorrefuerzo.

5) Para concluir, el niño colorea el dibujo dándose las instrucciones ya ensayadas y conocidas, pero sin verbalizarlas.

El entrenamiento en autoinstrucciones es muy efectivo también para el ámbito académico, por ejemplo, a la hora de realizar ejercicios de matemáticas o de hacer exámenes.

Javier es un alumno de 2º de secundaria al que le han diagnosticado TDAH. Dado que es un alumno que acude al departamento de orientación para trabajar sus dificultades de concentración y las técnicas de estudio, su orientador y tutora han ideado una ficha basada en el entrenamiento en autoinstrucciones para que Javier pueda irla automatizando e interiorizando. La ficha le sirve como guía cuando tiene que hacer problemas de matemáticas.

Los pasos que debe seguir son los siguientes:

1) Leo dos veces el problema de matemáticas prestando atención:
   a. Subrayo los datos del problema.
   b. Numero las preguntas que tiene el problema.
2) Realizo un esquema o dibujo con los datos del problema.
3) Pienso qué operaciones tengo que hacer y en qué orden.
4) Coloco bien las cantidades para hacer la operación.
5) Hago la operación.
6) Reviso y compruebo la operación que acabo de hacer.
7) Respondo a todas las preguntas que tiene el problema.
8) Hago una revisión final del problema:
   a. ¿Son las operaciones adecuadas?
   b. ¿He copiado bien los datos del problema?
   c. ¿Están bien hechas las operaciones?
   d. ¿Están todas las preguntas respondidas?

Además, el entrenamiento en autoinstrucciones es muy útil para organizar las tareas escolares de las tardes. Una guía modelo, adaptándola a la edad y características del niño, podría ser la siguiente:

1) Me siento en la silla de mi habitación y miro en la agenda la tarea que tengo que entregar al día siguiente.

2) En una hoja escribo las diferentes tareas que tengo que hacer de cada asignatura.

3) Saco de la mochila los libros, cuadernos y todo el material que vaya a necesitar para mi tarea. Lo que no necesite o me pueda distraer, lo aparto.

4) Comienzo a hacer la tarea de la asignatura que menos me guste o que peor se me dé, para acabar con lo que me resulta más atractivo y sencillo.

5) Una vez que haya acabado de realizar las tareas, compruebo que están todas hechas y que las he guardado en la mochila.

6) Repaso durante treinta minutos lo que hemos visto hoy en clase.

Dado que la automatización e interiorización de estas tareas lleva un tiempo, es conveniente que el niño tenga estas instrucciones en una hoja y que pueda estar presente cuando la necesite, sea haciendo la tarea en casa como realizando un examen en el colegio.

TEORÍA DEL APEGO

En opinión de José Luis Marín, psiquiatra y presidente de la Sociedad Española de Medicina Psicosomática y Psicoterapia (SEMPP), el caso del TDAH representa un claro ejemplo de sobrediagnóstico y de "prescripción hiperactiva". Desde la posición que le concede su gran experiencia, considera que hoy en día el diagnóstico de TDAH supone un cajón de sastre en que se incluye a niños que tienen determinados síntomas muy similares al TDAH, cuando en realidad la raíz de dichas manifestaciones no es el TDAH. Aunque los síntomas puedan ser similares, el profesor Marín considera que estas expresiones son consecuencia de una problemática más relacionada con el apego del niño. La aparición de estos síntomas se puede deber al tipo de vinculación que han establecido los padres con el niño, adaptada, muchas veces, al "estilo de crianza" propio de este momento histórico.

Como ya ha demostrado sobradamente la ciencia, existe una relación directa entre los síntomas y dificultades que manifiesta un niño o un adulto y el tipo de apego que se estableció en su infancia. Hoy sabemos que el apego seguro es un factor de protección contra algunas dificultades, así como un recurso positivo para superar determinadas patologías psicológicas y psiquiátricas. En cambio, las personas que se han desarrollado en un ambiente familiar en el que ha habido una falta o déficit de normas, cariño y atención es más probable que hayan aprendido a vincularse de manera irregular (apego inseguro).

Según José Luis Marín, muchos niños que hoy en día están siendo evaluados y diagnosticados con la etiqueta de TDAH en realidad padecen dificultades o problemáticas que tienen que ver con el apego y, por tanto, con la relación sociedad-padres-hijo. En numerosas ocasiones, estas carencias que suponen un apego inseguro, ya sea de tipo evitativo, ansioso-ambivalente o desorganizado, tienen como consecuencia la aparición de unos síntomas (falta de atención, intranquilidad, nerviosismo, bajo rendimiento académico, etcétera) que tienden a confundirse con el TDAH.

PSICOANÁLISIS

Como señala Alicia Monserrat, psicoanalista y coordinadora del Departamento de Niños y Adolescentes de la Asociación Psicoanalítica de Madrid, el sufrimiento no suele ser tomado en cuenta, sobre todo cuando se trata del padecimiento de un niño. Generalmente se hace referencia a la molestia que ocasionan a los adultos las conductas del niño con TDAH, ya que fastidian y se adaptan mal, y con su comportamiento provocan la reacción del medio. Según Monserrat, la respuesta farmacológica y psiquiatrizante ha ido ganando la batalla a las posibilidades de un acceso de ayuda terapéutica. En muchos casos se les ha colocado la etiqueta de TDAH sin que un diagnóstico diferencial previo haya permitido descartar otros cuadros en los que la hiperactividad y la falta de atención pueden presentarse. El diagnóstico diferencial profundo de la etiología que subyace a sus síntomas perturbadores brilla por su ausencia en muchos casos.

En el psicoanálisis se establece una relación terapéutica que permite promover una simbolización efectiva que aún no se ha establecido en el niño que padece este tipo de sufrimientos. Se organizan las emociones para que éstas no pululen de forma fragmentada o desorganizada dentro del psiquismo, impidiendo que la atención pueda focalizarse. Se orienta a priorizar la descripción, identificación y verificación de los sentimientos que perturban y que no han podido ser representados para poder llegar a ellos y ligarlos con un sentido mental. El terapeuta se vale de la técnica del juego para estas tareas, teniendo en cuenta la intensidad y temporalidad del psiquismo del niño, e interpreta de manera narrativa, con mucho cuidado para no interferir de forma intensa o intrusiva, y de ese modo posibilita construir y ampliar el mundo mental y emocional del niño. Asimismo, se ofrece a los padres una orientación y estimulación de sus funciones parentales que les permita observar a los hijos más allá de la sintomatología que presentan. Un objetivo es favorecer o estimular el uso del lenguaje emocional, así como el establecimiento de relaciones significativas que promuevan la diferenciación y la contención del malestar psíquico.

ANÁLISIS TRANSACCIONAL

Consuelo Rollán, psicopedagoga especialista en análisis transaccional, describe el trabajo que realiza, desde este enfoque, con una persona diagnosticada de TDAH. Con esta paciente ha trabajado con análisis transaccional y está obteniendo resultados muy positivos. Se refiere a esta paciente como C.

C comenzó a trabajar con el modelo al conocerlo en la universidad. Despertó su interés porque le daba pistas para comprender las cosas que le pasaban desde que tiene recuerdos. Sin un diagnóstico claro, C ha pasado por la universidad, por los grupos sociales, por su propia familia, con muchas dificultades: perdiéndose en las conversaciones, captando la información de manera limitada, sufriendo en silencio y acumulando mucha rabia y tristeza. Tiene baja comprensión abstracta y una serie de indicadores que en la actualidad han confirmado una discapacidad cognitiva, déficit de atención y una gran ansiedad derivada, en gran medida, de su miedo a la crítica, a ser descubierta como inferior, una vez más.

La paciente se ha formado en análisis transaccional y ha descubierto que puede identificar estas partes críticas internas, que han sido externas a lo largo de su vida: familiares, profesores y compañeros de clase han actuado como potentes Padres Críticos a través de descalificaciones, humillaciones y poca comprensión acerca de cómo comunicarse con C. Conocer las partes de la personalidad, comprenderlas desde una versión más nutritiva y elaborar una parte adulta, más actualizada, está contribuyendo a la autonomía de C a activar la atención en el aquí y ahora, desvaneciendo el miedo a la crítica del otro, aunque permanezca activa en nuevos rostros: compañeros de trabajo, familiares o cualquier persona con la que se cruce y que observe que tarda más en contestar, que tiene un ritmo diferente o que se atora si ha de responder a diferentes estímulos a un tiempo.

C se ha formado en el modelo en el que realiza su psicoterapia y actualmente escribe cuentos con los conceptos y contenidos que conoce. De este modelo, asimila, recuerda y puede desarrollar estrategias para su propia vida. Además ha aprendido a conocer y aceptar sus emociones, aprendiendo estrategias de manejo emocional para que la sobreexcitación no la sobrepase, generando un buen cauce para su energía, que ha permanecido bloqueada y volcada hacia sí misma durante mucho tiempo.

Una versión integradora del análisis transaccional, incorporando el trabajo corporal con inspiración en la bioenergética y la práctica de yoga están favoreciendo el bienestar psicológico de C, así como el diseño de su plan de vida con el objetivo principal de lograr una ubicación adecuada en su entorno.

ENFOQUE SISTÉMICO

Una de las características básicas de la intervención familiar sistémica, como señala el psicólogo clínico Roberto Salamanca, es no centrarse en el diagnóstico, o más bien, no dejar que éstos conduzcan y determinen la intervención. La perspectiva sistémica nos lleva a valorar la función que cumple el síntoma y el propio paciente en las relaciones familiares. Por este motivo, no sólo se va a intervenir sobre los comportamientos del niño con TDAH, sino sobre todo lo que sucede de forma circular en torno a las relaciones que se destapan entre los diferentes miembros de la familia. De esta manera, se pretende identificar los ciclos sintomáticos que se repiten en forma de bucle en la familia. Según este enfoque, no es un *problema* del niño con TDAH sino de las relaciones que se dan en el sistema familiar.

Por otro lado, desde el enfoque sistémico, se pone el énfasis en comprender la función que cumple el niño con TDAH en su contexto familiar. El niño, en este entorno, responde asumiendo esta metaidentidad y en función de ella. El objetivo es conseguir que todos los miembros de la familia se relacionen con las partes del niño que quedan ocultas, es decir, las partes más adaptativas y positivas.

El enfoque sistémico pone el énfasis en las estructuras y la organización familiar, analizando cómo los síntomas del paciente pueden desempeñar un papel fundamental como mediador de los conflictos familiares. En muchas ocasiones, según Roberto Salamanca, la sintomatología que presenta el niño con TDAH hace que otros conflictos de la familia, como pueda ser la relación de pareja de los padres, quede inconscientemente en un segundo plano. Sin embargo, aunque se plantee un enfoque sistémico para abordar la problemática del déficit de atención, no se debe olvidar que también hay que atender las necesidades académicas y neuropsicológicas del niño.

PSICOLOGÍA DE LA GESTALT

Loretta Cornejo, psicóloga y codirectora del centro UmayQuipa, desarrolla su trabajo psicoterapéutico con niños desde el enfoque gestáltico. Muchos de los pacientes que tiene son niños con TDAH. La Gestalt, aplicada a la infancia, permite, de modo cercano, introducir en la terapia maneras diferentes de trabajar los problemas de acuerdo con cada niño, ya que su plasticidad permite un método para cada personalidad y familia que acude a consulta. Para ello, parte de una evaluación de las exigencias que el niño tiene en el ámbito familiar y escolar.

A los niños que acuden a consulta y que precisan un mayor movimiento, les dejan una pelota tejida y rellena de arroz para que cuando estén realizando tareas escolares la puedan mover de una mano a otra. Esta estrategia se basa en la idea de que los niños aprenden mejor con el movimiento corporal, además de que les sirve como estrategia para autorregular sus emociones (nerviosismo, inquietud, etcétera).

Generalmente, los niños disfrutan del momento y suelen vivir el aquí y el ahora, una de las características básicas de la psicología de la Gestalt. Uno de los objetivos terapéuticos consiste en desarrollar el siguiente esquema en los niños: siento, pienso y actúo.

Como explica Loretta Cornejo, existe un amplio abanico de técnicas que se utilizan en terapia, como por ejemplo:

> *Imagínate en alguna situación que te haga sentir ganas de salir corriendo o de pegarle a alguien. ¿Qué es lo que ha pasado para que sientas eso? ¿Qué te gustaría hacer? Ahora imagina algo que te puede ayudar a calmar esas ganas de pegar, de gritar o de insultar. ¿Qué te podría ayudar a no hacer esto? Si al niño no se le ocurre nada, le podemos presentar símbolos, como por ejemplo, un viento mágico con color que hace que se enfríe lo que siente, meterse en el mar para que el agua le tranquilice o un columpio donde mecerse.*

Algunas de las respuestas de los niños que ha recibido Loretta en sus sesiones de psicoterapia son "un paraguas inmenso para que no me llegue lo que me dicen los demás niños", "un globo que pueda inflar poniendo toda mi rabia dentro", "imaginar que tengo un tubo de escape por donde salen las ganas de pegar o de salir corriendo" o "tener auriculares que hacen que no escuche lo que me hace sentirme rabioso".

Para trabajar el control atencional, Loretta plantea tareas a los niños donde tengan que hacer dos tareas simultáneamente, por ejemplo cepillarse los dientes y repasar las tablas de multiplicar. Lo importante es que el niño se dé cuenta que es posible hacer varias cosas al mismo tiempo y desarrollar dicha capacidad.

Otra característica de los niños con TDAH es que suelen abandonar rápidamente la tarea debido a su baja perseverancia. Además, tienen una baja tolerancia a la frustración. Debemos fomentar la persistencia y ayudarles para que aprendan a esperar y ser pacientes. Para ello, Loretta suele utilizar, en los últimos cinco o diez minutos de consulta, dispositivos electrónicos en formato de juegos y donde se pretende que, a pesar de que no les guste el juego o les resulte difícil, persistan en él. Muchas veces los niños ante la primera dificultad en el juego ya quieren cambiar a otro. Por este motivo, es importante que seamos persistentes y no dejarlos abandonar ante el primer obstáculo que encuentren.

TERAPIA DE JUEGO

Como señala Juan José García Gutiérrez, psicólogo y terapeuta de juego, hoy en día existe una gran controversia acerca tanto del propio diagnóstico como del abordaje terapéutico que debe hacerse con los niños que padecen problemas clínicos de hiperactividad, inatención o ambos. Los diferentes modelos de intervención pretenden actuar sobre la variedad de síntomas que presentan estos niños, o bien, sobre el supuesto origen de los mismos, ya sea desde un modelo médico de intervención, uno más conductual o desde los modelos psicodinámicos y humanistas.

Charles Schaefer, en *Fundamentos de terapia de juego*, señala que "desde inicios del siglo XX, la terapia de juego ha sido la principal forma de intervención psicoterapéutica con niños. Además, incide en que una de las virtudes de la terapia de juego es la diversidad de enfoques teóricos que se aplican en la actualidad a la práctica clínica con niños y adolescentes. Esos modelos ofrecen una base amplia y firme para la aplicación del juego terapéutico a la gran variedad de problemas psicológicos experimentados por los jóvenes".

La Asociación para la Terapia de Juego (Association for Play Therapy), la define como "el uso sistemático de un modelo teórico para establecer un proceso interpersonal en que terapeutas capacitados utilizan los poderes terapéuticos del juego para ayudar a los clientes a prevenir o resolver dificultades psicosociales y a alcanzar un crecimiento y desarrollo óptimos".

Así pues, para Juan José García Gutiérrez, la solidez del modelo de terapia de juego permite intervenir sobre el abanico de trastornos considerados bajo el epígrafe de TDAH, desde una mentalidad abierta y multidisciplinaria. Sin entrar en detalles, desde la terapia de juego se toma en cuenta la dificultad de intervenir sobre los síntomas y las posibles causas, y la necesidad de una intervención desde un modelo más médico o conductual, cuando la complejidad o gravedad del caso así lo requiere. La responsabilidad, como terapeutas de juego, siempre va encaminada al trabajo con el niño en dos aspectos fundamentales: su autorregulación y la vinculación emocional con el terapeuta.

Un concepto claramente junguiano del modelo de terapia de juego permite confiar y buscar la capacidad del individuo, en este caso del niño, para encontrar y poner en marcha sus propios mecanismos de autocuración y autorregulación. El entorno de trabajo, tanto la sala de juego como la propia actitud terapéutica, está enfocado en la búsqueda de un vínculo y una relación segura y confiable con el niño, que le permita poner en marcha o desarrollar, sus propias estrategias y capacidades de aceptación y superación de los problemas por los que acude a consulta.

El juego es el lenguaje, la "relación en el juego" es la herramienta terapéutica. El juego, sobre todo el *cómo* y el *con quién* en el juego, es lo que permite a los terapeutas de juego no sólo evaluar los problemas del niño y su manera de afrontarlos, sino que es el medio a través del cual respetan, aceptan y/o promueven el cambio en el niño.

En el modelo de terapia de juego se trabajan dos dimensiones: *inconsciente-consciente* y *no directivo-directivo*. Esto va a permitir emplear técnicas muy variadas y eficaces. Desde técnicas más humanistas, de escucha y acompañamiento, hasta técnicas más directivas y pautadas como son las de los modelos más cognitivo-conductuales que ya se han mencionado al principio del capítulo. La actitud del terapeuta respecto a su *no directividad-directividad* va a estar motivada por el momento del proceso terapéutico en el que se encuentre el niño, así como el plano inconsciente-consciente de trabajo en el que se mueven.

ANÁLISIS BIOENERGÉTICO

Elena Guerrero, psicóloga clínica y especialista en análisis bioenergético, describe que esta modalidad de psicoterapia fue desarrollada por Lowen y se basa en las teorías de Freud y de Reich. El análisis bioenergético profundiza en el cuerpo y lo que éste expresa. Primero Reich, psiquiatra y psicoanalista, y más tarde Lowen, médico y psicoterapeuta, incorporan el cuerpo al tratamiento psicoterapéutico, pero no un cuerpo cosificado, sino un cuerpo lleno de energía, de sensación, de emoción, de palabras y un cuerpo vincular, capaz de interrelacionarse. Ambos autores, entienden que aquellas emociones que no pueden expresarse y, por lo tanto, elaborarse, se quedan fijadas, atrapadas en el cuerpo, con el consiguiente gasto de energía.

Entendiendo a la persona como una unidad psicosomática, el análisis bioenergético aborda los conflictos desde una perspectiva integrada de la realidad, en donde se incluyen los procesos psíquicos, las relaciones interpersonales y las funciones corporales y físicas. El trabajo psicoterapéutico consiste en tener en cuenta varios elementos: la comunicación verbal (como cualquier otra psicoterapia), el lenguaje corporal, los gestos, los movimientos, el tono de voz, las tensiones corporales, las sensaciones (frío, calor), las emociones (tristeza, alegría, miedo, rabia, etcétera), la manera de relacionarnos con los otros, es decir, el tipo de vínculo (seguro, inseguro, desorganizado).

El análisis bioenergético trabaja con los tres cerebros: desde el cerebro más primitivo, es decir, el complejo reptiliano (tronco encefálico), pasando por el sistema límbico, donde se encuentran las emociones, hasta llegar al neocórtex, donde se halla lo puramente cognitivo. Es la energía el hilo que hilvana todos estos sistemas cerebrales.

Los niños y adultos con TDAH están desbordados energéticamente, con los tres cerebros descompensados. Físicamente se encuentran en hiperactividad, emocionalmente desorganizados y desvinculados, y a nivel cognitivo, con dificultades de concentración y, por lo tanto, de aprendizaje. En la interrelación están inseguros, con problemas familiares y rechazo por parte de sus compañeros, generando la falta de comprensión, empatía y aislamiento. Por consiguiente, si hay dificultad en la cognición y en la relación, ¿por qué no usar como elemento de unión el cuerpo? El trabajo corporal puede proporcionarles una estructura que regule su impulsividad, puede ayudarles a contener y construir límites, a sentirse seguros en su espacio corporal, en definitiva, a tener conciencia de su cuerpo para tener conciencia del otro.

INTERVENCIÓN ASISTIDA CON ANIMALES

Como señala Susana Muñoz Lasa, especialista en rehabilitación y profesora titular de la Universidad Complutense de Madrid, las intervenciones asistidas con animales son una modalidad terapéutica de reciente incorporación que está mostrando buenos resultados en el campo de la neurorehabilitación y que pueden resultar muy eficaces como complemento en el tratamiento de los trastornos del espectro autista (TEA) y el TDAH.

En las intervenciones asistidas con animales se utilizan de manera principal el perro y el caballo, pero otros animales de contacto, como conejos, cobayas y burros, están mostrando también resultados muy interesantes. Y dentro de ellos, el gato de la familia, cuando es él mismo (el gato) el que adopta el papel de terapeuta. En el caso de las intervenciones asistidas con perros, se han encontrado beneficios como una disminución de los niveles de cortisol, incremento de la socialización y las habilidades sociales, interés por acudir a su centro escolar (cuando esperan la presencia del perro), disminución de los comportamientos sociales aversivos, descenso de la ansiedad y la ira, disminución del número de comportamientos obsesivos y agresivos y menor índice de distracción. Pueden aprender a esperar pacientemente y respetar su turno de contacto con el animal. También puede trabajarse la lectura, enseñando al niño a leerle al perro, que los escucha atentamente y no los juzga nunca.

El uso de las terapias ecuestres puede aportar la enseñanza al niño de que debe esperar su turno, de que hay límites que respetar (y si no, se termina la actividad). También les enseña a seguir rutinas como el cepillado del caballo y su alimentación. Son muchos los procesos psicológicos que se trabajan en estas terapias, como es la atención dividida, la memoria de trabajo, se aprende a establecer y perseverar para conseguir metas y se trabaja en la resolución de problemas. Se aprende que hay que respetar voluntades ajenas, ya que el caballo puede tener sus propias opiniones respecto a la terapia, y se mejora la atención, ya que ésta es imprescindible para lograr los objetivos de cada ejercicio.

Respecto a los gatos, hay experiencias con niños autistas en las que el gato de la familia mostró ser el mejor terapeuta posible. Pero lo decidió el gato. En estos casos se ha visto que se produce un incremento en la secreción de oxitocina, la hormona del apego que se secreta entre una madre y su bebé, tanto en el gato como en el niño. Estos descubrimientos podrían ser extrapolables a su papel en los casos de niños con TDAH.

En resumen, las intervenciones asistidas con animales pueden ser una ayuda terapéutica complementaria muy eficaz en las personas con TDAH, pero debe buscarse siempre a profesionales calificados y formados para ello. Algunas de las asociaciones que trabajan con terapias asistidas con animales son la Fundación MHG, que lo hace con caballos, y YARACAN, que trabaja con perros.

TRATAMIENTO FARMACOLÓGICO

Uno de los abordajes terapéuticos del trastorno por déficit de atención con hiperactividad es el farmacológico, que junto con la terapia psicológica conductual y la psicoeducación constituyen lo que entendemos como tratamiento multimodal del TDAH.

La intervención psicoeducativa es una estrategia que permite aportar la mejor información sobre el TDAH al paciente, a los padres y educadores con criterios de utilidad y veracidad científica.

Según Sonia López Arribas, psiquiatra infanto-juvenil en el Centro CADE y jefe de sección del Hospital Central de la Defensa, el objetivo principal del tratamiento farmacológico es el de mejorar la calidad de vida de los pacientes, mediante la disminución de los síntomas nucleares del TDAH. De esta forma se mejora el rendimiento académico, el funcionamiento social y el comportamiento en general del paciente.

Dicho tratamiento farmacológico debe iniciarlo y continuar su seguimiento un médico adecuadamente calificado y experto en el tratamiento del TDAH y sus comorbilidades más frecuentes.

El médico encargado y el pediatra deben realizar seguimientos y revisiones periódicas de talla, peso, efectos secundarios y evaluación del funcionamiento global del TDAH.

Una vez que se elige el tratamiento farmacológico del TDAH se debe tener en cuenta una serie de variables:

- La presencia de sintomatología y la intensidad de la misma.
- La comorbilidad o presencia de trastornos asociados: el especialista valorará qué síntomas son más graves para empezar el tratamiento de éstos.
- Actitud de la familia y aceptación de la toma de la medicación por parte del paciente: cuanta más información se aporte y más explicaciones y preguntas se respondan, mayor nivel de adherencia al mismo se producirá.
- Experiencia previa de falta de respuesta a un determinado fármaco: con base en ello, el especialista valorará las diferentes opciones terapéuticas de forma individualizada.
- Duración del efecto de la medicación: valorando las actividades

diarias del paciente así como su entorno académico o laboral.

- La facilidad de la administración del mismo: el número de tomas, así como su forma de ingesta, condicionará el grado de cumplimiento del tratamiento.

Los tratamientos farmacológicos disponibles en España para el TDAH se dividen en tres grandes grupos:

1) *Estimulantes del sistema nervioso central (SNC)*: reducen la recaptación de dopamina y noradrenalina por la neurona presináptica y, por lo tanto, aumentan el nivel de concentración de ambos en el espacio intersináptico.

2) *No estimulantes del SNC*: son inhibidores de la recaptación de la noradrenalina, que actúa inhibiendo el trasportador presináptico. También actúa sobre la dopamina a nivel cortical.

3) *Lisdexanfetamina*: es un profármaco de larga duración. Esta molécula se encuentra inactiva hasta que tras su ingestión oral se convierte en L-lisina y D-anfetamina en el tracto gastrointestinal y se trasforma en molécula activa de D-anfetamina en sangre, que permite una liberación sostenida de D-anfetamina que aumenta su eficacia.

Los estimulantes incrementan la disponibilidad y la activación de la dopamina. Su principal efecto fisiológico es el aumento de la actividad cerebral o arousal. En dosis altas producen un incremento de la actividad, puede causar conductas de tipo obsesivo-compulsivo y movimientos anormales, tales como tics o muecas. En dosis más bajas producen un aumento de la capacidad de concentración y sensación de calma. Los estimulantes incrementan la capacidad de una persona de centrarse en una única tarea, reduciendo su interacción con el entorno. Entre un 8 o 9 por ciento de los niños que toman estimulantes desarrollaron tics u otros movimientos anormales.

Los estimulantes, al igual que otras sustancias psicoactivas, inducen *tolerancia*, es decir, el cuerpo se adapta y contrarresta sus efectos, y si se usan de forma continuada, hay que aumentar la dosis para obtener los mismos efectos. La toma de estimulantes no sólo no aumenta el riesgo de consumo de sustancias sino que lo reduce en pacientes con diagnóstico de TDAH, en comparación con aquellos que no lo toman.

Dentro de los fármacos estimulantes, el metilfenidato (MPH) es el tratamiento farmacológico de elección en el TDAH, ya que mejora tanto la hiperactividad como la inatención en el TDAH. Puede provocar disminución del apetito y del sueño, fácilmente reversible reajustando la dosis.

La atomoxetina es un medicamento no estimulante, no derivado de la anfetamina. Su efecto positivo dura todo el día y se administra en una sola toma por la mañana. Los beneficios que presenta, frente a los estimulantes, es que no tiene potencial de abuso, puede mejorar la ansiedad y no empeora los tics, así como que su efecto se mantiene constante durante las tomas. Es el único fármaco no estimulante indicado por la FDA (Food and Drug Administration) para el tratamiento del TDAH tanto para el niño como para el adulto. La dosis recomendada en adultos es de 80 a 100 mg por día.

Su eficacia es mayor en mujeres y ante la presencia de alto nivel de síntomas emocionales. En un 60 por ciento mejoran significativamente los síntomas de hiperactividad, impulsividad y la desregulación emocional. La gran ventaja que aporta es que puede suspenderse sin necesidad de reducir progresivamente la dosis y sin provocar un síndrome de discontinuación ni síntomas de rebote. Los efectos secundarios más frecuentes son la pérdida de peso y de apetito, sobre todo al inicio del tratamiento, somnolencia, síntomas gastrointestinales como dolor abdominal, náuseas o vómitos, mareo y cansancio.

Según el estudio NICE 2009, tanto el metilfenidato como la atomoxetina son los dos fármacos recomendados para tratar el TDAH en niños y adolescentes por su eficacia y margen de seguridad a las dosis recomendadas.

11

Neuroeducación en el aula

¿QUÉ ES LA NEUROEDUCACIÓN?

Son muchas las aportaciones que hacen algunas ciencias como la medicina, la psicología, la didáctica y la neurociencia al campo de la educación. Hoy en día, existe un creciente interés en crear sinergias entre los conocimientos que tenemos sobre el cerebro y su implantación en los diferentes ámbitos educativos, aunque décadas atrás ya se habían dado los primeros pasos en este sentido.

Como señala el profesor Francisco Mora en su libro titulado *Neuroeducación. Sólo se puede aprender aquello que se ama* (2013), la neuroeducación consiste "en tomar ventaja de los conocimientos sobre cómo funciona el cerebro integrados con la psicología, la sociología y la medicina en un intento de mejorar y potenciar tanto los procesos de aprendizaje y memoria de los estudiantes como enseñar mejor en los profesores". Por tanto, la neuroeducación tiene presentes todos los hallazgos científicos en los campos de la motivación, la atención, la memoria, la inteligencia y otros procesos psicológicos, con el fin de entender mejor cómo funciona el cerebro y poder optimizar el proceso de enseñanza-aprendizaje. La neuroeducación es una manera diferente de enseñar y aprender, que rompe con el esquema tradicional al que estamos acostumbrados. No es una metodología exclusivamente indicada para alumnos con dificultades de aprendizaje, TDAH y otras necesidades educativas, sino que es una forma novedosa e inclusiva de entender el proceso de enseñanza-aprendizaje. Esta manera de entender la educación rompe con el paradigma educativo tradicional, que apuesta por la pasividad e inactividad del alumno en su silla, la clase magistral por parte del profesor, aprendizajes memorísticos y ejercicios repetitivos y poco contextualizados. Por tanto, la neuroeducación se caracteriza por los siguientes aspectos:

- El profesor deja de ser el único protagonista de la clase, teniendo los alumnos mucho mayor peso en el proceso de enseñanza-aprendizaje.
- El alumno, independientemente de su edad, pasa a ser un protagonista activo de su aprendizaje. Todo esto se consigue a través del juego y dinámicas que implican movimiento. Recordemos que el cerebro aprende *haciendo*.
- Las tareas que se planteen deben suscitar la curiosidad en el alumno que le permita desarrollar un pensamiento creativo y reflexivo.
- Las emociones adquieren un especial protagonismo, ya que en la educación tradicional han sido poco trabajadas y, en algunos casos, ignoradas.
- Es una metodología eminentemente práctica y experimental. Dejamos de simular que hacemos algo para pasar a hacerlo.
- Es una educación que busca la motivación intrínseca del alumno y mucho más participativa desde el punto de vista del agente que aprende.

Los hallazgos sobre cómo funciona el cerebro se deben aplicar a todo el ciclo educativo y, por tanto, se pondrán en marcha en todo contexto que implique un proceso de enseñanza-aprendizaje (etapa preescolar, escuelas de adultos, ámbito universitario, etcétera), no centrándose exclusivamente en la etapa de escolarización obligatoria. Es una necesidad para la moderna educación que los maestros, independientemente de la edad de sus alumnos, tengan los conocimientos mínimos sobre cómo funciona el cerebro y las estructuras más relevantes.

Como consecuencia de estas motivaciones, se han ido introduciendo en el contexto educativo una gran cantidad de cursos de formación y posgrados relacionados con la neuroeducación que promueven un nuevo modelo de enseñanza-aprendizaje. Son muchos los autores nacionales e internacionales que, desde distintas ramas profesionales y enfoques, promueven la neuroeducación como nuevo enfoque, entre los que destacamos a Francisco Mora, José Ramón Gamo y Sarah-Jayne Blakemore. El lector interesado podrá encontrar en la bibliografía referencias de libros y artículos de estos autores.

A lo largo de los últimos años han ido proliferando diferentes posgrados sobre neuroeducación. Un buen ejemplo de esto es el posgrado que dirigen Anna Forés y Marta Ligoiz en la Universidad de Barcelona. En cuanto a recursos se refiere, destacamos el blog de Escuela con Cerebro que gestiona Jesús Guillén y que debe ser un referente para todos los maestros que estén en sintonía con la neuroeducación.

Por este motivo, presentamos en este capítulo conceptos e ideas que se han demostrado eficaces en el contexto educativo. Todo lo aquí expuesto tiene la intención de que le sirva tanto a maestros y educadores como a padres para conocer de manera científica y cercana cómo funciona nuestro cerebro y qué estrategias son las más idóneas para conseguir potenciar nuestros aprendizajes, nuestra capacidad atencional, etcétera. Se presentarán diferentes hallazgos científicos en diferentes procesos psicológicos para ayudar al lector en su comprensión, funcionamiento y potenciación del proceso de enseñanza-aprendizaje. Al final del tema, se explican algunas de las metodologías más efectivas e innovadoras, no solamente para alumnos con TDAH sino para todo el grupo de clase.

PERIODOS CRÍTICOS

El *periodo crítico* es el momento del desarrollo evolutivo en el que estamos preparados para adquirir un determinado aprendizaje. Todos los animales tenemos periodos críticos. Así, por ejemplo, sabemos que el periodo crítico para adquirir y desarrollar el lenguaje en el ser humano acaba sobre los siete u ocho años. Los periodos críticos son como unas ventanas que, pasado un tiempo, se cierran. Una vez superado el momento en que la *ventana* se cierra, la adquisición de esa habilidad o aprendizaje será más complicada.

Pero también sabemos que no todas las habilidades y capacidades que hemos aprendido tienen una *fecha de caducidad*. Por esta razón, los neurocientíficos, en muchas ocasiones, prefieren hablar de periodos sensibles en el aprendizaje, debido a la gran plasticidad que tiene nuestro cerebro. Esta capacidad moldeable que tiene nuestro cerebro nos posibilita aprender durante todo el ciclo vital. Muchos aprendizajes, como son los académicos, se pueden dar a lo largo de toda la vida, ya que no tienen un periodo crítico. Por ejemplo, las personas tenemos la vida entera para aprender a escribir, dominar una segunda lengua o aprender a hacer una paella. Es verdad que a menor edad, mayor facilidad para el aprendizaje, puesto que nuestro cerebro tiene mayor plasticidad, pero aquellas tareas que no tienen periodo crítico se pueden aprender a lo largo del todo el ciclo vital, aunque sea con menor rapidez y mayor esfuerzo.

Los periodos críticos difieren entre ellos en el momento en que se abre la ventana cerebral, en el tiempo que está abierta y el momento en que se cierra. El dramático caso de Genie, un caso de los llamados niños salvajes o ferales, demuestra cómo funcionan los periodos críticos. Genie nació en 1957 en California y desde muy pequeña fue encerrada en una habitación donde sólo recibía comida. Era una niña carente de todo afecto, atención y calidez humana. No fue sino hasta 1970 cuando la niña fue descubierta por casualidad. Para entonces, Genie tenía trece años y, a pesar de los ingentes esfuerzos que hicieron los diferentes profesionales que trabajaron con ella, no consiguieron avanzar mucho, debido a que la gran mayoría de periodos críticos habían concluido a esa edad. Sólo lograron que pronunciara algunas palabras sueltas, no pudo caminar de manera correcta y su desarrollo emocional y social fue bastante pobre. Desgraciadamente, Genie no recibió los estímulos necesarios para desarrollar las habilidades que todos necesitamos para desenvolvernos en la vida. Para el lector interesado en obtener más información, puede consultar el artículo "Genie: la niña salvaje. El experimento prohibido (Un caso de maltrato familiar y profesional)" de Agustín Moñivas, Carmen San Carrión y María del Carmen Rodríguez o ver el documental de Documentos TV titulado *Genie: la niña salvaje*.

Ya hemos comentado que existen periodos críticos para algunas destrezas, mientras que otras habilidades se pueden desarrollar a lo largo de cualquier momento del ciclo vital. Aspectos como el lenguaje, la visión, la audición, la motricidad y las habilidades sociales tienen un periodo crítico, momento tras el cual no se desarrollarán.

Los investigadores de la Universidad de Harvard David Hubel y Torsten Wiesel realizaron un estudio para comprobar el periodo crítico de la visión en los gatos. Para ello, taparon un ojo a varios gatos en cuanto nacieron. A los tres meses de vida, les destaparon el ojo y pudieron comprobar que los gatos no tenían conexiones neuronales en dicho ojo, por lo que prácticamente quedaron ciegos de por vida. Por este hallazgo, los investigadores obtuvieron el Premio Nobel de Fisiología en el año 1981. También es cierto que investigaciones posteriores de estos y otros científicos han llegado a la conclusión de que según cuál sea el periodo de la privación y las circunstancias posteriores a la misma, es posible recuperar parte de la función.

PLASTICIDAD CEREBRAL

Muy relacionada con los periodos críticos está la noción de plasticidad cerebral, que es una de las características más sobresalientes de nuestro cerebro. Este concepto se refiere a la capacidad de nuestro cerebro para adaptarse a las circunstancias cambiantes del entorno en donde se desarrolla. La plasticidad también se manifiesta cuando el cerebro se tiene que adaptar y encontrar nuevas maneras de aprender tras haber sufrido un accidente cerebral, tumor o lesión cerebral del tipo que sea. En estos casos, las zonas cercanas al lugar de la lesión asumen las funciones de la zona dañada. Esta característica es más potente en los primeros años de vida, aunque que se da a lo largo de todo el proceso vital.

Otro ejemplo que demuestra la gran capacidad de plasticidad que tiene nuestro cerebro es que tras el nacimiento y durante los primeros años de vida se produce una regeneración de las neuronas dañadas. Como ya se ha comentado, la plasticidad cerebral se da a lo largo de toda la vida, pero a menor edad, será más rápida y efectiva. Supongamos que tenemos a un niño de cinco años y a una persona de sesenta y tres años. Ambos han sufrido un traumatismo importante en la zona del lóbulo occipital, región relacionada con la codificación y el reconocimiento de los estímulos visuales. Aunque ambos tengan dañada una misma región cerebral, la plasticidad cerebral del niño de cinco años es mayor, por lo que su recuperación será mejor y más rápida.

Uno de los primeros estudios que demuestran de manera científica la plasticidad del cerebro es el de Eleanor Maguire, quien realizó una investigación sobre el hipocampo de los taxistas de Londres. Más adelante veremos detalles sobre este estudio.

Un estudio llevado a cabo por Christo Pantev, investigador de la Universidad de Münster (Alemania), llegó a la conclusión de que la corteza auditiva, que es la parte que se encarga de procesar los diferentes sonidos que oímos y que se sitúa en el lóbulo temporal, está un 25 por ciento más desarrollada en los músicos expertos que en el resto de la población. Esto demuestra el sorprendente hecho de la plasticidad cerebral. Otro ejemplo de plasticidad cerebral se da en las personas ciegas. Se ha demostrado que la corteza visual de las personas ciegas se dedica a la lectura Braille.

NEUROGÉNESIS

Un concepto que tiene mucho que ver con la plasticidad neuronal es el de *neurogénesis*, es decir, el nacimiento de nuevas neuronas en el cerebro. Como señala José Manuel García Verdugo, catedrático de Biología Celular de la Universidad de Valencia, la neurogénesis es mayoritariamente embrionaria, pero todos los mamíferos presentan una neurogénesis después del nacimiento, también llamada adulta. Esto sólo ocurre en dos regiones: el giro dentado del hipocampo y los bulbos olfatorios. Sin embargo, los humanos mantenemos dicha neurogénesis a lo largo de nuestra vida en el giro dentado, área relacionada con la memoria y el aprendizaje, mientras que para los bulbos olfatorios, sólo tiene lugar durante etapas posnatales tempranas.

Otra diferencia respecto a los mamíferos no humanos, es que hemos desarrollado una neurogénesis posnatal en la corteza prefrontal también implicada en la memoria y el aprendizaje. Además, comparado con lagartos y otros mamíferos no humanos, el ser humano no tiene una gran capacidad de neurogénesis, ya que en estas especies se generan muchas más neuronas que sustituirían a las neuronas viejas. Como contrapartida, la capacidad memorística y de aprendizaje es mayor en nuestro caso.

Existen diferentes aspectos que favorecen la neurogénesis, como el ejercicio físico, mantener el cerebro activo, ser curioso, el aprendizaje de nuevos idiomas o destrezas, etcétera. En cambio, situaciones estresantes, consumo de drogas o una falta de estimulación disminuyen la neurogénesis en nuestro cerebro.

NEURONAS ESPEJO

Cuando realizamos cualquier conducta, como puede ser lavarnos los dientes, jugar tenis o pisar el acelerador del coche, estamos poniendo en funcionamiento las neuronas de la corteza motora, área que está ubicada en el lóbulo frontal. Lo curioso de todo esto es que si vemos a alguien que está realizando alguna de estas conductas, nuestras neuronas motoras también se activarán. Por lo tanto, las neuronas motoras se excitan cuando realizamos una conducta o bien cuando vemos a alguien realizar esa misma conducta. Estas neuronas reciben el nombre de *neuronas espejo* y fueron descritas en la década de 1990 por el neurobiólogo italiano de la Universidad de Parma (Italia), Giacomo Rizzolatti. El descubrimiento de este tipo de neuronas se produjo por casualidad investigando con monos. Un colaborador de Rizzolatti tomó un plátano y se lo empezó a comer. Observó que los sensores que tenía instalado el mono en su corteza prefrontal registraron activación en las neuronas espejo del mono. El animal no se había movido en absoluto, pero sus neuronas espejo estaban activas, ya que estaba observando cómo el investigador se comía el plátano.

Una de las implicaciones prácticas que tienen las neuronas espejo se demostraron en un fascinante y sorprendente estudio. Se dividió a los sujetos participantes en dos grupos. El primer grupo realizaba ejercicios de flexión y contracción del bíceps con pesas. El segundo grupo solamente imaginaba que realizaba estos ejercicios de flexión y contracción. Si concluimos que las personas que formaban parte del primer grupo vieron aumentada su fuerza muscular en los bíceps, a nadie le extrañaría. Lo curioso de este estudio es que se pudo demostrar que aquellas personas que sólo imaginaban dichas contracciones y flexiones del bíceps también vieron aumentada la fuerza y el tamaño de dicho músculo en un 13.5 por ciento. Este estudio viene a demostrar la potencia de nuestro cerebro, de las neuronas espejo y de nuestra imaginación. Es por este motivo que la visualización se utiliza mucho en ámbitos profesionales (deportistas, conferenciantes, etcétera).

HEMISFERIOS CEREBRALES

El cerebro se divide en dos hemisferios: izquierdo y derecho. La estructura que se encarga de hacer la función de puente entre los dos hemisferios es el *cuerpo calloso*, que es un haz de fibras nerviosas que permite la comunicación entre los dos hemisferios. Aunque algunas partes concretas del cerebro, sean del hemisferio izquierdo o del derecho, tienen una función determinada, hoy en día sabemos que el cerebro funciona de manera holística, es decir, globalizadora. A pesar de que el área de Broca, situada en el hemisferio izquierdo, tiene importantes funciones relacionadas con el lenguaje expresivo, no es la única estructura cerebral que se activa cuando hablamos porque, como ya hemos comentado, el cerebro funciona como un todo integrado. Además, como hemos visto, la plasticidad contradice la idea de que cada parte del cerebro se ocupa de una única función o habilidad.

El hemisferio derecho es muy receptivo a la información novedosa que le presentamos al alumno, aunque ésta sea de tipo verbal. Sabemos que los grandes centros de producción e interpretación del lenguaje están ubicados en el hemisferio izquierdo, pero aun así, ante información verbal nueva, se activa el hemisferio derecho. Por lo tanto, para potenciar la adquisición del conocimiento de un alumno o una clase será necesario presentar material visual. Un ejemplo lo constituye cualquier tipo de documento visual, como son los videos tutoriales. Una vez presentada la información novedosa y activado el hemisferio derecho, será el hemisferio izquierdo, que es eminentemente verbal, quien consolide la información de una manera lingüística. Por esta razón, si queremos aprender una nueva destreza, lo mejor que podemos hacer es empezar por ver un video demostrativo de cómo se hace (activamos el hemisferio derecho) y posteriormente leer sobre esa habilidad (hemisferio izquierdo) para anclar ese aprendizaje. Si queremos explicar en clase en qué consiste el principio de Arquímedes, lo ideal es empezar por ver un video que lo explique para pasar posteriormente a leer sobre esta idea. En el ámbito doméstico, si nos disponemos a hacer una nueva receta de cocina en casa lo mejor sería empezar por ver un video explicativo de algún chef experto y ya después leer sobre la receta. Por este motivo la clase magistral resulta poco efectiva en la gran mayoría de los casos.

Ya hemos comentado lo potente que es la presentación de videos y documentación visual cuando queremos enseñar conocimientos o destrezas nuevas. Para ello, sabemos que lo más motivador y efectivo es que sean los propios alumnos quienes se expliquen entre ellos los conocimientos. Esto es más potente que cuando es el profesor quien lo explica en clase. Hoy en día existen multitud de programas para que los alumnos presenten de manera visual videos donde expliquen y desarrollen los diferentes conceptos, destrezas y habilidades que se están impartiendo en clase. Dos ejemplos de aplicaciones novedosas que sirven para esto son *Explain Everything* y *Educacreations*. Ambos son programas para grabar clases que nos permiten tomar videos de Internet y que los alumnos pongan la voz a dicho video y expliquen el concepto. Con este tipo de actividades estamos activando las funciones del hemisferio derecho, entre las que destacamos la viso-espacial, la creatividad y la novedad.

APRENDIZAJE

El ser humano está preparado genéticamente para aprender y adaptarse al entorno donde vive. Los reflejos nos permiten responder de manera automática ante distintos estímulos, dando un tiempo a que los diferentes músculos y el cerebro se vayan desarrollando poco a poco.

Ya desde nuestros primeros momentos de existencia somos capaces de imitar una conducta sencilla, como es abrir la boca o sacar la lengua. Nacemos con una predisposición genética para la imitación. Este aspecto está muy relacionado con las neuronas espejo. Uno de los primeros investigadores que demostró esto fue Andrew Meltzoff, profesor de la Universidad de Washington (Estados Unidos) en 1977.

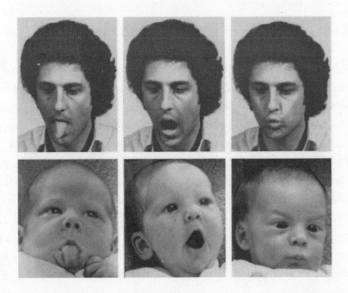

Otro de los aprendizajes sorprendentes que realizamos a los pocos meses de edad tiene que ver con el concepto numérico. A los cinco meses de edad, los bebés son capaces de entender que uno más uno suman dos. La profesora de la Universidad de Yale Karen Wynn realizó una investigación con bebés que sugiere la existencia de un sentido numérico innato. Para demostrar su hipótesis, ideó un original experimento. Se le enseñaba a un bebé de cinco meses un juguete. Después se colocaba una sábana delante del juguete, de tal manera que el niño no podía ver lo que había detrás. Aparecía un segundo juguete que se colocaba detrás de la sábana. Acto seguido se levantaba la sábana y se veía cómo reaccionaba el bebé. En algunos casos, en vez de aparecer dos juguetes, aparecían más de dos o sólo uno. La profesora Wynn llegó a la conclusión de que cuando detrás de la sábana había dos juguetes, los niños apenas prestaban atención, ya que aparecía lo que el niño se imaginaba que tenía que haber. En cambio, si había uno o tres juguetes, el niño se quedaba mirándolos como diciendo: "No me salen las cuentas".

Como ya hemos comentado, el aprendizaje tiene mucha relación con el resto de procesos psicológicos, especialmente con las emociones y la memoria. La amígdala y el hipocampo son dos de las estructuras del sistema límbico (cerebro emocional) que mayor implicación tienen con el aprendizaje. Sabemos que si estresamos o activamos en exceso la amígdala provocaremos un déficit de dopamina a nivel cerebral y, por tanto, no habrá aprendizaje.

El profesor Francisco Mora señala que la curiosidad es la llave que va a abrir las puertas de la atención y la conciencia para que posteriormente podamos aprender y memorizar lo aprendido. Debemos recordar que los aprendizajes deben estar contextualizados, deben tener un sentido y que se aprende haciendo.

EMOCIONES

Hemos comentado a lo largo del presente libro la relevancia que tiene el sistema límbico en el ámbito emocional y en la conducta del niño con TDAH. Como ya hemos señalado, la vía que conecta bidireccionalmente el sistema límbico con la corteza prefrontal se denomina circuito estriado superior. En el caso de los chicos con TDAH, esta vía, insuficientemente madura, provoca una mala regulación de las emociones (mala gestión de sus emociones, frustraciones continuas, dificultad en el reconocimiento de las emociones ajenas, etcétera). En los niños sin TDAH, el circuito estriado superior suele estar bien establecido alrededor de los cuatro años, aunque a lo largo de los siguientes años se tendrá que consolidar.

Si tuviéramos que destacar las tres estructuras más relevantes del sistema límbico para la neuroeducación, éstas serían el hipotálamo, la amígdala y el hipocampo. Veámoslas más detenidamente:

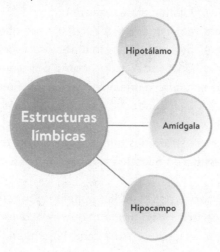

Hipotálamo

Es una estructura que tiene relación con la satisfacción de las necesidades básicas. Por tanto, tiende al equilibrio (*homeostasis*) mediante la autorregulación de necesidades básicas. Por ejemplo, cuando tenemos sed después de hacer deporte, nuestro hipotálamo está activado y en desequilibrio hasta que consumamos la conducta autorregulatoria de beber agua e hidratarnos para alcanzar de nuevo el equilibrio. Todas las necesidades básicas están aquí registradas: hambre, sed, sexo, temperatura, sueño, protección, etcétera.

Amígdala

Tiene un papel básico en el aprendizaje y en las emociones. Para que exista aprendizaje, es necesario que la amígdala esté activada y libere dopamina. Este neurotransmisor es esencial para que se dé el aprendizaje. En caso de que la amígdala no esté excitada o lo esté, pero en exceso, no se liberarán moléculas de dopamina y por tanto no podemos pensar y retener información. Esto es lo que le ocurre a muchos alumnos cuando están haciendo un examen. Tienen la amígdala hiperactivada y, por tanto, se inhibe la liberación de dopamina, con lo que el alumno no puede acceder a sus conocimientos y como se dice coloquialmente "se queda en blanco". Una vez que ha terminado el examen y se relaja, la amígdala vuelve a su estado normal y es cuando el alumno recuerda toda la información que había estudiado para el examen.

Un buen clima familiar, social y escolar hace que el niño aprenda adecuadamente. No hay aprendizaje sin emoción. Si los contextos donde se desarrolla el niño no son adecuados, como por ejemplo un chico que siente miedo hacia su padre o una niña que no confía en su profesor, el aprendizaje se verá muy limitado, ya que no existe un clima de tranquilidad y confianza para el menor.

Existen muchas estrategias que podemos utilizar para provocar la liberación de dopamina en nuestros alumnos, entre ellas se destacan:

- *Actividad motriz*: por ejemplo, ponerse por parejas y jugar a empujarse con una mano atada mientras están sobre un solo pie. Otra opción es jugar con una canasta pequeña y con una pelota.

- *Provocar el bostezo*: si hablamos del bostezo o vemos fotos o algún video de gente que está bostezando, podemos fácilmente contagiarnos y aumentar la liberación de dopamina.
- *Reírse*: cualquier broma, chiste o historia divertida va a provocar una liberación de dopamina a nivel cerebral.
- *Dulces, la gasolina del cerebro*: tomar algo de azúcar aumenta los niveles de atención y de activación funcional de los chicos.
- *Jugar*: los juegos mejoran la activación límbica. Es importante que un profesor sea creativo o, en su defecto, que conozca y domine muchos juegos.

En determinados momentos del día, por ejemplo después de comer, la alerta funcional suele bajar significativamente y, por tanto, a los alumnos les cuesta más prestar atención. Para ello, o bien les presentamos actividades que los motiven mucho y capten su atención o podemos aplicar estrategias como las que hemos descrito. Un niño con TDAH que tenga altos los niveles de activación neurofuncional no necesita movimiento, puesto que ya está atento y activo. En cambio, cuando la tarea no sea lo suficientemente atractiva, será necesario poner en marcha otras estrategias como las anteriormente señaladas.

Como ya hemos comentado, la activación de la amígdala es muy superior cuando un niño le está explicando algún concepto o habilidad a otro niño. También se da con niños más mayores. Esta activación, y por tanto su aprendizaje, es mayor entre alumnos que entre un profesor y un alumno.

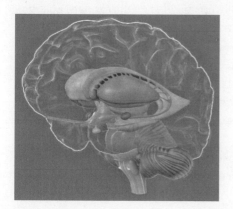 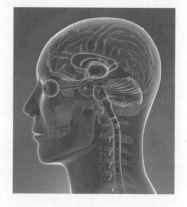

Hipocampo

En esta estructura se guardan los recuerdos y acontecimientos pasados. Aunque en realidad, en el hipocampo no se guarda el acontecimiento o el recuerdo en sí, sino que ahí se registran las coordenadas del lugar de la corteza cerebral donde está el recuerdo. El hipocampo tiene un funcionamiento muy similar al que tienen los buscadores de Internet, como Google. Si quiero buscar florerías cerca de mi domicilio, al hacerlo en Google me aparecerán los links que me llevan a las diferentes páginas webs de florerías de la zona. Google no tiene la información, tiene el link. Lo mismo le pasa al hipocampo, que no guarda el recuerdo como tal, sino que registra el enlace. Al dar clic en el link de Google, me lleva a la web que yo elija. El hipocampo me dará las coordenadas para llegar a la parte de la corteza cerebral donde está ubicada toda la información relativa al recuerdo.

El hipocampo, además de tener funciones importantes relacionadas con la memoria a largo plazo, también guarda relación con la orientación espacial. En un conocido estudio llevado a cabo por Eleanor Maguire se demostró que los taxistas de Londres tienen un mayor tamaño del hipocampo que el resto de personas, ya que tienen registrados miles de rutas y calles debido a su profesión. Además, se comprobó que a mayor número de años de experiencia trabajando como taxista, mayor tamaño del hipocampo.

En el tema dedicado al desarrollo socioemocional del niño se ha profundizado en describir qué son las emociones. También hemos comentado que una de las emociones más importantes es la curiosidad. Es verdad que no todos tenemos los mismos niveles de curiosidad. En algunas personas es más innata y en otras hay que provocar o invitar a que la tengan con grandes dosis de motivación externa, como pasa en el caso de algunos alumnos. Siguiendo la brillante exposición que propone Francisco Mora en el libro anteriormente mencionado, éstas son algunas de las estrategias para favorecer la curiosidad en los alumnos, desde la etapa de primaria hasta el ámbito universitario:

- Iniciar la clase con algo provocador, algo diferente que llame la atención del alumno, ya sea una idea, un dibujo o una manera de vestir.

- Crear un clima de confianza en la clase para que los alumnos se sientan parte de ella, se sientan respetados y no tengan ningún miedo a participar y dar sus opiniones.
- A lo largo de la clase, presentar al alumno frases o contenidos que planteen alguna duda o incongruencia para favorecer el pensamiento crítico y la atención.
- Incentivar la exploración personal del alumno. Mandando alguna tarea o video para casa que invite la reflexión del alumno.
- Reconocer públicamente los logros de determinados alumnos o de la clase entera.

Es más sencillo que almacenemos información o conceptos en la memoria si a lo que nos están enseñando le encontramos un sentido o un utilidad para el futuro. Por ejemplo, la atención y la memorización de información será mayor en un curso teórico-práctico de buceo al que nos hemos apuntado de manera voluntaria y con mucha ilusión que si tenemos que asistir a un curso de formación obligatorio en nuestro trabajo sobre un tema que no nos resulta interesante y relevante. La diferencia entre una situación y otra es la motivación y necesidad de poner en marcha en un futuro lo que estoy aprendiendo en el curso.

Entrando en un contexto más clínico, una de las técnicas psicoterapéuticas más innovadoras para tratar de manera rápida y sencilla problemas emocionales, entre otras patologías, es EMDR, cuyas siglas equivalen en inglés a Eye Movement Desensitization and Reprocessing, que en español se traduce como desensibilización y reprocesamiento por movimientos oculares (DRMO). En 2009, EMDR fue reconocida por la Organización Mundial de la Salud como la forma de tratamiento más efectiva para las dificultades emocionales y traumas. En 2010 fue reconocida como una terapia basada en la evidencia científica. Se puede aplicar tanto en niños como en adultos.

ATENCIÓN

En este capítulo no vamos a dedicar mucho espacio a la atención, puesto que ha ocupado un lugar central en el resto del libro. Sí volveremos a incidir en que la atención es un requisito indispensable para que haya aprendizaje. Un buen maestro debe ser como un buen mago, alguien capaz de captar la atención de su público. A un maestro no le basta con pedirle al niño que preste atención. Debe ser creativo para ingeniárselas bien y captar la atención de su alumnado.

Como explica José Ramón Gamo, especialista en Audición y Lenguaje y director pedagógico del CADE, la clase magistral no es efectiva en ningún caso y con ningún público, salvo que se den los tres siguientes requisitos en el profesor:

1) El profesor es un buen comunicador.
2) El profesor es un gran motivador.
3) El profesor es un especialista en la materia.

A pesar de estas tres condicionantes para que la clase magistral sea efectiva, sabemos que no es la mejor forma de optimizar la actividad cerebral y el aprendizaje de ningún alumno.

MEMORIA

Gracias a nuestra memoria somos capaces de rememorar acontecimientos pasados que llevan guardados muchos años. La memoria es el proceso mediante el cual almacenamos información que nos resulta relevante. En el caso del ser humano, la memoria no sólo guarda información relativa a la supervivencia sino que también almacenamos datos sobre nuestra cultura, costumbres, hábitos, momentos divertidos y graciosos, etcétera.

El modelo clásico que se ha utilizado para explicar cómo funciona la memoria es el propuesto por Atkinson y Shiffrin en 1968.

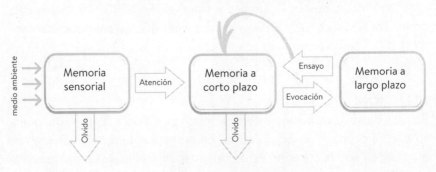

Este modelo parte de la idea de que en el ambiente hay muchos y variados estímulos que son captados por el almacén o memoria sensorial. Dicho almacén guarda de manera no consciente durante décimas de segundos toda la información que captan nuestros sentidos. Tenemos un almacén sensorial para cada uno de los sentidos. Los dos más desarrollados en el ser humano son el almacén sensorial visual (icónico) y el almacén sensorial auditivo (icónico). Una vez ahí, es cuando entra en juego la atención como proceso consciente. Dado que no podemos prestar atención a todos los estímulos que percibimos, la voluntad y nuestros intereses se decantarán por qué estímulos del almacén sensorial atenderemos. La información pasa a la memoria a corto plazo, donde podrá mantenerse viva durante unos quince o veinte segundos. Si queremos aumentar el tiempo de permanencia de la información, una de las mejores estrategias es la repetición, como solemos hacer cuando nos dan un número de teléfono. Si la información se consolida o aprende, es cuando pasará al almacén permanente. Centrándonos en esta memoria a largo plazo (MLP), podemos decir que existen tres tipos de información que podemos encontrar:

- *Memoria semántica*: hace referencia a todo el material que guardamos en relación con conceptos. Gracias a la memoria semántica, podemos describir qué es un bolígrafo, para qué sirve, cómo funciona, etcétera.
- *Memoria episódica o autobiográfica*: es la memoria de los recuerdos de nuestra vida. En ella almacenamos las celebraciones de nuestros cumpleaños, el día de nuestra boda, la excursión que hicimos a la montaña con nuestros padres cuando éramos pequeños y lo angustiados que estábamos ayer en el embotellamiento.
- *Memoria procedimental*: es la encargada de guardar información sobre la manera de hacer determinadas conductas, como montar en bicicleta, escribir en el teclado de la computadora, conducir un coche, pintar un cuadro, etcétera. Codifica la información de manera automática y al margen de la conciencia.

La memoria semántica y la autobiográfica tienen la característica de que ambas son de tipo declarativo y explícito, es decir, el material que almacenan se puede verbalizar y es consciente. En cambio, la memoria procedimental es un tipo de memoria no declarativa e implícita, por lo que es más difícil de expresar con palabras. Su aprendizaje y memorización es más inconsciente que las memorias explícitas. Por este motivo, es bastante más complicado explicar con palabras cómo se aprende a montar en bicicleta que contar algún acontecimiento de nuestra memoria autobiográfica.

En diversos estudios se ha comprobado que no guardamos recuerdos antes de los dos años, ya que las áreas del cerebro que guardan los recuerdos conscientes (memoria declarativa) no terminan de desarrollarse hasta esa edad. Desde el nacimiento hasta los dos años de edad se guarda material, pero de manera inconsciente. Un buen ejemplo de esto lo representan las fobias.

Recordemos que el hipocampo es esencial para la memoria pero no es el depósito definitivo de nuestros recuerdos, ya que aquí se registra el link, y es en la corteza cerebral donde se almacena el recuerdo o la información en sí.

En diferentes estudios se ha demostrado que las memorias repetitivas, también llamadas memorias no significativas, no son nada efectivas para los estudiantes. Un elevado porcentaje de estudiantes tratan de aprenderse los temas mediante este tipo de memoria repetitiva. Además de ser una estrategia poco motivadora, se ha visto que no conduce al aprendizaje propiamente dicho. No hay un verdadero aprendizaje del conocimiento. Las características de este tipo de memoria son las siguientes:

- Es el tipo de memoria que utilizamos para aprendernos los nombres, fechas, ríos, etcétera.
- No es una información que se razone sino que sólo se almacenan datos.
- Tienen una duración aproximada de 72 horas.
- Se aprenden el material de memoria y en un mismo orden.

Para que un acontecimiento o concepto se instaure en la memoria a largo plazo es necesario que se manipule esa información muchas veces. Un concepto que aprendí en una conferencia del profesor Mora es el de *repetición convergente*. Consiste en que el maestro explica un concepto en varias ocasiones a lo largo de una misma clase, pero de manera y con ejemplos diferentes. Así, los conceptos clave de la clase quedan reforzados de múltiples formas.

METODOLOGÍAS INNOVADORAS EN EDUCACIÓN

Para terminar el presente capítulo, he querido hacer una recopilación de algunas de las metodologías más efectivas para aplicar en el aula. Algunas de ellas son realmente innovadoras, mientras que otras ya han demostrado su eficacia a lo largo de las últimas décadas en diferentes sistemas educativos.

Todo a nuestro alrededor evoluciona en los últimos años: los teléfonos celulares son cada vez más inteligentes, las nuevas tecnologías nos hacen la vida más fácil y, como no puede ser de otra manera, el modelo de enseñanza-aprendizaje también ha cambiado.

El aprendizaje cooperativo, estudiado y popularizado por Spencer Kagan, psicólogo y profesor de Psicología y Educación en la Universidad de California, apuesta por enganchar a los alumnos al aprendizaje. Se basa en la utilización de estrategias para que los alumnos se involucren en la tarea y no solamente aprendan, sino que además ayuden a sus compañeros a aprender. No debemos confundir el aprendizaje cooperativo con el trabajo en grupo.

Las tres metas fundamentales en que se basa el aprendizaje cooperativo son:

- *Visión*: hay una interacción simultánea de todos los miembros del grupo, una igual participación, interdependencia positiva y, además, una responsabilidad individual de cada alumno.
- *Estructuras*: éstas forman parte de cada sesión y no tienen una duración de más de diez minutos. Se pueden usar para trabajar contenidos o para trabajar el espíritu de aula, como por ejemplo las relaciones entre los compañeros de clase.
- *Un cerebro contento aprende mejor*: trabajando con estas estructuras, el cerebro está más relajado, motivado y los alumnos se sienten más seguros. Activamos las amígdalas cerebrales de los alumnos y, por tanto, posibilitamos el aprendizaje.

Un aspecto importante del aprendizaje cooperativo, como ya hemos adelantado, es la realización de descansos cerebrales. El cerebro de los niños puede mantener la atención durante cortos periodos de tiempo, por lo que es conveniente hacer algún juego o algún baile cortito para que su cerebro descanse y así puedan volver a prestar atención a la siguiente actividad.

Un ejemplo de estructura de aprendizaje cooperativo es PIMAPA, y se pone en marcha siguiendo estos pasos:

1. Los alumnos se ponen de pie.
2. El profesor lanza una pregunta e indicará quién debe comenzar de forma objetiva a responderla (quien tenga el pelo más largo, el que haya nacido antes, quien viva más lejos del colegio, etcétera).
3. Suena la música y los alumnos comenzarán a caminar por la clase con una mano levantada, hasta que la música deje de sonar.
4. Cuando la música se pare, los alumnos buscarán una pareja cercana y chocarán sus manos.

5. A continuación, cada uno de ellos responderá a la pregunta planteada por el profesor. Si uno se equivoca, su compañero lo corregirá, y si acierta, el compañero lo felicitará.
6. Cuando hayan acabado volverán a levantar la mano para hacerle saber al profesor que ya han terminado.
7. La música volverá a sonar y los alumnos volverán a caminar por la clase hasta que termine.
8. Buscarán otro compañero, ya que no pueden repetir pareja, y volverán a contestar otra pregunta que lance el profesor.

Como señala José Antonio Fernández Bravo, experto en educación y enseñanza de Matemáticas, lo esencial para el docente será distinguir las necesidades del que aprende de los deseos del que enseña. Lo mismo ocurre con los padres en el ámbito familiar. La mejor metodología que pueden llevar a cabo los padres es generar en sus hijos necesidades e incentivar su curiosidad. Estaríamos haciendo todo lo contrario si les decimos a nuestros hijos qué es lo que tienen que hacer. En este caso, no les dejamos ser creativos, no les proponemos retos atractivos y podemos entrar de lleno en una sobreprotección que no es adecuada para la autonomía del niño: "Marcar un objetivo es esencial, determinar un procedimiento es perjudicial".

Según su punto de vista, las metodologías educativas no se deben focalizar sólo y exclusivamente en los resultados, sino principalmente en los procesos. Las diferentes asignaturas, como matemáticas, lengua y educación física, no son más que un medio para desarrollar integralmente a la persona.

Otra de las metodologías innovadoras es el aprendizaje invertido (*flipped learning*). Tradicionalmente, la escuela y la universidad se han caracterizado por ser un lugar donde el maestro tenía toda la información relativa a una materia y explicaba a sus alumnos todos sus conocimientos. El profesor disponía de la información y se mostraba como el único elemento activo de la clase. En cambio, el alumno llegaba sin ningún conocimiento de la materia y escuchaba de manera pasiva al experto profesor. Hoy en día, dado el avance tecnológico que hemos vivido en los últimos años, este paradigma educativo se ve obsoleto. El aprendizaje invertido da mayor protagonismo y actividad al alumnado. Las clases son el lugar en donde se trabaja en grupo y el profesor se puede dedicar indivi-dualmente a resolver las dudas de cada uno de sus alumnos, mientras que es fuera del aula donde el alumno tiene que ahondar en su conocimiento. Un ejemplo muy potente y motivador para estos alumnos es la plataforma de Khan Academy, que contiene videos, explicaciones y ejercicios sobre diferentes asignaturas. Es gratuita y se puede compartir el aprendizaje y las dudas con el resto de los participantes y tutores. Hay más información sobre esta plataforma en los recursos que aparecen al final del libro.

Como comenta Pilar Nieto, maestra de Educación Infantil, el *trabajo por proyectos* es un método de aprendizaje en el que los estudiantes planean, implementan y evalúan proyectos que tienen aplicación en el mundo real más allá del aula. Este método permite explorar las áreas de interés de los alumnos, fijar contenidos significativos y adaptarse a los distintos estilos de aprendizaje y niveles de habilidad desde un punto de vista interdisciplinario. Son muchas las ventajas del trabajo basado en proyectos para un alumno con TDAH; destacan el aumento de la motivación y autoestima como las más significativas. Este método implica introducir prácticas que estimulan una mayor participación de los alumnos partiendo de sus experiencias, respetando los intereses y la conexión con la realidad. Al ser el protagonista de su propio aprendizaje, el alumno está motivado y comprometido, ya que desempeña un papel activo en el proceso y se crea un vínculo afectivo, que es la base de este modelo de aprendizaje.

12

Reflexiones de expertos sobre el TDAH

En el presente capítulo del libro doy la palabra a un nutrido grupo de profesionales de distinta índole para que reflexionen y expresen su punto de vista en relación con diferentes aspectos de la patología que nos ocupa: el trastorno por déficit de atención con hiperactividad. Todos los profesionales que aquí participan son figuras de referencia en el TDAH o en otros campos o áreas pero que tienen una estrecha relación con las dificultades que presentan los niños con TDAH. Agradezco de antemano la participación generosa y voluntaria de todos ellos.

Manifestaciones clínicas del trastorno por déficit de atención con hiperactividad

JOSÉ ÁNGEL ALDA
Jefe de Sección de Psiquiatría. Coordinador de la Unidad de TDAH. Servicio de Psiquiatría y Psicología infanto-juvenil. Hospital Sant Joan de Déu (Barcelona).

El trastorno por déficit de atención con hiperactividad (TDAH) es uno de los problemas más frecuentes en las consultas de psiquiatría y psicología de niños y adolescentes. Es un trastorno del neurodesarrollo que afecta en torno a 5 por ciento de esta población, siendo más frecuente en varones.

Las manifestaciones clínicas aparecen antes de los doce años y varían en función de la edad del paciente y de la comorbilidad, provocando un desarrollo inapropiado del nivel de atención (sueña despierto, se distrae fácilmente, pierde cosas con frecuencia, le cuesta centrarse) y de hiperactividad-impulsividad (no se está quieto, habla en exceso, es proclive a los accidentes, actúa sin pensar). Estos síntomas provocan un deterioro clínicamente significativo en dos o más ambientes, por ejemplo, en la escuela y en casa.

La edad promedio de inicio del TDAH suele ser alrededor de los cuatro o cinco años con la presencia de impulsividad, hiperactividad y mayor nivel de desobediencia de lo que sería esperable para la edad de desarrollo. El diagnóstico suele retrasarse hasta el inicio de la primaria, cuando se presentan dificultades de rendimiento escolar y disfunción social.

La comorbilidad es frecuente en el TDAH: se presenta en 60-80 por ciento de los casos. Estos problemas asociados al TDAH suelen ser problemas de conducta, trastorno negativista desafiante, trastorno de ansiedad, trastorno del estado de ánimo, problemas de aprendizaje y de lectoescritura.

Podríamos clasificar los síntomas del TDAH en función de la edad del paciente en:

- Síntomas del TDAH en menores de tres años:

Es difícil a esta edad llegar al diagnóstico de TDAH, ya que los síntomas pueden ser similares a otros trastornos como el TEA. Los principales síntomas son:

o Variaciones temperamentales.
o Alteraciones de la regulación emocional.
o Adaptabilidad social limitada.
o Interacciones del niño con el padre/madre alteradas.

- Síntomas del TDAH en edad preescolar (tres a cinco años):

o Inquietud motora, están siempre en movimiento.
o Tira cosas.
o Curiosidad insaciable.
o Intrépido, no es capaz de ver el peligro.
o Menor nivel de aceptación de normas.
o Juegos más agresivos para la edad del paciente.
o Demandas constantes y ruidosas.

o Interrumpe a otros, es incapaz de esperar su turno en el juego o en el turno de palabra.
o Rabietas frecuentes e intensas.

- Síntomas del TDAH en edad escolar:

  o Las tareas están incompletas, poco organizadas y con errores.
  o Habla de forma impulsiva, responde antes de acabar la pregunta.
  o Se distrae fácilmente.
  o Conducta disruptiva en clase.
  o Interrumpe y se entromete.
  o Se muestra agresivo.
  o Dificultades para aceptar las normas.
  o Presenta gran imposibilidad de realizar tareas en casa.

- Síntomas del TDAH en la adolescencia:

  o Problemas de atención.
  o Pobre rendimiento escolar.
  o Falla en recordar y en terminar las tareas.
  o Problemas de conducta.
  o Conductas de riesgo: más propensión a accidentes de todo tipo o conductas de riesgo.
  o Rebelde, desafiante.
  o Viola las normas familiares.
  o Inmaduro e irresponsable.
  o Se inicia en el consumo de drogas de forma más precoz, con más intensidad y es mucho más difícil la abstinencia.
  o Delincuencia.
  o Baja autoestima.
  o Más frecuencia de los síntomas afectivos.
  o Pobres relaciones sociales.

Educación emocional para el desarrollo de competencias
RAFAEL BISQUERRA ALZINA
Director del Posgrado en Educación Emocional y Bienestar de la Universidad de Barcelona.

La educación emocional es una respuesta a necesidades sociales que no están suficientemente atendidas en las áreas académicas ordinarias. Entre estas necesidades están la prevalencia de ansiedad, estrés, depresión, conflictos, malestar, violencia, suicidios, comportamientos de riesgo, etcétera. La educación emocional se propone el desarrollo de competencias emocionales tales como conciencia y regulación emocional, autonomía emocional, competencias socioemocionales y habilidades de vida para el bienestar.

Las competencias emocionales deben entenderse como un tipo de competencias básicas para la vida cuya presencia constituye un factor importante en la prevención y solución positiva de conflictos, mejora de la convivencia y del clima emocional (tanto familiar, como de centro o de aula) y mejora del bienestar personal y social.

El primer destinatario de las competencias emocionales es el profesorado y las familias, ya que las van a necesitar en sus relaciones con niños y adolescentes. Las personas que se dedican a la educación (profesorado, padres y madres) necesitan una gran dosis de competencias emocionales que incluyan serenidad ante provocaciones, tolerancia a la frustración, control de la impulsividad, etcétera. Lo necesitan en primer lugar para adoptar un comportamiento ecuánime y equilibrado en situación de tensión, conflicto y a veces provocación. Pero además lo necesitan para poder enseñarlo a sus hijos o alumnos.

La excelencia como profesores, padres y madres requiere, entre otros muchos aspectos, de actitudes, perseverancia, paciencia, serenidad, gestión del estrés y otras competencias emocionales para la puesta en práctica de la educación efectiva y afectiva, tanto en el aula como en la familia.

La convivencia requiere de competencias emocionales. Cuando se trata de convivir con un niño con TDAH la importancia de estas competencias aumenta. Mediante estas líneas nos proponemos contribuir a sensibilizar al profesorado, las familias, la administración pública y la sociedad en

288

general sobre la importancia y necesidad de formación en competencias emocionales desde una perspectiva del ciclo vital, es decir, a lo largo de toda la vida. Esto significa que la educación emocional debería estar presente en la familia desde el nacimiento, a lo largo de la educación formal en preescolar, primaria, secundaria y universitaria, y también en la formación continua en las organizaciones de todo tipo. Las investigaciones publicadas en revistas científicas han puesto de manifiesto que esto contribuye significativamente a la convivencia y al bienestar personal y social.

Desarrollo del pensamiento lógico y matemático
JOSÉ ANTONIO FERNÁNDEZ BRAVO
Profesor doctor, escritor e investigador, experto en Educación y enseñanza de las matemáticas.

Las matemáticas son una actividad mental. El pensamiento matemático es uno, y no varios. Su instrumento no es el cálculo sino el razonamiento. El ejercicio de las matemáticas consiste principalmente en el descubrimiento y la aplicación de conceptos.

- El saber matemático no puede medirse por la cantidad de ejercicios que hacen los niños y nosotros presentamos en pesadas carpetas ligeras de "saber", sino por la actividad mental realizada para interpretar, resolver, formular, calcular y aplicar correctamente.
- Son pilares fundamentales para el desarrollo del pensamiento matemático: la observación, la intuición, la creatividad, el razonamiento y la emoción.

Son consistentes y lo que afirman o niegan posee verdad o falsedad universal demostrable.

- Consistente significa que, sobre el mismo sistema de axiomas, no puede deducirse la "verdad" de una proposición y, simultáneamente la "verdad" de su contraria. Cuando a los niños les decimos "algo" y, más adelante, ponemos un "pero" sobre ese "algo" que contradice lo hablado estamos derivando la explicación de un sistema didáctico inconsistente. (Restar es quitar, decimos. Pero si me quitan tres monedas por la mañana y dos por la tarde me han quitado cinco; y, sin embargo, sumo).

- Lo que se afirma o niega es verdadero o falso para todos. Expresiones como "esta cuerda es larga" o "32 es un número grande", no pertenecen al campo de las Matemáticas.
- El desafío, el reto, la formulación y resolución de problemas son procedimientos del hacer matemático; más que decir cómo se piensa, hay que provocar al pensamiento para cultivar el esfuerzo intelectual que exige el entendimiento de ideas razonables.

Estudia conceptos y propiedades, establece relaciones y genera modelos a través de campos: numéricos, algebraicos, espaciales, probabilísticos... Posee un lenguaje propio con el que identifica esos conceptos, propiedades y relaciones.

- La comprensión de conceptos es la materia prima para establecer relaciones. El lenguaje propio de las Matemáticas es más que necesario, pero si ha de ser fructífero y no perturbador, éste será el punto de llegada y no el punto de partida.
- Existen numerosas formas de llegar al resultado, y no una sola. Expresiones de la forma: "Así se suma", "así se resta", "así se calcula..." no ayudan a la interiorización de los procesos ni a la intelectualización de las ideas.
- Hay que distinguir símbolo de concepto. El concepto hace referencia al significado y el símbolo, a su representación. Actualmente, los libros de texto confunden una y otra cosa, y hacen una didáctica del símbolo que consigue una indebida e imprecisa apropiación del concepto: "El cero es una dona"; "El 6 es el número que no quiso ser cero", por ejemplo.

De lo leído anteriormente, se pueden suceder las siguientes ideas para aplicar en el proceso de enseñanza-aprendizaje:

- La enseñanza de las matemáticas tiene, entre otras tareas, una fundamental: conseguir en el que aprende "claridad de conceptos, razonamiento correcto y capacidad para establecer relaciones".

- El que enseña debe preocuparse por DOMINAR SU MATERIA y ES-CUCHAR al niño, dirigiendo todos sus esfuerzos a que el alumno: sepa bien, quiera saber, se sienta bien sabiendo y aplique correctamente lo que sabe.
- Que las respuestas que obtenemos no coincidan con las que esperamos implica, simplemente, discrepancia entre la enseñanza y el aprendizaje y no significa, en modo alguno, que el niño no razone.
- El avance educativo supone:

  o No sólo saber decir, sino SABER HACER lo que se sabe decir; qué cansado estoy de las palabras: globalización, constructivismo, significativo, funcional, investigación, descubrimiento...
  o Obtener un mayor rendimiento con un menor esfuerzo. Hoy se da mucho contenido y se produce poco conocimiento. Pensar, ¿a qué es debido?

- Si el abuso de contenido incomprensible perjudica la acción formativa del individuo, la disminución de contenido que pueda comprenderse perjudica el desarrollo. Tanto error se comete cuando se intenta que un niño aprenda algo que supera su comprensión, como cuando se intenta disminuir la cantidad de conocimiento y facilitar el esfuerzo intelectual que un niño puede conseguir.
- Que el profesor enseñe y los alumnos aprendan lo que el profesor enseña sólo tiene aprobación y vigencia cuando lo aprendido desarrolla el pensamiento matemático. La pregunta fundamental no es ¿qué hay que enseñar?, sino ¿qué obtenemos con lo que enseñamos?
- La fiabilidad de lo que un profesor enseña se mide por la validez de lo que sus alumnos son capaces de hacer sin él.
- Actualizarse no consiste en imitar procedimientos que están de moda, sino en conseguir, en tiempo real y con los niños actuales, los objetivos marcados.
- No todos los niños tienen la misma capacidad para aprender matemáticas, pero sí todos tienen la misma necesidad de aprenderlas. La tarea escolar consiste en cubrir las necesidades, y no en clasificar capacidades.

- Los materiales que podremos utilizar para la enseñanza de las matemáticas son muchos, pero no apoyarán éstos su eficacia en las propiedades que poseen, sino en su posibilidad para interactuar con la mente del sujeto y que éste pueda: formular, y suponer, y descubrir, y comprender e interpretar correctamente. Entre otros, seguro estoy de dos importantes materiales para la enseñanza de las matemáticas: la realidad y la evidencia.

Se aconseja:

- La comprensión de los conceptos. Pasar del entendimiento y la comprensión a la formalización y memorización, y no al revés.
- La manipulación de materiales y recursos. La realidad física antes que cualquier experiencia gráfica o virtual.
- Desafiarlos con retos claros y adaptados a su edad. Indicarles qué hay que hacer, sin decirles cómo hacerlo.
- Guiar al niño mediante preguntas para ayudarle a verificar su acierto o a descubrir su error. No corregir con bien o mal.
- Iniciar el aprendizaje con situaciones agradables, motivadoras y curiosas. ¿Qué pasará si...?; supongamos que...

Todo lo anterior permitirá el desarrollo de la comprensión, la intuición, la creatividad, el razonamiento y la EMOCIÓN.

Diagnóstico y banalización del TDAH
ALBERTO FERNÁNDEZ JAÉN
Neurólogo infantil.

Los trastornos del neurodesarrollo en general, y el trastorno por déficit de atención con hiperactividad (TDAH) en particular, son un grupo de problemas del desarrollo neurológico, con manifestaciones evidentes en la época infantil, caracterizados por su elevada variabilidad clínica, evolutivamente cambiante y marcada repercusión funcional. El diagnóstico del TDAH, dadas las características previamente señaladas, precisa de una evaluación cuidadosa y experimentada. Una de las grandes preocupaciones de diferentes especialistas en el TDAH, que ha quedado manifiestamente patente en los últimos congresos, es la banalización del diagnóstico e, incluso, del tratamiento del mismo. Los diagnósticos sustentados exclusivamente en la recopilación sintomática, o sin la adecuada y ponderada evaluación del aspecto disfuncional que tipifica el término *trastorno* pueden conducir al infra o al sobrediagnóstico del mismo. De igual modo, un inapropiado diagnóstico de los trastornos comórbidos al TDAH, tanto en el terreno de la conducta o ánimo como en el campo del aprendizaje, llevará indefectiblemente al fracaso terapéutico.

Banalizar este complejo diagnóstico, tanto en su perfil clínico como en el disfuncional, ante la perspectiva de un requerimiento terapéutico durante años, se muestra sin lugar a dudas antagónico. Parece más apropiado y lógico sustentar el diagnóstico en una detallada recopilación de información clínica, obtener la mayor información posible de la situación escolar, realizar una completa exploración física y valorar una —más que recomendable— buena evaluación neuropsicológica. Del mismo modo que la intervención médica, docente y psicológica/psicopedagógica ("multimodal") se muestra como la más apropiada en el abordaje terapéutico del TDAH, parecería que la valoración "multimodal" podría llevarnos a diagnósticos más precisos y completos. Recuerdo cómo hace unos años se describía el diagnóstico del TDAH como una tarea que precisa experiencia, pericia, paciencia y tiempo..., a lo que yo añadiría para terminar: profesionalización y colaboración.

El papel de la estimulación cognitiva en el tratamiento de los niños con TDAH
JULIA GARCÍA SEVILLA
Profesora titular de la Universidad de Murcia.

En la actualidad, las técnicas y estrategias para mejorar el rendimiento cognitivo de los niños con TDAH son muy diversas (para una revisión, ver Orjales, 2007). Tradicionalmente, las más utilizadas han sido las farmacológicas y las cognitivo-conductuales. En ellas se enfatiza el tratamiento en áreas tales como la impulsividad conductual, la autorregulación, la organización conductual, la inhibición de respuesta, etcétera.

Sin embargo, uno de los modelos que actualmente más importancia está cobrando en el tratamiento de las funciones neurocognitivas es el conocido con el nombre de *estimulación y rehabilitación cognitiva*. Dicha disciplina se fundamenta en los principios de plasticidad cerebral y en que el ejercicio ordenado, repetido y sistematizado de actividades mentales permite la mejora de las áreas cognitivas más afectadas en los niños con TDAH: las funciones ejecutivas (planificación y secuenciación, flexibilidad cognitiva, etcétera), algunos componentes atencionales (especialmente el control inhibitorio y el control de la atención sostenida) y la memoria de trabajo.

La estimulación cognitiva tiene en cuenta los principios básicos propios de cualquier tipo de intervención en pacientes con TDAH, tales como valorar el nivel de desarrollo cognitivo del niño, una ejercitación breve para evitar la fatiga, recibir *feedback* de sus progresos para motivar más su respuesta, variar las actividades con frecuencia, establecer periodos de descanso después de cada actividad, etcétera. Uno de los más importantes es la adaptación del programa de entrenamiento neuropsicológico a las características individuales de cada paciente. Así, por ejemplo, Abad-Mas *et al.* (2011) postulan la existencia de síndromes neurobiológicos de disfunción prefrontal diferentes para los distintos subtipos de TDAH; en concreto, un síndrome medial o del cíngulo anterior, propio de pacientes con TDAH combinado, y que afecta a diferentes procesos atencionales; un síndrome orbitofrontal que caracteriza a los pacientes con TDAH hiperactivo-impulsivo dando lugar a alteraciones de control inhibitorio; y un síndrome dorsolateral que provoca falta de flexibilidad cognitiva y de perseverancia, y que es propia de niños con TDAH de tipo combinado. Por lo tanto: "Entrenar los déficit propios de cada subtipo diagnóstico nos permite logros más adecuados de intervención. Así, para entrenar el síndrome del cíngulo anterior, su base terapéutica es el entrenamiento neurocognitivo sobre los sistemas atencionales. En el síndrome dorsolateral, es el abordaje sobre la flexibilidad cognitiva donde asienta el núcleo terapéutico, y en el síndrome orbitofrontal es pertinente realizar un entrenamiento neurocognitivo sobre los mecanismos de control inhibitorio" (Abad-Mas *et al.*, 2011, p. 82).

En definitiva, una de las máximas cada vez más aceptadas por parte de los profesionales especializados en este campo es la adaptación del programa de entrenamiento neuropsicológico a los déficits específicos, no sólo de las distintas funciones cognitivas, sino de sus componentes.

El TDAH desde la experiencia
ANDRÉS GONZÁLEZ FERNÁNDEZ
Maestro, psicopedagogo, orientador.

Hay profesiones en las que se puede confirmar que la "experiencia es un grado", como en la docencia, donde treinta y cuatro años como maestro y observador me permiten ofrecer una opinión especializada sobre los niños, niñas, adolescentes y adultos con TDAH.

Mi experiencia abarca varios campos. Como maestro en el aula, cuando comienza un nuevo curso trato de recordar mis TDAH del curso anterior, cómo eran al principio y cómo han evolucionado. Eso me estimula para tratar de identificar nuevos alumnos que aún no han sido detectados en la nueva generación. Son mis alumnos "especiales" y me gusta pensar que van a pasar por mi vida dejándome huella y trato de devolverles la misma atención ejerciendo en ellos una influencia motivadora y positiva.

Desde el campo de la intervención, pueden resultar increíbles los buenos resultados de las estrategias que aprenden los niños y cómo al ponerlas en práctica mejoran de forma casi inmediata. Otras veces el simple hecho de darles más tiempo para realizar un examen, permitirles hacerlo a solas o de forma oral es suficiente para que pasen de una calificación desastrosa a otra excelente.

En el tercer ámbito en el que trabajo, como orientador, resulta importante valorar las distintas formas de asimilar un diagnóstico de TDAH por parte de las familias. Unas veces se lo tomarán con tranquilidad, firmeza y desahogo y otras, con mucho miedo y dudas. Las familias deben sentirse atendidas, orientadas y comprendidas por los expertos, al tiempo que deben seguir sus indicaciones. Es fundamental trabajar de forma conjunta y coordinada con los diferentes profesionales.

Es conveniente recordar algunos valores que también poseen las niñas y niños con TDAH: son ambiciosos, apasionados, aventureros, cálidos, colaboradores, compasivos, creativos, curiosos, divertidos, empáticos, espontáneos, extrovertidos, flexibles, graciosos, honestos, imaginativos, ingeniosos, intelígentes, intuitivos, inventivos, leales, optimistas, persistentes, pragmáticos, resistentes, tenaces, tolerantes, trabajadores, sinceros, valientes, versátiles, visionarios y sobre todo "siempre están llenos de energía".

Tenemos que aprovechar estos valores para enseñarles estrategias que les ayuden a superar sus dificultades académicas y de relación. No existe nada más gratificante para los profesionales de la enseñanza, sanitarios y familiares que ayudarles a superar sus barreras y acompañarlos en su desarrollo integral.

Educar no es fácil. Algunos padres y profesores manifiestan las dificultades que encuentran a la hora de atender a niños y adolescentes que presentan problemas para concentrarse o controlar sus movimientos e impulsos. Conocer las características de este trastorno ayudará a comprender mejor a quien lo padece.

Algunas estrategias de intervención podrían ser:

- En el aula:

  o Refuerzo positivo. Necesitan ser elogiados o premiados para llevar a cabo con éxito una tarea.
  o Recordatorios visuales que les ayuden a realizar sus tareas.
  o Las autoinstrucciones son de gran eficacia.
  o Marcar objetivos cortos y concretos.
  o Utilizar la agenda.
  o Practicar el uso de esquemas, resúmenes, simulacros de controles.

- En casa:

  o Comunicación asertiva, respetuosa, firme y sincera.
  o Llegar a acuerdos con normas claras y límites.
  o Cumplir horarios y rutinas.
  o Coordinación con especialistas médicos y profesores.
  o Autorregistro y autoevaluación de sus conductas.

- En sus relaciones sociales:

  o Ayudarle a conocerse a sí mismo para mejorar su autoconcepto y las relaciones con los demás.
  o Recordarle unas normas y límites muy concretos en su relación con los otros niños.
  o Trabajar la resolución de conflictos con sus iguales.
  o Potenciar actividades y juegos cooperativos que fomenten la integración social.

Por último, quisiera dejar una reflexión:

Nuestros hijos, nuestros alumnos, son seres únicos y especiales. No permitamos que su forma diferente de aprender, relacionarse o comportarse, afecte a su sensibilidad y autoestima, llegando a provocar un distanciamiento con ellos. Lo más importante es preservar los lazos familiares y humanos cuando lleguen a la madurez.

Neuroeducación: un nuevo paradigma educativo
JESÚS C. GUILLÉN
Profesor del posgrado de Neuroeducación de la Universidad de Barcelona y autor del blog sobre neurociencia aplicada a la educación *Escuela con Cerebro*.

El enorme desarrollo de las tecnologías en los últimos años ha posibilitado que, en la actualidad, podamos analizar el funcionamiento del cerebro humano realizando tareas cognitivas muy similares a las que se desarrollan en el aula. Esta información relevante suministrada por las investigaciones en neurociencia, junto con los conocimientos aportados por la psicología y la pedagogía, constituye una nueva disciplina que desempeñará un papel protagonista en el proceso de transformación educativa que requieren los tiempos actuales.

Existen factores, directamente relacionados entre ellos, que son imprescindibles para el aprendizaje de los alumnos como las emociones, la atención y la memoria. Y conocer cómo funciona el órgano biológico responsable de los mismos permite optimizarlos. Sabemos que nuestro cerebro es tremendamente plástico, singular, holístico, multi-sensorial, no para de hacer predicciones y aprende a través de un proceso constructivista. Todo ello sugiere la necesidad de mostrar siempre expectativas positivas en el aula, atender la diversidad, utilizar estrategias pedagógicas variadas, suscitar la curiosidad del alumnado o tener en cuenta sus conocimientos previos. La chispa del aprendizaje se prende despertando la motivación intrínseca del alumno haciéndolo protagonista activo del mismo, pero también suministrando retos adecuados y vinculando el aprendizaje al mundo real. Porque es así como se incrementa la actividad cerebral del alumno y se activan esos mecanismos emocionales naturales que facilitan su atención y la correspondiente asimilación de la información a través de la memoria. No obstante, para que este proceso sea duradero y eficiente, es necesaria la reflexión, el análisis crítico y la creatividad, todas ellas cuestiones que deben formar parte de las competencias básicas, junto a otras, de la educación del siglo XXI y que no han de restringirse a las meras cuestiones académicas. Y entre estas competencias importantes también debe estar la cooperación, en plena consonancia con la naturaleza social del ser humano, porque el proceso de desarrollo cerebral desde el nacimiento requiere la interacción con otras personas. Pero para favorecer estos procesos debemos replantearnos el rol que desempeña el profesor en el aula y que, aun siendo un instrumento didáctico potente, debe convertirse en un gestor del aprendizaje de los alumnos y no en un simple transmisor de información. Porque lo importante no es enseñar, sino que los alumnos aprendan.

Las investigaciones científicas también cuestionan la actual jerarquía de asignaturas. Si lo esencial es el aprendizaje de competencias y no de datos o contenidos, es imprescindible dar un mayor protagonismo a disciplinas consideradas tradicionalmente secundarias, como la educación física, la artística o la integración del componente lúdico en el aprendizaje que no puede dejar de lado el uso adecuado de las tecnologías digitales, una competencia también necesaria en los tiempos actuales. Y eso es así porque se facilita el proceso natural de aprendizaje del ser humano: jugando, moviéndose, cuestionando y descubriendo.

La neuroeducación resulta imprescindible porque nos suministra información relevante sobre los procesos de enseñanza y aprendizaje. Porque cuando se adopta en el aula un enfoque científico basado en el funcionamiento del cerebro se capacita a los alumnos para la vida convirtiéndolos en personas más activas, íntegras y felices. Y ése debería ser el auténtico objetivo de la educación.

Abordaje familiar del TDAH
SONIA LÓPEZ ARRIBAS
Psiquiatra infanto-juvenil en el Centro CADE y jefe de sección del Hospital Central de la Defensa. Presidente del Ilustre Colegio de Médicos de Madrid (ICOMEM).

Los padres y la familia de niños con TDAH suelen tener la idea de que son menos competentes en su rol como figuras paternas, sienten hasta que la propia calidad de vida es insatisfactoria, además están expuestos a críticas por el comportamiento de sus hijos, lo cual puede llevarlos a evitar el contacto social con los demás y, por ende, predisponerlos a estados de depresión, no realización personal y afectación en su tiempo libre o de trabajo.

Resulta difícil comprender y dirigir a un niño que de forma constante está en acción, que desobedece instrucciones y que reacciona impulsivamente a las situaciones. A ello, se suman las dificultades atencionales, la baja tolerancia a la frustración, los problemas escolares e interpersonales característicos de estos pequeños.

Generalmente, los padres tardan en identificar estas pautas de comportamiento como indicadores de un trastorno y suelen interpretarlas como desobediencia, vagancia e irresponsabilidad. Esta percepción errónea, unida a un sentimiento creciente de inhabilidad para dirigir al niño, genera frustración e impotencia. En este momento, los padres comienzan a utilizar el castigo como método preferencial para corregir al niño. Las críticas, las amenazas y los castigos se vuelven cotidianos. El niño, que "no siempre puede controlar su comportamiento", decodifica las pautas educativas de los adultos como falta de comprensión y afecto. Así, se establece un círculo vicioso que compromete el bienestar psicológico y emocional de padres e hijos.

González de Mira (1997) ha observado que los niños con TDAH se destacan por poseer una alta capacidad energética, una buena memoria visual y auditiva, un buen sentido del humor, son creativos, sensibles y se comprometen intensamente con las personas queridas.

Los expertos en el tema sostienen que el tratamiento interdisciplinario es la mejor respuesta disponible a los problemas que presenta el TDAH. Usualmente se combina farmacoterapia, psicoterapia, apoyo psicopedagógico y psicoeducación parental. La ventaja de este tipo de intervención es que interrelaciona y amplifica los logros de los diferentes abordajes.

Anastopoulos, Smith y Wein (1998) observaron que los niños con TDAH suelen experimentar sentimientos de fracaso, incapacidad, baja autoestima, desmotivación por aprender, síntomas depresivos, ansiedad y un comportamiento oposicionista-desafiante. De igual modo, observaron que sus padres suelen manifestar frustración, tristeza, culpa, un sentido de pobre competencia parental y baja autoestima.

Estos resultados son coincidentes con los publicados por Barkley (1995) y Anastopoulos (1993), según los cuales el entrenamiento parental respecto a los niños con síntomas del TDAH disminuye los problemas de comportamiento y el oposicionismo, mejorando las relaciones familiares y el funcionamiento psicosocial del niño.

Al analizar las estrategias empleadas, puede afirmarse que el uso del refuerzo contingente y de señales externas por parte de padres y educadores demostró ser efectivo para generar cambios rápidos en el comportamiento del niño. Barkley (1998) y Scandar (2000) sostienen que el entrenamiento parental promueve cambios en las cogniciones y percepciones parentales sobre el comportamiento del niño. Por lo tanto, brindar información precisa sobre el TDAH, cuestionar mitos e integrar distintos puntos de vista a través del diálogo, posibilita que los participantes formulen una interpretación más adecuada de la conducta del niño.

Además algunas recomendaciones generales para implementar en el hogar son: ser entusiasta, reforzar positivamente, mostrar interés por el niño, fortalecer adquisición de rutinas, hábitos y horarios de estudio, evitar sobreprotección, asignación de responsabilidades en el hogar, motivar la realización de la actividad física y regular el consumo de comida chatarra. El rol de los padres y familia es de vital importancia en los avances del niño y es el inicio de su progreso; muchas veces es más importante hablar de sus contribuciones y fortalezas que de sus resultados académicos o comportamientos negativos. Por ende, la mejor prevención en los problemas de comportamiento del niño es elaborar en el hogar normas y rutinas a seguir.

TDAH: un trastorno de nuestro tiempo

María Jesús Mardomingo Sanz

Especialista en Psiquiatría Infantil y presidenta de honor de la Asociación Española de Psiquiatría del Niño y del Adolescente (AEPNYA).

Una de las características de nuestro tiempo es la dificultad para reconocer que los niños sufren enfermedades psiquiátricas. Esta resistencia social a aceptar que los trastornos psiquiátricos son entidades médicas y no la consecuencia de algún defecto personal de aquellos que las sufren viene de tiempos remotos, cuando la "locura" se atribuía a la acción del demonio.

El trastorno por déficit de atención e hiperactividad (TDAH) no se encuentra libre de esta polémica, a pesar de que las primeras descripciones del cuadro clínico comienzan a aparecer en la literatura médica hace más de doscientos años. Desde el punto de vista histórico, ya en el siglo XVIII se señala la dificultad que tienen algunas personas para centrar la atención y a finales del siglo XIX surge el término de *niños inestables* que se aplica a aquellos que son inquietos, impulsivos, revoltosos y tienen problemas de comportamiento. Es a principios del siglo XX cuando la sintomatología se atribuye a "defectos del control moral", que a su vez se deberían a causas "orgánicas" y también a factores ambientales. Por tanto, hace ya un siglo se describe con bastante exactitud el cuadro clínico del TDAH y se formulan las primeras hipótesis etiológicas de tipo neurobiológico y de tipo ambiental. En las décadas posteriores y hasta nuestros días los estudios de investigación sobre el TDAH son tan numerosos que puede considerarse, sin lugar a dudas, uno de los trastornos psiquiátricos más y mejor conocidos en medicina.

No obstante, a pesar del acuerdo de la comunidad científica, de los avances en la definición de los criterios diagnósticos, del hallazgo de remedios terapéuticos farmacológicos y de psicoterapia, de disponer de datos cada vez más fiables sobre cómo evolucionan los pacientes y de cómo el cuadro clínico tiende a persistir hasta la vida adulta —limitando la vida de las personas y por tanto su felicidad—, la resistencia a reconocer el TDAH como un entidad médica aún persiste. Esta falta de aceptación social, este prejuicio y estigma de las enfermedades psiquiátricas y de los pacientes perjudica a los niños y a las familias, pues contribuye a que no se diagnostique el trastorno o se diagnostique tarde o no se trate de forma adecuada. También crea dudas en los padres, que responsabilizan al hijo de lo que le pasa o se culpan a sí mismos por no haber sabido educarlo.

Se comprende que a los adultos nos cueste aceptar que en la infancia, esa edad que relacionamos con la inocencia y el paraíso, se den enfermedades que más adelante es fácil atribuir a las desgracias de la vida. ¿Y qué adversidades pueden acontecer en la vida de un niño? ¿Sería él, además, capaz de darse cuenta? Pero las causas de los problemas psiquiátricos y del TDAH son más complejas e intervienen no sólo las circunstancias ambientales, la educación y el modo en que nos enfrentamos a la adversidad, sino también el peso de la herencia y el proceso de interacción de los genes con el ambiente a lo largo de la vida. Todos estos factores van tejiendo la salud y la enfermedad y, en último término, el destino personal.

Por otra parte, cualquiera que haya tratado con niños y haya tenido el privilegio de escucharlos, sabe que la creencia de que los niños no son capaces de captar los problemas de la vida es falsa, como lo es el que no sean capaces de sufrir depresiones por su falta de madurez emocional.

Otro aspecto digno de mención, que puede contribuir a banalizar el TDAH, es que los síntomas clínicos coinciden con algunas características propias del mundo en que vivimos: la hiperactividad, el carácter transitorio de las experiencias, la impulsividad, la velocidad, los cambios, la fugacidad del tiempo. Se puede tener así la impresión de que este trastorno no es más que una exacerbación de pautas de comportamiento y de relación personal que la propia sociedad promueve.

Aún más, los síntomas, a simple vista, no parecen tener especial gravedad y el niño no difiere esencialmente de otros niños de su edad. Sin embargo, las consecuencias pueden ser dramáticas: fracaso escolar, problemas emocionales, rechazo de los compañeros, soledad, mala imagen personal, conflictos con los profesores, sentimientos de fracaso, problemas de comportamiento, discusiones entre los padres e intenso estrés en la familia. Si a esto se añade que el cuadro clínico tiende a persistir durante años, que el fracaso escolar se mantiene y agrava en la medida en que las exigencias escolares aumentan, que un porcentaje de niños evoluciona hacia trastornos de conducta en la adolescencia y algunos a conductas próximas a la delincuencia, se comprende que la impresión de levedad no se corresponde con la realidad de los pacientes.

Ante la postura extrema de los que niegan la existencia del trastorno o el error de aquellos que diagnostican a un niño de algo que en realidad no sufre, se sitúa la buena medicina, la que se basa en pruebas y datos, la que aplica el rigor y el conocimiento al diagnóstico, la que se guía por criterios éticos, la que tiene en cuenta la realidad personal del paciente y sus circunstancias familiares y la que es capaz de aplicar los tratamientos apropiados que contribuyen a la salud y al bienestar de la gente.

Ansiedad y TDAH

JUAN JOSÉ MIGUEL TOBAL
Catedrático de Psicología Básica (Procesos Cognitivos) de la Facultad de Psicología de la Universidad Complutense de Madrid.

Con frecuencia los niños y adolescentes afectados por TDAH presentan un alto nivel de preocupación e inquietud por la anticipación de peligros o amenazas potenciales. A su vez, muestran bajos niveles de autoestima y una necesidad constante de autoafirmación. De hecho, la ansiedad y el TDAH exhiben una serie de características comunes que, en ocasiones, dificultan considerablemente el diagnóstico diferencial al existir un amplio solapamiento de síntomas. Uno de los aspectos más distintivos de los niños con TDAH y a la vez ansiosos es que no suelen ser hiperactivos y disruptivos y, sin embargo, tienden a ser más ineficientes y lentos que los que únicamente tienen TDAH, tal como señala Artigas-Pallarés (2003).

Debemos pensar que la ansiedad es una emoción universal que afecta a todos los individuos, en mayor o menor grado, cuando perciben un peligro o amenaza, con independencia del peligro real; siendo en este sentido una emoción normal con una clara función adaptativa, ya que sirve para preparar al individuo para la acción. Sin embargo, cuando la ansiedad es muy intensa, frecuente y/o duradera puede dar lugar a la aparición de distintos cuadros conocidos como trastornos de ansiedad (Miguel-Tobal y Orozco, 2013). Los trastornos de ansiedad en su conjunto son los más frecuentes entre la población de todas las edades, incluyendo la edad infantil.

La mayoría de los niños con TDAH presentan síntomas ansiosos como miedo a separarse de los padres, a dormir solos, preocupación excesiva por la salud, malestar cuando van al colegio, etcétera, que suelen estar relacionados con el fracaso escolar y las críticas recibidas por profesores, padres y amigos. En la edad infantil los trastornos de ansiedad más comunes son el trastorno de ansiedad generalizada, el trastorno de ansiedad por separación, el estrés escolar, el trastorno obsesivo-compulsivo y la fobia social, siendo más frecuentes en niñas.

En el caso de los adolescentes los trastornos más habituales son el trastorno de ansiedad generalizada, el trastorno de pánico, el trastorno de ansiedad por separación, el trastorno obsesivo-compulsivo y la fobia social. En el adolescente con TDAH, los síntomas ansiosos más comunes son la preocupación excesiva por acontecimientos futuros, el rumiar obsesivamente por acontecimientos pasados, la sensación de falta de competencia y el temor a la vergüenza, la humillación o el rechazo por parte de los iguales. Esta ansiedad va a repercutir de manera muy marcada en el rendimiento académico y en el funcionamiento familiar y social, dando lugar a un aumento del riesgo a desarrollar un trastorno ansioso y/o depresivo en la edad adulta.

Con vistas a intervenir de forma eficaz en este problema, el Instituto Nacional de Excelencia para la Salud y los Cuidados de Gran Bretaña (National Institute for Health and Care Excellence, NICE) presentó en 2009 una guía en la que se recomienda el entrenamiento en habilidades sociales y la terapia cognitivo-conductual para niños en edad escolar. Recientemente, INFOCOP (2015) se hace eco de estas cuestiones señalando la importancia del entrenamiento en habilidades sociales para mejorar la conducta verbal y no verbal, la identificación de señales comunicacionales y la mejora de las relaciones sociales. Respecto a la terapia cognitivo-conductual, se aconseja que se centre en la resolución de problemas dirigida a la reducción de la conducta impulsiva.

Coaching emocional para TDAH
ELENA O'CALLAGHAN I DUCH
Pedagoga, filóloga, coach especializada en TDAH.

Parece que el coaching está de moda. Pero no es coaching todo lo que parece, ni un profesional debe presentarse como coach sin formación específica para ello. Aparte, el coaching para TDAH tiene sus especificaciones y requiere, además, de una formación adicional. No me extenderé en ello. Simplemente diré, y vaya por delante, que el coaching no es terapia ni la sustituye. Es una disciplina que, enmarcada en el modelo cognitivo conductual, debe contemplarse como una parte más del tratamiento multimodal. En este caso, me refiero concretamente al coaching emocional, orientado sobre todo a familias de afectados, donde el impacto del TDAH no suele ser sólo físico y mental, sino también emocional.

Los niños con TDAH necesitan unos padres equilibrados emocionalmente y suele ocurrir que la propia situación los desborda y les crispa. El coaching les enseña a protegerse emocionalmente para sufrir menos, a gestionar creencias positivas para afrontar el desasosiego y la angustia generados por el trastorno y, sobre todo, a aprender a creer en ellos mismos y en su hijo.

Nadie puede ayudar a su hijo si no se siente bien. El coaching aporta a los padres serenidad, equilibrio y confianza en sí mismos. Les enseña a recuperar su liderazgo moral, a evitar sufrimientos innecesarios y a encarar los retos del TDAH con una actitud mental positiva y esperanzadora. Se trata de romper con lo que Martin Seligman denominó la "desesperanza aprendida". Es decir, la creencia de que no importa lo que hagas, las cosas no van a mejorar; la asunción del fracaso permanente por no lograr alcanzar ninguna meta se ha incrustado en tu cerebro como una creencia indiscutible. Y lo peor, también en el de tu hijo.

El estilo educativo de la familia puede ser un factor de protección (o destrucción) determinante en la evolución de la sintomatología del TDAH. Teniendo en cuenta que el primer núcleo emocional del niño son sus padres, hay mucho trabajo por hacer y es ahí donde el coaching resulta altamente poderoso y efectivo. No se trata sólo de aprender estrategias que se pueden encontrar en cualquier manual, es algo más profundo que eso. Se trata de hacer un cambio de chip emocional, con el cual los progenitores comprenderán mejor a su hijo con TDAH, se comunicarán asertivamente con él, fortalecerán vínculos afectivos en el seno familiar, potenciarán su propia autoestima y la de su hijo, gestionarán adecuadamente sus emociones y, sobre todo, sabrán generar creencias positivas acerca de él y, por ende, sacar lo mejor de sí mismos y de su hijo. Todo ello mejora radicalmente el ambiente familiar.

Así, el coaching trabaja desde la toma de conciencia y el compromiso, para llegar a la integración interior de habilidades emocionales que revertirán en el día a día, logrando que los progenitores puedan vivir su paternidad o maternidad de un modo más consciente, más pleno y más satisfactorio.

Evaluación del TDAH

JOSEP ANTONI RAMOS-QUIROGA
Servicio de Psiquiatría del Hospital Universitari Vall d'Hebron. CIBERSAM (Barcelona).

La evaluación clínica del TDAH es un aspecto clave para el correcto tratamiento del trastorno. Es esencial realizar una completa historia clínica con el paciente y su familia, para poder llevar a cabo una evaluación rigurosa. Ello nos permitirá afrontar mejor los retos del tratamiento. Es fundamental descartar la presencia de otros trastornos, tanto médicos como psiquiátricos, ya que su presencia puede condicionar la opción terapéutica que se escoja.

Como se ha explicado en el capítulo pertinente a la evaluación, el diagnóstico siempre es clínico. Por eso es muy importante tener una formación especializada adecuada y dedicarle todo el tiempo que sea preciso. El hecho de que el diagnóstico sea clínico y no basado en otras exploraciones complementarias, como bioquímicas de sangre o neuroimagen, no le resta validez al diagnóstico de TDAH. Existen otras muchas patologías médicas de las que no disponemos de biomarcadores para realizar el diagnóstico (migraña, Alzheimer, etcétera...). Así, se sabe que el diagnóstico de TDAH es el trastorno psiquiátrico de inicio en la infancia con mayor fiabilidad entre distintos evaluadores correctamente entrenados.

La investigación en el campo de los trastornos del neurodesarrollo ha avanzado de forma considerable durante estos últimos años. Actualmente existe un dispositivo basado en la tecnología del *eye-tracking* (seguimiento del punto donde se centra la mirada y la atención ante una escena de una película) que permite un diagnóstico muy viable del autismo a una edad muy temprana. En el TDAH todavía no se dispone de una prueba complementaria que tenga una buena especificidad y sensibilidad para realizar el diagnóstico. A pesar de ello, los estudios que se están realizando con neuroimagen, en concreto, con tecnología *machine learning* son muy prometedores. Esta metodología permite generar una imagen de un cerebro tipo con TDAH y estudia con qué probabilidad el paciente estudiado puede tener o no TDAH. Pero esto es el futuro, en el momento actual debemos basarnos en la correcta exploración clínica y los cuestionarios o tests serán un punto más de apoyo.

Más allá del diagnóstico
JAVIER URRA PORTILLO
Académico de número de la Academia de Psicología de España.

Nos cabe educar esperanzadamente, pacientemente, cálidamente. Acompañar el proceso evolutivo, facilitar el discurrir psicoterapéutico, más allá de la posible utilización de psicofármacos. Y participar como progenitores o maestros en la estructuración exterior, que facilite el mantenimiento de atención y el fortalecimiento del autodominio.

Soy presidente de la Comisión Rectora del Programa RECURRA-GINSO, para padres e hijos en conflicto y confirmo, tras más de 370 jóvenes residentes (de menos de diez meses), que muchos de ellos vienen con ese diagnóstico de TDAH, siendo que en muchos casos no se confirma. Así lo explicitan los 106 compañeros que trabajan con estos jóvenes en el día a día y, específicamente, los psicólogos clínicos y los psiquiatras. Nuestra forma de trabajar es contenedora, muy organizada, llena de contenido y al tiempo con momentos de relajación y reflexión.

Tenemos una sociedad incierta, estresante, demandante, en algo patológica y nuestros niños la sufren. La salud se sostiene en factores físicos, psíquicos y sociales.

Demos a los niños su espacio, su tiempo, respetemos su individualidad. Asumamos sus dificultades, pero no hagamos de un diagnóstico un enfermo, una profecía autocumplida, una derrota.

Nos cabe la esperanza y el compromiso.

13

El TDAH desde dentro.
Relatos de familias y afectados

Para terminar el presente libro, aparecen los testimonios y perspectivas personales de los verdaderos protagonistas: los propios niños con TDAH y sus familias.

Sirva este capítulo como homenaje a todas las familias que llevan años luchando por mejorar la calidad de vida de sus hijos y, por supuesto, a los propios niños diagnosticados con TDAH. Quiero agradecer el esfuerzo y tiempo que han dedicado las personas que protagonizan este último capítulo para escribir unas líneas en donde expresan sus miedos, rutinas y perspectivas futuras. Estoy convencido de que sus testimonios serán de gran utilidad a otras familias que estén en situaciones similares y les harán comprender que no son los únicos que están pasando por esta situación.

REFLEXIONES PERSONALES DE LAS FAMILIAS

TDAH: siglas indescifrables
CARMEN

Como madre de un niño con TDAH, y después de los años que llevamos luchando por ello (psiquiatras, terapias de grupo en psicología, consultorios psicopedagógicos), he de confesar que aún no entiendo muy bien el porqué de todo esto, sobre todo, cuando te dicen que "es un niño muy brillante y que hay que motivarlo mucho". Yo me pregunto: ¿y cómo se motiva a un niño con este trastorno? ¿Es que no he sabido nunca o es la sociedad y el sistema educativo el que no motiva a mi hijo? A la edad de once años lo castigamos sin los juguetes del día de Reyes. Los iría recuperando según fuera aprobando los exámenes. Pues bien, fue tan triste que ni siquiera preguntaba por sus juguetes, ya que estaba acostumbrado al castigo.

Te rodeas de personas que, a efectos de todo el mundo, tienen hijos maravillosos. Diría yo que es difícil que esos niños, en boca de sus padres, bajen de una puntuación de nueve. A mi hijo jamás le ha importado la puntuación, ni bajas ni altas, siempre ha valorado más el trato que ha recibido. En su vida académica tiene en alta estima a dos profesores y un orientador de su colegio (uno de primaria y otro de secundaria), de los que ha recibido siempre todo el apoyo, que no calificaciones buenas —eso es un mundo aparte—, pero al menos se han preocupado por atender sus necesidades (épocas de mucha ansiedad, cómo ayudarle para que las clases le fueran motivadoras, etcétera). Desde aquí quiero agradecérselo infinitamente. También ha tenido otros profesores que, incluso, le han mandado a contar las baldosas del pasillo. En cuanto a la agenda escolar, que raramente utilizaba, siempre me ha parecido una vía de desahogo para los profesores. Lógicamente, cuanto más mayor, menos te enseña la agenda escolar por "miedo a las broncas en casa".

Desgraciadamente, nunca le ha funcionado ninguna medicación. Alrededor de los diez años, comenzamos con Rubifen®, principalmente porque comenzó con episodios de ansiedad. Al ser dosis baja, pasamos a Concerta®, de la cual no se libró de ningún efecto secundario. Sobre todo tenía tics terribles, que incluso le sirvieron para recibir alguna que otra amenaza de profesores: "Si no paras de *hacer eso*, te vas fuera de clase". Continuamos con Strattera® pero los efectos no fueron significativos. Al día de hoy, ya con dieciséis años, no tiene medicación prescrita. Sí tiene temporadas de estar más ansioso, nervioso y distraído.

Pero hasta aquí hemos llegado, a pesar de que su pensamiento es que "la educación primaria y secundaria no sirve para nada, sólo es notas y notas, no te aporta ningún conocimiento. Sólo se debería estudiar para realmente lo que quieres aprender. Mamá, hace un par de días pregunté a un compañero, que aprueba las asignaturas, por un par de preguntas de un examen reciente y no se acordaba de nada; eso me demostró que no le ha aportado ningún conocimiento".

A pesar de sus pensamientos, tiene mucha ilusión por estudiar diseño gráfico, y sólo puedo decir que lo seguiremos apoyando hasta donde pueda o quiera llegar.

Me gustaría hacer una reseña. A pesar de sus bajas calificaciones en su trayectoria escolar, y gracias a las tecnologías y la curiosidad que lo acompaña, es un niño con mucha información cultural que, en ocasiones, ha dado más de una lección de conocimientos a esos maravillosos "nueves" y ciertamente es un niño muy inteligente y excelente persona. Su psiquiatra siempre me ha dicho: "No consientas nunca que te digan que está mal educado". Al fin y al cabo, es lo que he buscado siempre: educación y que sea feliz.

La experiencia de tener un hijo con TDAH
CARLOS

Como experiencia personal, el aspecto más complicado de la educación, por parte de los padres, es la comprensión de la situación por la que pasa tu hijo con TDAH. Se trata de un asunto que te explican pero que no es fácil comprender, ya que no es algo que veas físicamente y a eso, en nuestro caso en particular, se une que se trata del primer hijo. Se junta el aprendizaje inicial de padres primerizos, lo que comporta una falta de experiencia, con un obstáculo añadido que, como hemos dicho, no acabamos de entender.

En nuestro caso, de alguna manera, te pones en manos tanto de la sociedad, preguntando a los demás padres por el comportamiento, resultados escolares, etcétera; del sistema educativo, poniéndote en manos del centro escolar, como del sistema sanitario, acudiendo al especialista, donde puedes recabar comparaciones, pautas de gestión y/o tratamientos.

Lo cierto es que, salvo honrosas excepciones, lo que recibes es, por un lado, falta de sinceridad, donde escuchas que el resto de los hijos son perfectos, apoyo sólo en un pequeñísimo porcentaje por parte del sistema educativo y ensayo-error por parte del sistema sanitario.

No queremos que se nos malinterprete. Por supuesto que también hemos recibido excelentes consejos y pautas, pero lo cierto es que el porcentaje es tan pequeño en el conjunto que te llevan a pensar si nosotros mismos estamos autoconvenciéndonos y disfrazando, por el sentimiento de unos padres hacia su hijo, una falta de capacidad.

Quiero indicar que a pesar de fallar en mil y una ocasiones, lo más importante es no dejar de intentarlo y por supuesto apoyarte en ese mínimo porcentaje de personas que te ayudan y que realmente están igual de solas en el sistema que los propios padres, pero que son fundamentales para darte un empujón en los momentos más desesperados. Hablamos de esos pocos padres sinceros, que te ayudan a sacar de la mochila cosas propias de la edad y que tu hijo comparte con el resto. También nos referimos a esos profesores/educadores a los que les encanta su trabajo y que se vuelcan en la situación por encima de lo estrictamente profesional, que minimizan situaciones por entender el problema y se centran en lo realmente importante, y que tratan la situación de manera particular y no incluida en un sistema, y profesionales sanitarios que te escuchan, ayudan y ponen todos los medios a su alcance para dar una salida.

Al cabo de los años, con la madurez que va adquiriendo tu hijo, y rompiendo poco a poco todas las conchas que entre todos les hemos creado a base de castigos, riñas, etcétera, donde lo único que hemos conseguido es que no cuenten sus pensamientos y opiniones, te vas percatando de que lo importante es recoger sólo lo que te llega de ese pequeño porcentaje de personas que te ayudan para destinar tus esfuerzos en ayudarle a pasar esas etapas que no le aportan nada más que sufrimientos, para ayudarle a llegar al mínimo posible que se exige haciendo sólo el caso necesario al resto, con el objetivo de poder llegar a ese punto en que pueda realizarse, centrado y dedicado a lo que le gusta, en lo que cada día tenemos más claro será genial.

Realmente, es verdad prácticamente todo lo que se lee y escucha con criterio relativo al TDAH: las etapas que se pasan en cuanto a la convivencia familiar y con el resto, los altibajos por los que se pasa para llevar la situación, dando respuestas en muchas ocasiones que no sirven sino para hacer daño a tu hijo, buscando una reacción que evidentemente no recibes, a lo sumo se produce sólo durante unas horas.

En nuestro caso en particular, estamos clarificando nuestra posición que, cada vez más, está situándose en el mismo lado que la de nuestro hijo, desde donde empezamos a sortear los obstáculos del otro lado, donde se sitúa el sistema con el único propósito de conseguir que nuestro hijo pueda llegar a su objetivo, que sorprendentemente no es otro que dedicarse a estudiar y formarse en lo que realmente le gusta.

Al final de este camino, seguro que cambiaríamos muchas cosas en cuanto a nuestro posicionamiento y manera de actuar, para priorizar las opiniones y sentimientos de nuestro hijo por encima de todo, para enfocar su camino individual y no llevarlo por donde el resto, sino apoyarlo y orientarlo en que su camino termine en su objetivo, salvando los obstáculos que se presentan.

Sólo esperamos que con dieciséis años que ahora ha cumplido no lleguemos tarde, por lo menos, para todo lo verdaderamente importante de su vida y nuestra convivencia con él.

Disfrutar del camino hasta llegar al destino
Rosa y José Antonio

Somos padres de un chaval maravilloso de dieciséis años. Hasta llegar aquí, hemos tenido de todo pero tal vez lo más relevante que podamos decir sea: "no dejarse llevar" y "mantener la calma".

Habrá momentos que den ganas de "tirar la toalla", y es normal. No hay que asustarse pero ésa no es una opción. Esto es una carrera de fondo y la meta no cabe esperarla a corto plazo. El mayor problema al que se enfrentan estos chicos es no ser reconocidos como personas válidas, pudiendo llegar a no sentirse queridos. Es vital dejar claro, con los hechos, que se les quiere y que siempre se les querrá, al margen de malos resultados académicos, distracciones y demás.

Es muy positivo mantener contacto con otros padres en situaciones similares, pues ayuda a relativizar los hechos. Nosotros tuvimos la suerte de encontrar a una persona maravillosa que supo orientarnos al comienzo de los problemas escolares. Comenzamos, entonces, con terapia psicológica que pronto mejoró su actitud y con ello también sus relaciones y resultados académicos. También hemos encontrado lo contrario y tanto fue así que llegó un momento, a mitad de un ciclo escolar, en el que tuvimos que cambiar de colegio. En la búsqueda del nuevo centro fuimos totalmente transparentes para evitar caer en otra mala experiencia y tuvimos la suerte de encontrar un colegio que se preocupa de nuestro hijo, al igual que lo hace con el resto de alumnos con la misma dificultad.

313

Es importante formar equipo con profesores, orientadores, padres y, cuando la madurez lo permita, también con el propio interesado. No hay recetas mágicas, cada caso es único y dependerá de las particularidades del mismo el encontrar las medidas que ayuden más al día a día. Con independencia de esto, hay una serie de "medidas" comunes para todos: reforzamiento positivo, diálogo constructivo, consensuar criterio parental, amoldar la exigencia, verificar su autoestima y reforzarla si el entorno logra erosionarla, parcelar los hechos para no llevar un malestar de un ámbito a otro; es decir, que si el chico tiene problemas por bajo rendimiento escolar, por ejemplo, evitar hacer extensible esto a otro terreno, divertirse y pasarla bien aunque las notas sean mejorables y que se sienta querido al margen de cualquier otra cuestión.

En nuestro caso, tenemos sólo un hijo y cuando llegó un momento en el que la realización de la tarea escolar generaba un gran desgaste en la relación padre/hijo se optó por contratar a una persona que se encargara de la supervisión de dicha tarea, por recomendación expresa de la psicóloga que nos ayudaba por entonces. Como ya hemos dicho, empezamos sólo con terapia, pero al aumentar la demanda hubo que ayudarle con medicación. La idea es que tras finalizar el bachillerato pueda dejar de tomarla y recurra a ella exclusivamente en casos puntuales de gran demanda de concentración.

Al día de hoy tenemos la suerte de tener un hijo que es una persona estupenda y feliz, perfectamente integrada en su entorno, con amigos, ilusiones, proyectos, motivaciones y los problemas propios de su edad.

Con todo esto, queremos transmitir un mensaje de ánimo y esperanza. Con paciencia y cariño se logra que se adquieran unas pautas que posibilitan que lleven una vida tan plena como cualquier chico de su edad y en un futuro puedan ser adultos plenamente autosuficientes. Son muchos los casos de personas con este trastorno que pueden dar fe de ello al día de hoy y que pueden servirnos de motivación cuando decaiga el ánimo.

El TDAH y una nueva familia
Marta y Raúl

Está ahí y no sabes cómo llamarlo. Latente y devastador. Vas dando palos de ciego, leyendo, preguntando a otras mamás hasta que un día, por fin, no puedes más y decides llevarlo a un médico, bien al de cabecera o a un especialista, o directamente al psicólogo, como fue en nuestro caso.

El desencadenante: tras un verano, durante el cual me tuve que separar de mi hijo, ¡ya no podía estar junto a él sin sentir dolor ni rabia!, ¡sin tener paciencia!

Cuando te presentan estas siglas: TDAH, te asaltan un millón de dudas, de miedos pero también de esperanza; al fin y al cabo, ya sabes lo que le pasa a tu hijo y, por tanto, ya puedes trabajar por el camino correcto y no improvisando o a salto de mata.

No vamos a engañar a nadie, el camino es angosto, largo, con subidas y bajadas, algunas de gran desnivel y otras con etapas llanas, las que permiten recuperarte. El gran hándicap con el que tenemos que lidiar las familias es el gran desconocimiento que hay sobre este trastorno y en todos los niveles. El entorno familiar, los amigos, los vecinos, todos opinan: "Es igual que cualquier otro niño inquieto", "Lo tienen consentido", "¿Lo van a medicar?", y aunque sea difícil de reconocer, hay una gran presión social que pesa hasta el día que asumes al cien por ciento qué le pasa a tu hijo y antepones su bienestar, su mejoría, a cualquier otro factor. En mi caso fue el día que escuché a una experta hablar de la necesidad de medicar a los niños que así lo necesitaban, que no a todos, porque tendrían mayor posibilidad de caer en adicciones y dejar a un lado nuestros propios prejuicios. Así que pensé: "Soy yo la que no quiero que se medique, pero ¿y si realmente lo necesita?". También me daba vergüenza dejarlo llorar o gritar en un espacio público, pero y si la ignorancia de ese comportamiento ayudaba a su extinción, ¿por qué no lo hacía?

Dentro del TDAH existen tres subtipos; nuestro hijo pertenece al impulsivo que, además de inquietud, es desafío, reto, baja frustración, falta de control a nivel emocional, de empatía, dificultades en las relaciones sociales, etcétera. Para mí entender la dificultad del niño en controlar esa impulsividad me hizo creer que todas esas técnicas que la psicóloga nos había enseñado y con las que en alguna no estábamos de acuerdo o

315

nos era difícil de cumplir, no eran más que un acto de amor hacia nuestro hijo. Por ejemplo, ante un insulto o una actitud desafiante, lo mejor es darse la vuelta e ignorarlo, pero esto es muy difícil sin esa conciencia de "acto de amor", porque lo primero que piensas es que le darías una bofetada por faltar al respeto al progenitor.

Ahora sabemos que estamos en el camino correcto, aunque sigue siendo duro y a veces pensamos que no vamos a poder aguantar. Estamos a punto de entrar en la adolescencia y estamos llenos de preguntas y miedos, pero sabemos que tenemos ahí a nuestra otra familia, que nos acompaña en este andar (su psicóloga, su orientador, su neurólogo, etcétera) y todo será más fácil junto a ellos.

¿Un consejo? Cuando hay un diagnóstico, asumir el mismo con entereza. Acudir a todos los especialistas que interactúan en este tipo de trastornos multidisciplinarios y mantener una buena y fluida relación con el colegio. Querer al niño como es, demostrárselo sin dejar de ponerle los límites que necesita, acompañarlo en su camino y nunca perder la esperanza.

La lucha por comprender el TDAH
GEMA

Nuestro hijo tenía cinco años cuando empezamos a plantearnos más seriamente que algo no iba bien en su proceso de aprendizaje ¿Cómo era posible que fuera incapaz de aprender los días de la semana o los meses del año, pero pudiera recitar de memoria diálogos completos de sus películas infantiles favoritas?

Así fue como empezó nuestro rosario de consultas y dudas. No se puede decir que nos diéramos cuenta en un momento concreto, sino más bien fue un conjunto de situaciones lo que nos llevó a hablar con el departamento de orientación de su colegio. Hasta ese momento sólo habíamos tenido alguna tutoría con su profesora y siempre nos decía lo mismo: "Es un niño muy inquieto, no para, pero en clase se porta bien". Aquellas explicaciones ya no nos dejaban tranquilos y quisimos dar un paso más. En la primera cita que tuvimos con la orientadora del colegio nos dijo que aún era muy pequeño para poder hacer valoraciones, pero que continuáramos observándolo y le contáramos si notábamos comportamientos "raros".

Y así pasó el curso preescolar de cinco años. Estuvimos vigilando su comportamiento y su aprendizaje en el colegio, incluso lo comparábamos con el de su hermano que es menor que él casi tres años.

Al año siguiente comenzó una nueva etapa escolar, la primaria, y fue ahí cuando comenzaron a agudizarse los problemas. El niño no aprendía bien o no lo hacía al ritmo de sus compañeros de clase. Le costaba centrarse y prestar atención. Hablamos con su tutora y decidimos pedir una nueva reunión con la orientadora, quien enseguida se puso a trabajar con él haciéndole algunos tests de atención. Nos citó para hablar de los resultados y ahí fue cuando nos lo soltó: "Su hijo parece que presenta trastorno por déficit de atención e hiperactividad", el conocido TDAH. Se nos cayó el alma a los pies... ¿qué era eso de TDAH?, ¿en qué consistía?, ¿cómo podía afectarle y cómo se podía solucionar? Me hice un maratón de búsquedas por Google para leer sobre este tema hasta entonces desconocido para mí.

Entonces comenzaron las visitas a neurólogos y pruebas médicas: electroencefalogramas, electrocardiogramas, analíticas, estudios del sueño, etcétera. También la exploración en un centro de terapia especializado durante varios días en el que estuvieron haciéndole algunos tests. La conclusión fue la misma: diagnosticaban TDAH y nos recomendaban comenzar con tratamiento médico de metilfenidato y sesiones de terapia conductuales.

Empezaron a surgir más dudas y temores. Cuando leímos el prospecto del medicamento con tantos efectos secundarios y adversos nos asustamos mucho. ¿Le dábamos la medicación o probábamos por comenzar con las sesiones de terapia a ver si era suficiente? Optamos por comenzar conjuntamente con el tratamiento farmacológico y sesiones de terapia cognitivo-conductual en un centro especializado que nos recomendaron. Lleva cinco años tomando metilfenidato, modificando la dosis según ha ido creciendo, y ha recibido apoyo en sesiones de una hora de terapia semanal en el mismo centro privado durante cuatro años, además de sesiones de apoyo del colegio en los últimos tres.

Al principio fue un golpe difícil de encajar, pero poco a poco te vas empapando del tema, lo vas conociendo y te vas dando cuenta de que no es tan "malo" como algunos lo pintan y que pueden llegar a ser adultos normales y felices con una vida plena, que es lo que todos los padres deseamos para nuestros hijos.

Álvaro tiene ya doce años y en breve cumplirá trece. Podríamos decir que está en pleno cambio y revolución hormonal, la conocida como "preadolescencia". Continúa tomando la misma medicación y él mismo considera que la necesita porque cuando hacemos los periodos de descanso recomendados por su neurólogo, siente que no tiene la misma capacidad de trabajo. Ha comenzado sus estudios en secundaria y considero que la primaria la terminó de forma relativamente exitosa, sin repetir ningún curso y sin reprobar ninguna asignatura ni en sus exámenes parciales ni en los finales, en gran parte gracias a su enorme capacidad de sacrificio, constancia y a los buenos hábitos adquiridos organizando sus tareas escolares. Todo ello lo ayuda a superar las carencias que tiene en su aprendizaje escolar.

Desde casa el apoyo es fundamental e incondicional. Necesita sentirse comprendido, respetado y apoyado ante un hecho que sabe que no puede vencer él solo. Es imprescindible derrochar grandes dosis de paciencia, que en ocasiones reconozco que te la hace perder, y tolerancia, reforzar positivamente todos sus logros y tener mucha comunicación tanto efectiva, estableciendo normas y llevando el mando de las situaciones, como afectiva, transmitiéndole mucho cariño y comprensión, para resolver los conflictos que surjan y aprender a moderar los comportamientos impulsivos que en el futuro le podrían llevar a situaciones no deseadas. Pero por encima de todo, que sienta que estamos para ayudarle con mucho amor, porque él lo merece.

Cada día se escuchan más casos de TDAH; sin embargo, la realidad social con la que nos encontramos es que existe un desconocimiento generalizado sobre este trastorno. La falta de formación, información y atención sobre el TDAH tiene consecuencias negativas directas sobre los pacientes, sus familiares, amigos y otras personas de su entorno, que sufren la insensibilidad y la falta de consideración hacia las personas que lo padecen y los consideran "raros". Por ello les pido a quienes lean estas líneas que no renuncien nunca a continuar la lucha, incluso cuando parezca que todo está perdido y no se puede hacer más, porque nuestros hijos nos necesitan y mucho. Y también a explicar incesantemente y las veces que sea necesario a familiares, amigos y profesores las diferencias de un niño con TDAH con el resto, para que comprendan que no supone ningún problema y que con la ayuda de todos, trabajando en equipo, lograrán, no sin mucho esfuerzo, todo cuanto se propongan en sus vidas.

La vida con Íñigo: nuestra montaña rusa
Elena e Íñigo

Somos Íñigo y Elena, y nuestro hijo Íñigo está en proceso de ser diagnosticado con TDAH. Aunque ahora los dos somos muy conscientes de todo lo que conllevan estas siglas, no siempre ha sido así: este "trastorno" afecta a todo lo que lo rodea (padres, hermana, primos, tíos, amigos, profesores...) y por supuesto, a él mismo.

Iñi nunca ha sido un niño común: es "pura dinamita" tal y como lo definen las profesoras que lo han sufrido y disfrutado a la vez. Es cariñoso hasta el extremo, es divertido (siempre decimos que tiene cara de burla permanente) y tan creativo como uno pueda imaginar: las "obras de arte" con las que nos siembra la casa darán para hacer una exposición que le saque una sonrisa hasta al tipo más serio. Tiene una energía "que no le cabe en el cuerpecito" y desde "muy-muy" pequeño ha sido un auténtico terremoto, generando y ejecutando continuamente ideas (como podrán imaginarse, éstas no son siempre "buenas"). Era, es y ¿será? una bomba de relojería siempre a punto de estallar.

En el colegio ha desarrollado una relación de "amor-odio" con todas sus profesoras, cuyos corazones se ha terminado ganando a pesar de que tener en clase a un niño como Íñigo pueda ser una pesadilla: según sus evaluaciones, no se queda quieto, no respeta a los compañeros, las normas las sigue a veces... Pero académicamente no ha tenido problemas, y entre todos (y con su esfuerzo) ha ido mejorando su comportamiento de manera lenta, pero segura.

Los que lo tratamos con frecuencia alguna vez hemos conocido "su cara oscura", ese mal genio incontrolable que a veces se apodera de él y lo obliga a hacer y decir cosas de las que siempre se arrepiente al poco tiempo (¡imaginen la cara que se le quedó a la madre de la criatura cuando el mocoso de tres años escasos le dijo que la iba a mandar al asilo!).

Los primos y amigos también son presas del "halo de atracción" que genera (una tarde con Iñi no es una tarde cualquiera, si no que se lo digan a los dueños del restaurante en el que se encontraron con diez niños "vestidos de comunión" que chapoteaban en la fuente de su jardín) y también de los inconvenientes de lidiar con un niño como él (es difícil contar el número de juguetes rotos o imaginar con qué arte llama "chapucero" al compañero de clase con el que compite por realizar, sin mimo ni cuidado, cualquier trabajo que les es encomendado...).

Ya conociendo al "personaje" no les será difícil imaginar cómo hemos ido evolucionando hasta descubrir por qué nuestro potrillo salvaje es como es: para su padre, un c... sinvergüenza al que hay que enderezar, para su madre una pobre criatura víctima de haber recibido como herencia genética lo mejor de cada casa: "despistado" como su madre, "hiperactivo" como su padre, "disperso, físico y explosivo" como "combinación perfecta" de dos de sus tíos...

Desde que era muy pequeño, su madre (a quien con cuatro años ataban a la silla con un lazo naranja con puntos blancos porque era incapaz de mantenerse sentada en clase) sospechó sobre su condición, y le planteó a dos de sus profesoras de preescolar si podía tener TDAH, pero éstas lo descartaron por el hecho de que Iñi no tuviera dificultad alguna para hacer los trabajos y asimilar los conceptos del curso, lo cual lo diferencia de otros niños que padecen el trastorno.

La idea de que Íñigo tenía algo más que problemas de conducta llevó a su madre a leer mucho sobre el TDAH, y empezó a darse cuenta de que ella misma podía padecerlo (es increíble lo que pudo llegar a "aprender" con un teléfono e internet, arriesgándose seriamente a quedarse bizca por la minipantalla del celular). El papel de su padre, hoy uno más remando en la misma dirección, seguía el típico patrón masculino: la madre está obsesionada con el tema y va a demostrarlo, lo tenga o no lo tenga..., los niños son "brutos" y es un tema de madurez y educación.

Tras volver a insistir con el posible TDAH de Iñi, ahora con el departamento de orientación del colegio, le hicieron unas pruebas preliminares que mostraron rasgos de impulsividad y déficit de atención. A partir de ese momento, todo fue más fácil: se le diagnosticó el TDAH a Elena, a Iñi le realizaron pruebas adicionales en el colegio, empezamos a formarnos como padres y se hicieron adaptaciones en el aula.

¿Seguirá siendo una bomba de relojería a punto de estallar? Al día de hoy y a falta del diagnóstico definitivo, somos bastante optimistas porque entendemos qué le pasa a nuestro hijo y juntos podremos ayudarle y darle las herramientas para llevar con normalidad esta forma de ser y sobrellevar los inconvenientes de la misma (sin perder su esencia, que hace de Iñi un niño muy especial). Le dedicaremos el tiempo necesario (mucho más de lo que se puedan imaginar), seremos pacientes (¡imprescindible!), nos seguiremos tomando las cosas con humor (¡no hay otra forma!), trataremos de educarlo con cariño y firmeza... Y trabajaremos para que todos los terceros con los que interactuemos (profesores, familiares...) entiendan por qué Iñigo es como es y nos ayuden a "estabilizar" la bomba y a sacar lo máximo de nuestro hijo, que tiene mucho que dar.

No podemos terminar esta nota sin mencionar a nuestra hija Julia, "la gran olvidada". Es una niña alegre y risueña, algo ruidosa, que de vez en cuando usa sus armas ("Hoy me he portado muy mal en el colegio") para reivindicar cierta atención. Ella también convive con el TDAH a diario, y aunque adora a Iñi, se ve afectada por la forma de ser de su hermano, que consume mucho tiempo de sus padres (dejándole a ella lo que parecen "las sobras") y que tan pronto la cuida hasta el extremo como la fastidia sin piedad al no darse cuenta de que la pobre la está pasando mal. ¡Julia, gracias por ayudarnos con el TDAH de Iñi, te queremos, y nos esforzaremos en dedicarte el tiempo y la atención que te mereces!

Mi dulce niño TDAH
ANNA

Por dónde empezar... Mi pequeño Jan tiene ahora siete años y una hermana dos años mayor. Nació el 10 de febrero de 2008 y siendo un bebé ya empecé a ver cosas que justificábamos como que era un niño movido, no se quedaba quieto en la cuna, hasta el punto que en cuanto se pudo poner de pie, saltó de la cuna. No le bastaba con ver las cosas, las tenía que tocar. Hasta los cuatro años fue un sin vivir, era imposible llevarlo de la mano, se retorcía, salía corriendo en medio de la carretera y han estado varias veces a punto de atropellarlo. Le decías que no tocara algo porque se podía hacer daño y automáticamente lo tocaba; se rompió un brazo, un dedo de la mano, cuatro puntos en la barbilla, se tiró a una piscina con dos años sin saber nadar y me tuve que tirar vestida para sacarlo... La gente me decía: "¿Por qué estas tan estresada?, sólo es un niño inquieto...". Yo pensaba que si no estaba encima de él constantemente en cualquier momento tendríamos un accidente fatal. Estaba agotada física y psicológicamente.

En el colegio, de los dos a los cuatro años siempre estaba castigado, los profesores no lo aguantaban, cada día al ir a recogerlo me explicaban alguna barbaridad que había hecho, cuando lo reñían se burlaba de la profesora, contestaba, hacía daño a algún niño jugando.... O sin jugar.

En casa intentábamos marcar las normas igual que con su hermana, pero con Jan no funcionaba nada. El sentimiento de impotencia era angustiante y el nivel de estrés muy elevado, lo que creaba también conflicto entre los padres. Cada día hacía rabietas por todo, todo le frustraba. Si por la mañana había pan tostado para desayunar, él quería avena o al revés. Al final lo levantaba una hora antes para tener tiempo de que hiciera la rabieta y poder llegar a tiempo al colegio. Cuando lo reñíamos y castigábamos, su reacción era más violenta y agresiva hasta el punto de romper cosas, o hacerse daño a él mismo. Era un círculo interminable que creaba una tristeza constante tanto a nosotros como a su hermana.

Ir con Jan a comprar a las tiendas era imposible; siempre salía de ellas oyendo: "Qué niño más inquieto", "Vaya revoltoso"... El problema es que él también lo oía.

Llegados a este punto fuimos a hablar con la psicóloga del colegio quien nos comentó que podía haber algo más. Así que lo llevamos al médico a ver qué opinaba. Después de varias pruebas, con cinco años le diagnosticaron TDAH con prevalencia de hiperactividad (hipercinético) y con un nivel muy alto de impulsividad. En ese momento se abrió una ventana de esperanza, empezamos a informarnos, leer todas las publicaciones posibles, asesorarnos a través de la asociación TDAH Catalunya y también cambiamos de actitud: la autoridad por la paciencia. Aquí empecé a descubrir a mi hijo: era el niño más dulce y cariñoso del mundo, con una gran sensibilidad y un gran corazón. Seguía teniendo los síntomas pero el hecho de no castigarlo y reñirlo constantemente y, por el contrario, hablarle, hacía que sus reacciones duraran menos y que él empezara a darse cuenta de lo que le pasaba por dentro.

En el momento en que llevamos el diagnóstico al colegio todo empezó a mejorar. Nos encontramos con unos profesores excelentes en la escuela Mare de Déu dels Àngels, que no sólo se implicaron en sus necesidades del día a día, sino que además colaboraron en todo momento con nosotros y con los médicos y psicólogos que lo están tratado.

Al empezar primaria se complicó por el hecho de no poder estarse quieto en la clase y la relación con los compañeros empezaba a ser difícil debido a su impulsividad; así que en consenso con los profesores, médicos y terapeutas, Jan se ha empezado a medicar hace dos meses y debo decir que, aunque era reacia a ello, mi hijo está mejor que nunca, y en consecuencia, toda la familia podemos disfrutar de nuestro increíble Jan. Hemos tenido mucha suerte con todos los profesionales del Hospital de Sant Pau de Barcelona y del CSMIJ de Sant Andreu a quiénes agradezco profundamente su interés, su ayuda y profesionalidad. Lo que me ha enseñado todo esto es que el camino es largo pero no insuperable.

Aprendiendo de ti
ESTHER Y JORDI

Nuestro hijo Eudald tiene TDAH con comorbilidad Gilles de la Tourette y TOC. El camino para llegar a este diagnóstico ha sido duro, costoso —económicamente hablando— y muy largo, larguísimo.

Hemos tenido que aprender a la fuerza muchas cosas sobre este trastorno que antes desconocíamos. Hemos tenido que enfrentarnos a situaciones difíciles que el TDAH nos va demostrando día a día con dureza.

A veces comparamos las fases del duelo con el proceso que estamos sufriendo. Lo más triste es que cuando llegas a la aceptación de lo que le está sucediendo a tu hijo, es cuando empieza una lucha constante para demostrar a los demás que él necesita ayuda igual que cualquier niño que tenga diabetes o esté en silla de ruedas.

Aunque parezca absurdo, nuestro hijo tiene suerte. Mucha más suerte de la que por desgracia hemos podido observar en la vida de otros niños que sufren del mismo trastorno. Encontrar a gente que entienda o intente entender sus miedos, sus inquietudes, sus molestos tics y sus terribles obsesiones, es una suerte.

Sabemos que le queda un largo camino por seguir luchando. Sabemos que la escuela es un lugar difícil para estos niños. Sabemos y sabe que siempre estaremos a su lado, en su lucha, nuestra lucha. Sabemos rodearnos de gente maravillosa (asociaciones, maestros, amigos, familia...).

La solución pasa por la concienciación de este trastorno, la implicación de la sociedad en general para llegar a entender cada vez mejor a Eudald, al TDAH.

Un largo camino
MARGOT

Ante todo, muchas gracias por darnos la oportunidad de contar nuestra experiencia, aunque una sola página sea poco para intentar resumir once años de lucha diaria con un hijo con TDAH.

Nosotros somos una familia normal, con trabajos normales, sueldos normales, más bien bajos. Tenemos tres hijos estupendos, cada uno con sus necesidades concretas según su edad, trece, once y seis años, dos niñas y un niño. Javi es el de en medio, está diagnosticado con TDAH desde hace tres años, aunque el combate empezó mucho antes.

Cuando Javi empezó a caminar, ya no paró, no pudo parar y hasta hoy. Desde pequeño ya notábamos que era diferente, nada lo entretenía, en el cine se ponía de pie, la tele no lo entretenía, cambiaba de juego continuamente, un desastre en el orden y la limpieza, todo lo rompía, no controlaba impulsos, el típico revoltoso, "lagartija".

Lo comentamos con el pediatra que nos derivó a Salud Mental Infanto-Juvenil, en donde un diagnóstico erróneo nos hizo perder casi tres años en que el niño madurara y haciendo deporte los siete días de la semana porque el diagnóstico fue exceso de energía e inmadurez. Ése fue el peor periodo porque, desde el desconocimiento real, nosotros como padres intentábamos modificar sus conductas con castigos blandos, duros, como sabíamos, siendo muchas veces conscientes de que daba igual castigar que no.

En el colegio era peor, empezó a tener problemas de socialización por su impulsividad; su verborrea, su impaciencia en los juegos, se convirtieron en la diana perfecta para echarle la culpa de todo, aunque no la tuviera; se le etiquetó como niño rebeldillo, travieso, revoltoso, incapaz de cumplir las normas.

Fue al principio del tercer año de educación primaria, cuando su tutor, que es el mismo que tiene hoy, recién llegado al colegio como profesor, se dio cuenta de que Javi tenía un problema y de que no era conductual. Todos los demás profesores sabían que había un problema, pero no sabían clasificarlo, hasta ahora.

A nivel de profesorado nos hemos encontrado de todo pero siempre hemos conseguido inclinar la balanza a nuestro lado, con el diálogo; algunos lo entienden, otros no, pero en el combate intentamos que vean un poco más allá de la clasificación de los niños en buenos, malos o peores. En ese momento, decidimos cambiar de médico, buscamos un diagnóstico de un psicólogo privado; le pasaron un montón de tests (TDAH, psicomotricidad, coeficiente intelectual...). El apoyo psicológico fue fundamental, porque al mejorar él, el nivel de estrés y presión en casa disminuye, así que todo es más fácil. Como económicamente no podíamos seguir con el psicólogo, a través de una psiquiatra infantil conocimos Fundación CADAH, en donde Javi y nosotros nos encontramos muy cómodos.

Desde marzo está con medicación porque llegó un punto en el que era necesario un refuerzo; está con una dosis baja, pero lo suficiente para que ahora sea un niño normal. En el colegio ha mejorado también tanto académicamente como socialmente. A nivel social, ya mejoró un poco en cuanto los padres de los demás niños supieron que Javi era TDAH y que es una dificultad como otra cualquiera; sólo que, en él, esta dificultad es invisible y no como uno que va en silla de ruedas, que usa lentes o que no oye, que son dificultades visibles. Por eso muchas veces se puede confundir con una persona grosera, mal educada...

En el colegio siempre me han dicho que es un niño muy amable, muy inocente, buen niño, con una alta capacidad intelectual, con una sensibilidad y un sentimiento muy leal, que sabe las normas, pero que al querer cumplirlas, es imposible para él hacerlo, es incombustible.

A nivel familiar, no hay conflictos muy evidentes, ya que todos conocen el problema y desde el principio se les ha involucrado, lo mismo que sus hermanos que intentan ayudarlo y comprenderlo. Lo que en el fondo nos preocupa es de puertas para afuera, que es donde va a encontrar mayor dificultad. Siguen siendo los grandes incomprendidos, aunque cada vez se hable más, o famosos hablen de su experiencia.

¿Qué le pasa a Javier?
ALICIA

La escolarización de nuestro hijo, poco antes de cumplir los tres años, fue el principio de nuestra carrera en busca de responder: "¿Qué le pasa a Javier?". El pistoletazo de salida lo dio su profesor: "Creo que tiene un problema de sordera". Su retraso en el lenguaje no favorecía la situación, así que otorrinos, logopedas y psicólogos ocuparon su primer año escolar. El diagnóstico que obtuvimos fue "inmadurez e impulsividad, unidas a un retraso en el lenguaje", que dejaba la puerta abierta a determinados educadores a creer en la falta de capacidad intelectual de su pupilo. Conllevó muchas reuniones y cambios de colegio.

Buscando respuestas, en una conferencia sobre el TDAH encontramos claras similitudes con lo que vivíamos día a día con nuestro hijo. Y en primaria decidimos llevarlo a la Clínica Universitaria de Pamplona, a un neuropediatra infantil del que nos habían hablado. Concerta® fue su primera medicación.

No es fácil aceptar que tu hijo tiene que tomar una medicación para poder desarrollar sus capacidades al ritmo que la sociedad te marca, y el temor que suponen los efectos secundarios de la medicación te deja una duda constante sobre la decisión que estás tomando.

El medicamento no siempre produce el efecto que se busca, y aunque es necesario, te das cuenta que no lo es todo, como piensa mucha gente. Sigues teniendo que trabajar diariamente con las dificultades extraordinarias de educar a tu hijo con TDAH, más constancia, más paciencia, más tensión, más estrategias...

Sabes que estás sujeta a una evaluación constante sobre tus capacidades como madre y la más crítica contigo eres tú misma. Te reinventas para intentar conseguir algún objetivo; la paciencia se pone a prueba; a diario, buscas apoyos que te puedan ayudar a entender situaciones que están fuera del sentido común, y aun así te sientes fracasada a menudo.

Esto es una carrera de fondo para todos, poco a poco se van consiguiendo metas y superando dificultades. No hay una fórmula secreta para el éxito, pero trabajas por ello. Somos padres de un niño estupendo con una singularidad: tiene TDAH.

Soy una madre como cualquier otra
ELENA

Soy una madre como cualquier otra, con dos hijos. Lucas es el segundo y enseguida nos dimos cuenta de que algo pasaba. Desde muy pequeño fue un bebe llorón, de noches largas y días interminables.

Al empezar el colegio con dos años ya te das cuenta de que no es como el resto de los niños, las profesoras ya nos marcaban pautas y rutinas con él. Lucas, con sus ocho años, es un niño sensible, cariñoso, extrovertido y muy intenso, tanto para lo bueno como para lo malo. Según fue creciendo fue más evidente su impulsividad, su falta de atención, sus cambios de humor, etcétera.

Su primera visita al psiquiatra fue cuando contaba con tres años; nos dijeron que tenía todos los síntomas del TDAH, y aquí comenzó todo. Con seis se hizo la valoración y como resultado diagnóstico obtuvimos TDAH subtipo hiperactivo-impulsivo. Empezó con la medicación, la cual se ha ido cambiando y seguimos hasta que logremos dar con la adecuada para él. Desde hace poquito la toma por las noches y ahí si se ha notado el cambio, ya que por fin duerme.

Esto es un tema muy complejo y difícil de llevar en mi caso. Cuando tiene esos picos, te ves muy impotente, pero tienes que aprender día a día como aprende él, a informarte del TDAH, sacar información y poner la misma en práctica es todo un aprendizaje diario.

Lucas acude una vez por semana a la Fundación CADAH donde trabajan con él en todos los campos y lo preparan para afrontar su futuro, tanto a él como a nosotros. Aquí es donde nos informan y ayudan a comprender esto tan complejo.

Lo primero que aprendí fue a no compararlo con el resto de niños de su alrededor y que mi hijo no es el único con este tipo de dificultades. Aprendes estrategias y a cómo llevar las situaciones que se van presentando cada día.

En mi caso resulta difícil no venirte abajo cuando él tiene uno de sus picos. Yo soy su secretaria y creo que lo seré por muchos años; organizo todo para él: le marco sus pautas diarias, como por ejemplo, estudiar. Preparo sus temas de estudio, y como tenemos la suerte de vivir rodeados de montes y carreteras, pues nosotros estudiamos haciendo carreteras en el monte, en el coche vamos cantando las cosas del estudio y es una manera de que él aprenda, ya que sentarlo en una mesa, en ocasiones, es imposible.

Mi experiencia con el TDAH está siendo dura pero con ayuda y paciencia vamos aprendiendo de las incertidumbres que van surgiendo. ¿Algún día le quitarán la medicación? ¿Qué es realmente el TDAH? ¿Y por qué les afecta a unos niños y a otros no? ¿Llevará mi hijo una vida estable sin la secretaria de su madre?

LOS VERDADEROS PROTAGONISTAS: LOS NIÑOS Y ADOLESCENTES CON TDAH

El demonio
JOAN (diez años)

Había una vez un niño muy malo al que llamaban el Demonio en persona y este nombre era bastante terrorífico. Este niño era muy temido por los demás por las cosas que decían sobre él, y llegó un día en que este niño estaba en clase y entonces pretendía que era un burro y hablaba con los compañeros y el profesor se enfadó y lo castigó a un rincón de la clase, solo, y allí el Demonio se portó bien un rato.

Al cabo de un rato, se puso nervioso y no podía parar de hablar y el profesor Arnaldo dijo al Demonio que saliera de clase y Joan, que así se llamaba en realidad el niño, dijo que estaba bien, que saldría él solito, porque Joan no era nada tonto y temía que pasaría algo, como realmente pasó.

Iba despacio hacia la puerta y en ese momento el profesor Arnaldo perdió la paciencia y agarró a Joan del brazo tirando de él, camino de la puerta. Joan sintió que el profesor lo agarraba con mucha fuerza, así que él también incluyó un poco de fuerza para que lo soltara.

Entonces, Joan vio que no lo condujo fuera de la clase, sino que lo llevaba a la clase de al lado, la del profesor "Sal y Pimienta". Al ver esto, Joan sintió mucha vergüenza y pidió al profesor que le diera otra oportunidad y él contestó que ni de broma, dándole un empujón hacia la puerta de la otra clase. Y Joan, o el Demonio, cayó mal contra la puerta y se hizo daño.

Entonces, el profesor Arnaldo cerró la puerta con muy mala leche, y Joan, que estaba muy nervioso, incontrolable, pues cuando la puerta estaba a punto de cerrarse, la abrió de un portazo y fue hacia el profesor Arnaldo. Mientras, el profesor "Sal y Pimienta" intentaba detener a Joan, o al Demonio, pero no fue capaz por el estado y el comportamiento de Joan, y lo dejó estar al ver que era imposible. Entonces, Joan fue directo hacia el profesor Arnaldo y le dijo con toda la rabia de Joan y del Demonio juntos: "No me vuelvas a tocar porque te parto la cara en dos trocitos".

Aquí sí que podemos decir que Joan estaba dominado por el Demonio. Por eso dicen: "Joan es un buen chico y siempre que puede ayuda a los demás, pero tiene problemas para controlarse y esto es lo que debería poder controlar".

Cuando a Joan le pasaba esto, quería que algún compañero lo ayudara a controlarse, sin reírse de él y que no lo tomaran como el más rebelde de la clase, el que siempre hace líos, porque si piensan que Joan es así, están muy equivocados.

A la gente que tiene problemas la tenemos que ayudar. Piensen cómo se sentirán estas personas después de haber hecho algo así. Se lo digo yo, Joan Pla, que la pasan mal y ni siquiera se acuerdan después de lo que ha ocurrido. Yo lo he sabido por un compañero, que me ha contado después lo que había pasado.

Joan está muy arrepentido y les hago un llamado para que me ayuden y ayuden a los niños con problemas y no esperen a cuando las cosas se ponen tan mal. Las personas, en principio, son buena gente y no hacen estas cosas por diversión. Yo tampoco.

Yo y mi TDAH
EUDALD (diez años)

Tengo TDAH con Gilles de la Tourette. Mucha gente no entiende qué me pasa. Me agobio mucho porque necesito mucho tiempo para dedicarme a estudiar, a concentrarme, a hacer buena letra, a ir al psicólogo, a controlar mis tics y mis obsesiones.

Cuando estoy nervioso hago muchos tics. Me he acostumbrado a algunos de ellos, pero hay tics que me molestan muchísimo, como la tos.

Odio la escuela, las tareas, tener que hacer buena letra y, sobre todo, estar sentado en una silla.

Antes, cuando hacía algo mal, me justificaba diciendo que era culpa del TDAH. Mi madre se enojaba mucho. Ella siempre me dice que no soy TDAH, sino que tengo TDAH y debo aprender a vivir con este trastorno.

Tengo la suerte de que mis amigos no se ríen de mis tics y que los maestros se portan bien conmigo.

Cuando estoy muy enfadado porque las cosas no me salen bien, pienso cómo sería yo si no tuviese TDAH.

Soy un niño normal
ÁLVARO (doce años)

Tengo doce años y voy a contarles en pocas líneas cómo me siento cada día. Cuando me levanto por la mañana para ir al colegio, mi deseo es que mi día sea bueno. Antes de salir de casa siempre pienso si llevo todas las cosas que necesito y si las tareas estarán bien hechas.

Hace varios años mis padres me dijeron que tenía algo llamado *trastorno por déficit de atención*. Como era un poco pequeño, al principio no entendía lo que me pasaba porque no me sentía enfermo. Empezaron a llevarme a médicos y a hacerme pruebas. Al final, decidieron que tenía que tomarme una pastilla cada mañana para que me ayudara a pensar, o más bien, a no distraerme en clase y poder aprender lo mismo que el resto de mis compañeros. A la vez, mis padres comenzaron a llevarme a un centro especializado que trabaja con niños como yo, que se distraen en clase y no se enteran de lo que se ha explicado o de las tareas que hay que hacer en casa. Suelo tardar mucho en hacer mis tareas porque me cuesta concentrarme. Mis padres dedican mucho tiempo a explicarme lo que no he entendido en clase, a preguntarme lo que he estudiado o a hacer esquemas para recordarlo mejor. A veces es duro que a mi madre le digan que me está perjudicando porque está demasiado pendiente de mí.

No quiero que me traten diferente, sólo que entiendan que mi memoria no la puedo controlar, que se me olvidan las cosas con facilidad y que mañana me costará recordar lo que he estudiado hoy. Es poco agradable saber que no soy capaz de hacer mis tareas o estudiar solo. Me gustaría poder estar muy atento en clase para aprender igual que mis compañeros. Dedico muchas horas a mis estudios porque quiero hacer todas las tareas bien y aprobar todos mis exámenes, pero tienen que ayudarme porque solo no puedo. Mis profesores algunas veces parece que no comprenden que no todos aprendemos de la misma forma y que algunos necesitamos que estén más pendientes de nosotros que de los demás.

Mis amigos no entienden lo que me pasa porque ellos me ven normal. Cuando llega la época de exámenes dicen que soy un privilegiado porque mis exámenes son más fáciles. Pero eso no es verdad; mis exámenes son iguales, sólo que me dan más tiempo para terminarlos y los adaptan subrayando lo que es más importante para que me resulte un poco más fácil responder a cada pregunta sin perderme.

Por lo demás, creo que soy un niño normal. Tengo un montón de amigos, me encanta hacer deporte, jugar futbol, viajar, escuchar música, ir al cine, etcétera. Sé que necesito mucha ayuda de mi familia y también de los profesores, por eso intento esforzarme al máximo para que, incluso cuando me doy cuenta de que empiezan a perder la paciencia, no tiren la toalla y me ayuden a superar mis dificultades. Hasta ahora ha funcionado, por eso intento ser agradecido con todos los que tanto me quieren y ayudan. Sólo les pido que me comprendan y apoyen como hasta ahora para que pueda alcanzar mis objetivos en la vida. Sé que trabajando duro podré conseguirlo.

Ideología de un adolescente con TDAH
ALEJANDRO (dieciséis años)

El otro día le decía a mi madre que me gustaría tener un smartwatch, y ella, como todas las madres, me dijo que para qué quería eso. Yo le dije que lo usaría mayormente en los exámenes. Mi madre me dijo que lo que tenía que hacer era estudiar, y yo le dije que tenía razón, pero que con el smartwatch no tendría que malgastar mi tiempo estudiando y además aprobaría los exámenes. Mi madre me dijo que eso no era malgastar mi tiempo, yo le dije que sí, porque yo estudio para aprobar y no para aprender. Además, no soy el único que estudio para aprobar, ya que todas las personas, por lo menos aquí en España, estudiamos únicamente para aprobar los exámenes.

El sistema educativo se va a la mierda en el momento en que los alumnos estudian para aprobar y no para aprender.

Lo peor es engañarse
PEDRO (dieciséis años)

Soy Pedro, un chico de dieciséis años, deportista y un poco descuidado con mis estudios. Y es que digo descuidado porque, a medida que pasa el tiempo, me voy dando cuenta del potencial que tengo y que yo puedo hacer cosas que, aunque me cuesten, antes veía imposibles. Yo en los estudios he tenido un problema fundamental, y es que me engañaba. No tenía una buena noción del tiempo y así me pasaba; trabajos hechos el último día para cubrir la materia, estudiando el día antes de un examen, porque no sabía que lo tenía...

Yo he podido contar con unos padres que no han tirado la toalla en ningún momento, aunque ganas he de suponer que no les faltaron. Pero preguntando a especialistas, yendo a conferencias, hicieron más fácil este camino de piedras. Yo he ido pasando por distintas fases en referencia a mi comportamiento a lo largo de mi vida. En un principio, en primaria, no me importaba nada, iba al colegio a jugar y pasar el rato. Me daba igual sacar un dos que un ocho; mi cara al ver dichas notas era la misma, de indiferencia, un examen más.

Según van pasando los años, más consciente es uno de lo que hace, y de cómo tira las tardes viendo cómo pasa el tiempo y no hace nada. Sabiéndolo llega la tarde de mañana y hago lo mismo que hice ayer, es decir, nada. Es frustrante, por decir lo menos; piensas que eres menos capaz que los demás. Y es que hasta que no ves los exámenes de junio encima y que puedes ir a septiembre, no aprietas y no das tu verdadero potencial.

Y fue a partir de ahí donde vi que no era menos que nadie y que si me esforzaba como en esas dos últimas semanas durante todo el curso, sacaría muchísimo mejores calificaciones, pero no podía entender por qué si lo sabía, no lo hacía.

A todos los que estén leyendo esto quiero dar una recomendación. Y es que aunque no sea alguien de confianza ni nada, quiero decir que, desde mi humilde opinión, hace falta mucha paciencia. Esto es una carrera de fondo en la que si se sabe llevar bien, el premio será muy grande.

Y por último, comunicarse claramente hijos y padres, siendo claros y escuchando el uno al otro, porque de ahí se puede sacar mucha información de los hijos, sobre todo cosas que normalmente nosotros no le damos la relevancia que realmente tiene. Ánimo y suerte.

Carta dirigida a padres

Elaborada por los adolescentes con TDAH que asistieron al Congreso Junior, en el marco del Congreso Nacional de TDAH, organizado por la asociación TDAH Catalunya en Barcelona (18 de mayo de 2014).

Hola papás...

Les escribo esta carta porque va siendo hora de que sepan lo que opino yo sobre su manera de educarme.

Con todo lo que les diré, habrá cosas que no les gustarán, pero hay cosas suyas que no me gustan y lo hacen de todas maneras. Pero también hay muchas cosas por las que tengo que darles las gracias.

Sé que no es la primera vez que les digo esto, tampoco será la última. La mayor parte del tiempo, con ustedes, me siento agobiado, presionado, porque me piden cosas que ni siquiera yo sé que puedo conseguir. Me siento retenido, necesito tener la oportunidad de caerme, de equivocarme y buscar la manera de solucionarlo y levantarme. Aun así, me siento tranquilo al saber que los tengo para cualquier cosa.

Me gustaría tener más espacio, que me dejen respirar, que no me amenacen, que se van a arrepentir si me echan de casa. También sería bueno que estuvieran más relajados, que cuando se estresan me contagian esa amargura. Les pediría que no se contradigan, que yo dejaré de gritar, pero bajen el tono de voz cuando me lo pidan.

Hay una cosa que sé que no les será fácil, pero para mí es de las cosas más importantes. Mamá, papá, déjenme vivir un poco la vida a mi manera. Que ustedes se cayeron, se equivocaron y yo quiero tener esa oportunidad de golpearme contra el suelo de boca. Tranquilos, los dejaré que me curen si me hago daño. NECESITO SU CONFIANZA PORQUE YO CONFÍO EN USTEDES.

Como he comentado antes, no lo hacen del todo mal. Me apoyan en las decisiones, les puedo contar todo lo que quiero, me desahogo con ustedes, me salvan el trasero, me animan a levantarme cuando me caigo... Están cuando los necesito.

Así que relájense, sonrían y escúchenme... Voy a comerme el mundo.

Bibliografía

Abad-Mas, L., Ruiz-Andrés, R., Moreno-Madrid, F., Sirera-Conca, M. A., Cornesse, M., Delgado-Mejía, I. D. y Etchepareborda, C. (2011). Entrenamiento de funciones ejecutivas en el trastorno por déficit de atención/hiperactividad. *Revista de Neurología* 52(1): 77-83.

Aciego, R., Garcia, L., Betancort, M. (2012). The Benefits of Chess for the Intellectual and Social-Emotional Enrichment in Schoolchildren. *The Spanish Journal of Psychology* 15.

Álvarez-Higuera, R. & Ordoñez, M. J. (2011). *No estáis solos. Un testimonio esperanzador sobre el TDAH*. Libros Cúpula.

Arango, C. (2015). A Integral Treatment for Attention Deficit Hyperactivity Disorder in Europe. *Revista de Psiquiatría y Salud Mental*: 197-198.

Artigas, J. & Narbona, J. (2011). *Trastornos del neurodesarrollo*. Viguera Editores.

Artigas-Pallarés, J. (2003). Comorbilidad en el trastorno por déficit de atención/hiperactividad. *Revista de Neurología* 36 (supl. 1): S68-S78.

Baddeley, A. (1998). *Memoria humana. Teoría y práctica*. Editorial MacGraw-Hill.

Barkley R., Murphy, K. & Fischer, M. (2008). *El TDAH en adultos. Lo que nos dice la ciencia*. Ediciones Médicas, J&C.

Barkley, R. (1999). *Niños hiperactivos*. Paidós Ibérica.

Berne, E. (2007). *Juegos en que participamos*. RBA (orig. 1964).

Berne, E. (1974). *¿Qué dice usted después de decir hola?* Grijalbo (orig. 1972).

Biederman, J. (1996). Attention-Deficit Hyperactivity Disorder and Juvenile Mania. *Journal of the American Academy of Child & Adolescent Psychiatry* 35: 997-1008.

Blakemore, S. J. & Frith, U. (2005). *Cómo aprende el cerebro. Las claves para la educación*. Editorial Planeta.

Blasco-Fontecilla, H., Gonzalez-Perez, M., Garcia-Lopez, R., Poza-Cano, B., Perez-Moreno, M. R., de Leon-Martinez, V., *et al.* (2015). Efficacy of Chess Training for the Treatment of ADHD: A Prospective, Open Label Study. *Revista de Psiquiatría y Salud Mental.*

Brown, T. E. (2010). *Comorbilidades del TDAH: manual de las complicaciones del Trastorno por Déficit de Atención con Hiperactividad en niños y adultos.* 2ª edición. Masson.

Castells, P. (2009). *Nunca inquieto, siempre distraído: ¿nuestro hijo es hiperactivo? (TDAH: Trastorno por Déficit de Atención con Hiperactividad).* Ediciones CEAC.

Crespo, M. & Larroy, C. (1998). *Técnicas de modificación de conducta. Guía práctica y ejercicios.* Dykinson.

Faraone, S. V., Sergeant, J., Gillberg, C. & Biederman, J. (2003). *The Worldwide Prevalence of ADHA: Is It an American Condition?* World Psychiatry.

Forés, A. & Ligoiz, M. (2012). *Descubrir la neurodidáctica. Aprender desde, en y para la vida.* Editorial UOC.

Fuster, J. (2015). *The Prefrontal Cortex.* 5ª edición. Academic Press.

García Sevilla, J. (1997). *Psicología de la atención.* Editorial Síntesis Psicología.

García Sevilla, J. (2013). *Cómo mejorar la atención del niño.* Editorial Pirámide.

Goleman, D. (1995). *Inteligencia emocional.* Kairós.

Goleman, D. (2006). *Inteligencia social.* Kairós.

Guinot, J. (2013). *Mitos y realidades sobre hiperactividad y déficit de atención.* Altaria.

Labrador, F., Cruzado, J. A. & Muñoz, M. (2002). *Manual de técnicas de modificación y terapia de conducta.* Editorial Pirámide.

López-Martín, S., Albert, J., Fernández Jaén, A. & Carretié, L. (2009). Neurociencia afectiva del TDAH: datos existentes y direcciones futuras. *Escritos de Psicología*, vol. 3, núm. 2, pp. 17-29.

Mardomingo. M. J. (2015). *Tratado de psiquiatría del niño y del adolescente.* Ediciones Díaz de Santos.

Marina, J. A. (2011). *El cerebro infantil: la gran oportunidad.* Editorial Ariel.

Marina, J. A. (2012). *La inteligencia ejecutiva.* Editorial Ariel.

Martorell, J. L. (2000). *El guion de vida.* Desclee de Brouwer.

Miguel-Tobal, J. J. y Orozco, M.T. (2013). Ansiedad en niños y adolescentes. En: Medeiros, T. (coord.), *Adolescência: Desafios e riscos.* Letras Lavadas Edições, pp. 363-397.

Mischel, W. (2015). *El test de la golosina. Cómo entender y manejar el autocontrol.* Editorial Debate.

Mora, F. (2013). *Neuroeducación. Sólo se puede aprender aquello que se ama.* Alianza editorial.

Mora, F. (2014). ¿Cómo funciona el cerebro? Alianza editorial.

Orjales, I. (2000). Déficit de atención con hiperactividad. Manual para padres y educadores. Editorial CEPE.

Orjales, I. (2007). El tratamiento cognitivo en niños con trastorno por déficit de atención con hiperactividad (TDAH): revisión y nuevas aportaciones. Anuario de Psicología Clínica y de la Salud 3: 19-30.

Orjales, I. & Polaino Lorente, A. (2001). Hiperactividad. Programa de intervención cognitivo-conductual para niños con déficit de atención con hiperactividad. Editorial CEPE.

PANDAH (2014). Impacto personal, social y económico del TDAH. Plan de acción en TDAH.

Portellano, J. A. (2005). Cómo desarrollar la inteligencia. Entrenamiento neuropsicológico de la atención y las funciones ejecutivas. Editorial Somos Psicología.

Portellano, J. A. (2014). Estimular el cerebro para mejorar la actividad mental. Editorial Somos Psicología.

Ramos-Quiroga, J. A., Picado M., Mallorquí-Bagué N., Vilarroya O., Palomar G., Richarte V., et al. (2013). Neuroanatomía del trastorno por déficit de atención/hiperactividad en el adulto: hallazgos de neuroimagen estructural y funcional, Revista de Neurología 56 (supl. 1): S93-106.

Rubia, K., Alegria, A. & Brinson, H. (2014). Imaging the ADAH Brain: Disorder. Specificity, Medication Effects and Clinical Translation. Expert Rev. Neurother. 14(5): 519-538.

Rubia, K., Alegria, A. & Brinson, H. (2014). Anomalías cerebrales en el trastorno por déficit de atención/hiperactividad: una revisión. Revista de Neurología 58 (supl. 1): S3-18.

Sánchez-Mora C., Ribasés M., Mulas F., Soutullo C., Sans A., Pàmias M., et al. (2012). Bases genéticas del trastorno por déficit de atención/hiperactividad. Revista de Neurología 55: 609-18.

Schaefer, C. (2012). Fundamentos de terapia de juego. 2ª ed. Manual Moderno.

Shaw, M. (2012). A Systematic Review and Analysis of Long-Term Outcomes in Attention Deficit Hyperactivity Disorder: Effects of Treatment and Non-Treatment. BMC Medicine.

Siegel, D. (2011) Mindsight: la nueva ciencia de la transformación personal. Paidós Ibérica.

Siegel, D. (2012). El cerebro del niño. Alba editorial.

Soutullo, C. (2008). Convivir con niños y adolescentes con Trastorno por Déficit de Atención con Hiperactividad (TDAH). Editorial Médica Panamericana.

Taylor, J. F. (2010). *Guía de supervivencia de los niños hiperactivos. Conocer y tratar los trastornos de déficit de atención e hiperactividad.* Ediciones Oniro.

Veracoechea, G. (2012). *El déficit de atención sin fármacos. Una guía para padres y docentes.* Editorial Psimática.

Vicente, A. y Berdullas, S. (2015). Intervenciones coste-eficaces para el TDAH. *Informe del Centro de Salud Mental del Reino Unido, INFOCOP* 71: 23-24.

Willcutt, E. (2012). The Prevalence of DSM-IV Attention-Deficit/Hyperactivity Disorder: A Meta-Analytic Review. *Neurotherapeutics* 9: 490-499.

REFERENCIAS DE INTERÉS SOBRE EL TDAH

Alda, J. A., Boix, C., Colomé, R., *et al.* (2010). *Guía de práctica clínica sobre el Trastorno por Déficit de Atención con Hiperactividad (TDAH) en niños y adolescentes.* Ministerio de Ciencia e Innovación.

Es una guía muy minuciosa y extensa en donde se explican muchos de los aspectos del TDAH en niños y adolescentes. Es útil para aquellas personas que quieran profundizar en esta patología.

Asociación Estadunidense de Psiquiatría: *TDAH: Guía de tratamiento para padres.*

Es una guía elaborada por la Asociación Estadunidense de Psiquiatría y traducida al español donde podemos obtener información relevante para los padres en relación con el TDAH.

Asociación de Ayuda a Padres de Niños con Déficit de Atención e Hiperactividad de Alicante (ADAPTAHA): *Niños y adolescentes hiperactivos o inatentos. Guía para padres y maestros.*

Es una guía bastante completa para familiares y maestros elaborada por Manuel García Pérez y Ángela Magaz Lago para la asociación ADAPTAHA. Tratan desde la historia del TDAH hasta orientaciones para hacer un informe psicopedagógico pasando por los diferentes tratamientos multimodales del TDAH.

Asociación Elisabeth d'Orano para el Trastorno por Déficit de Atención con Hiperactividad: *TDAH. Guía breve para padres.*

Esta guía describe de manera sencilla y breve las características más sobresalientes de este trastorno. Está dirigida a padres, aunque también hay una dirigida a maestros. Se puede descargar gratuitamente en la página web de la asociación: http://elisabethornano-tdah.org/es/

Barkley, R. (1999). *Niños hiperactivos*. Paidós.
El doctor Russell Barkley es una de las referencias a nivel internacional sobre el TDAH. Este libro, uno de los más conocidos y completos sobre esta patología, está dirigido a padres y en él ofrece pautas y consejos para manejar la conducta de los chicos con TDAH en diversos ámbitos.

Blakemore, S. J. & Frith, U. (2005). *Cómo aprende el cerebro. Las claves para la educación*. Editorial Planeta.
Este libro es uno de los referentes en cuanto a los últimos hallazgos sobre el cerebro se refiere. Gracias a las potentes técnicas que utiliza la neurociencia, Blakemore y Frith, investigadoras de la Universidad de Londres, desarrollan en un lenguaje sencillo y de manera amena cómo aprende nuestro cerebro en diversos aspectos: socialización, lectura, escritura, afectividad, etcétera.

Federación Española de Asociaciones para la ayuda al Déficit de Atención con Hiperactividad: *El niño con Trastorno por Déficit e Atención con Hiperactividad. Guía práctica para padres*.
Es una guía sencilla y práctica para los familiares de niños con TDAH con consejos prácticos para mejorar la autoestima, el comportamiento, la organización, la motivación y las habilidades sociales.

Federación Española de Asociaciones para la Ayuda al Déficit de Atención con Hiperactividad: *Guía de actuación en la escuela ante el alumno con TDAH*.
Es una guía dirigida a los profesores de educación primaria y secundaria, donde se abordan aspectos como el sistema de evaluación de los niños con TDAH en el colegio y se ofrecen fichas para trabajar los diferentes tipos de atención.

Mena, B., Nicolau, R., Salat, R., Tort, P. & Romero, B. (2006). *Guía práctica para educadores. El alumno con TDAH*. Fundación ADANA.
Es una guía gratuita y disponible en Internet que ha elaborado la prestigiosa Fundación ADANA, en donde se tratan diferentes aspectos en relación con el TDAH (síntomas, causas, diagnóstico, tratamiento, autoestima, pautas para la escuela, etcétera). Esta fundación está especializada y es referente a nivel

nacional en esta patología. Es una guía muy útil con un lenguaje sencillo y con pautas para maestros.

Mora, F. (2013). *Neuroeducación. Sólo se puede aprender aquello que se ama.* Alianza editorial.
El profesor Francisco Mora Teruel recoge en esta magnífica obra los principios básicos de la neuroeducación. Da a conocer hallazgos científicos en campos tan diversos como el aprendizaje, la atención, la emoción y la curiosidad. Además, el profesor Mora aporta un sinfín de consejos para maestros, fruto de su larga experiencia docente. Debería ser un libro de referencia y consulta para todos los maestros.

Orjales, I. (2000). *Déficit de atención con hiperactividad. Manual para padres y educadores.* Editorial CEPE.
La profesora de la UNED Isabel Orjales es una de las referentes a nivel nacional del TDAH. En este manual clásico describe de manera organizada y minuciosa las diferentes manifestaciones del TDAH, así como aporta pautas y recomendaciones, tanto para padres como para profesores. Sin lugar a dudas, un manual de referencia.

Quintero Gutiérrez del Álamo, F. J. *Tenemos un niño que tiene un TDAH: ¿qué necesitamos saber?*
Es una guía dirigida a los familiares y al propio paciente con TDAH escrita de manera sencilla por el doctor Francisco Javier Quintero, responsable del Servicio de Psiquiatría del Hospital Infanta Leonor de Madrid. Es una guía apoyada por la Fundación Juan José López Ibor y Fundación ARPEGIO.

Recursos en internet

Blog de Escuela con Cerebro: https://escuelaconcerebro.wordpress.com/
Este interesantísimo blog debería ser un recurso de frecuente consulta para
maestros y profesionales, ya que en él se explican los últimos hallazgos científicos en lo que a educación se refiere de manera sencilla y accesible.

http://www.cambridgebrainsciences.com/
Es una página web donde podemos encontrar diferentes juegos para potenciar la memoria, la atención, la orientación espacial, etcétera.

Sincrolab: https://www.sincrolab.es/
Es una plataforma de entrenamiento cognitivo dirigida a profesionales con el
objetivo de facilitar el diseño de entrenamientos en funciones ejecutivas para
pacientes con trastornos del neurodesarrollo y dificultades de aprendizaje.

Páginas web de asociaciones y centros que trabajan con personas con TDAH
Proyecto PANDAH: http://www.pandah.es/
Fundación CADAH: http://www.fundacioncadah.org/
Fundación ADANA: www.fundacionadana.org
Centro CADE: www.centrocade.com
ANSHDA: http://www.anshda.org/
APDE Sierra: http://apdesierratdah.blogspot.com.es/
Asociación Elisabeth d'Ornano: http://elisabethornano-tdah.org/es/

Blog educativo Familia y Cole: http://familiaycole.com/
Página web muy interesante para profesores y padres donde se pueden encontrar recursos y actividades de diferentes materias, además de información sobre pautas y consejos.

Orientación Andújar: http://www.orientacionandujar.es/
Es una página web en donde los profesores, orientadores y padres pueden encontrar multitud de fichas para trabajar con sus alumnos e hijos sobre diferentes materias y procesos psicológicos.

Class Dojo: https://www.classdojo.com/es-es/
Es una aplicación muy sencilla de utilizar y práctica que sirve para reforzar determinadas conductas de niños (concentración en las tareas de clase, realización de deberes, compañerismo, etcétera). Es de utilidad tanto para profesores como para padres. Sirve para aplicar la economía de fichas de una manera motivadora y práctica, tanto para niños como para clases enteras.

Genes to Cognition: http://www.g2conline.org/
Página web en inglés donde podemos obtener información de las diferentes partes del cerebro y sus funciones. Además, permite seleccionar un lugar o lóbulo concreto del cerebro, observarlo en tres dimensiones y rotar el cerebro.

TDAH Trainer: http://www.tdahtrainer.com/
Aplicación del doctor Kazuhiro Tajima para trabajar diferentes procesos psicológicos dañados en los niños con TDAH.

Fundación MHG: www.fundacionmhg.org (intervención asistida con caballos)

YARACAN (intervención asistida con perros): www.yaracan.com

Agradecimientos

El presente libro se ha podido llevar a cabo gracias a la estrecha colaboración y apoyo de multitud de personas que han participado, de un modo u otro, en él. Sirva este apartado de agradecimientos para reconocer el tiempo, el esfuerzo y el cariño que me han mostrado todas las personas, que a continuación aparecen, a lo largo de los meses que he estado escribiendo el libro.

En primer lugar, me gustaría agradecer la oportunidad que me brindó mi compañero y amigo Javier García Vegue ofreciéndome este reto tan atractivo. También, gracias a Editorial Océano por permitirme disfrutar de este libro, en especial a Rogelio Villarreal Cueva y Pablo Martínez Lozada. Quiero reconocer y agradecer el tiempo y esfuerzo que ha dedicado Sergio Cordero que con sus ilustraciones y dibujos le han dado vida e ilusión a este libro. Gracias, artista.

Han sido unos meses muy intensos e ilusionantes escribiendo sobre un tema con muchísima información y de relevante actualidad. Por ello, quiero agradecer a mi mujer, Patricia, por su infinita paciencia y su apoyo incondicional, y a nuestro hijo Nacho por permitirnos aprender cada día con él. Por supuesto, a mis padres, María José y Antonio, y a mi hermana Eva por su tiempo, atención y cariño a lo largo de todo este tiempo. Son y serán un apoyo muy importante para mí. También estoy muy agradecido con el resto de familiares y amigos que se han preocupado por este proyecto, en especial mi abuela Adela.

Me gustaría hacer una mención especial a Joaquín Fuster, quien, desde que me puse en contacto con él, se ha mostrado en todo momento implicado en resolver todas mis dudas en cuanto al córtex prefrontal, del cual es el gran experto a nivel mundial, y aceptó de manera altruista realizar el prólogo de mi libro. Gracias, Joaquín, por tu atención, caballerosidad y afecto hacia mi persona y mi trabajo. Ha sido un verdadero honor compartir contigo este trabajo.

A lo largo de nuestra formación en el colegio, pasando por la universidad y hasta el momento laboral actual, damos con una serie de profesores y profesionales que marcan, irremediablemente, nuestro futuro personal y laboral. En este párrafo me gustaría agradecer a personas que, a lo largo de los últimos años, han influido de manera decisiva en mi formación como psicólogo y profesor de universidad. Entre este reducido grupo de personas, quiero destacar la influyente labor que tuvieron sobre mí José Antonio Portellano, como profesor de Neurociencia en la carrera de Psicología, José Luis Marín y Begoña Aznárez, psiquiatra y psicóloga respectivamente de la Sociedad Española de Medicina Psicosomática y Psicoterapia que tanto y tan bien me han formado en los últimos años, y, por supuesto, a José Ramón Gamo, quien me dio la oportunidad de conocer una forma diferente de educar y de enseñar, y que representa una de las figuras de referencia en mi vida profesional. También quiero agradecer el apoyo que recibí por parte de José Antonio Luengo en mis inicios profesionales cuando estaba tremendamente desorientado. Gracias de corazón a todos ellos.

El capítulo 12 del presente libro es muy especial para mí, y espero que así también lo sea para el lector. En dicho capítulo, intervienen numerosos profesionales que, desde diferentes especialidades, formaciones y perspectivas, hacen una reflexión en relación con diferentes aspectos del TDAH. Por ello, agradezco muy especialmente a las personas que aceptaron voluntariamente escribir unas líneas sobre el TDAH que nos permiten seguir aprendiendo cada día. No todos son expertos en TDAH, lo que sí los une es que son referentes en un campo concreto que resulta relevante para los niños con TDAH. Quiero agradecer públicamente su amabilidad, su tiempo y sus palabras a José Ángel Alda, Rafael Bisquerra, José Antonio Fernández Bravo, Alberto Fernández Jaén, Julia García Sevilla, Andrés González, Jesús Guillén, Sonia López-Arribas, María Jesús Mardomingo, Juan José Miguel Tobal, Elena O'Callaghan, Josep Antoni Ramos-Quiroga y Javier Urra.

Una vez planificado el capítulo dedicado a los expertos, fui consciente de que aún faltaba un capítulo para poder completar el libro. El libro hubiera quedado cojo si no hubiera sido por la participación de las familias, las asociaciones y los propios chicos con TDAH que decidieron escribir desde su perspectiva más personal. Quiero agradecer de una manera muy especial a todas las personas que dan vida a este capítulo y que con sus testimonios iluminan el camino de otras familias que vienen por detrás. Gracias de corazón a Carmen y Carlos, Rosa y José Antonio, Marta y Raúl, Gema, Elena e Íñigo, Anna, Esther y Jordi, Margot, Alicia, Elena, Joan, Eduald, Álvaro, Alejandro, Pedro y todos los chicos que participaron en la carta dirigida a padres que se leyó en el Congreso Nacional de TDAH en 2014.

Además de estas personas que han participado activamente en la elaboración de los dos últimos capítulos, otros profesionales han intervenido de una u otra manera en este libro y me gustaría agradecerles el tiempo, el cariño y la dedicación que me han mostrado ayudándome en la revisión de capítulos o en la aclaración de conceptos: Juan Narbona, Ignacio Morgado, Kazuhiro Tajima, María José Díaz-Aguado, Unai Díaz-Orueta, Francisco Labrador, Susana Muñoz Lasa, Ignacio de Ramón, Francisco Mora, Antonio Labanda, Petra Sánchez Mascaraque, Virginia Montes, Juanjo García, Chelo Rollán, Loretta Cornejo, Roberto Salamanca, Elena Guerrero, Gladys Veracoechea, Alicia Monserrat, José Manuel Gómez Montes, María Carmen González Calixto, Francisco Montañés, Pilar Nieto, Ana Miranda Casas, Carlos Hornillos y José Manuel García Verdugo.

También quiero agradecer a mis excompañeros del colegio Ábaco todo el cariño que me han mostrado, no sólo a lo largo del tiempo que he dedicado a escribir este libro, sino a través de los seis maravillosos cursos escolares que compartí con ellos, en donde pude aprender y llevarme un gran conocimiento. Mención especial merecen César del Hierro, director del colegio Ábaco, e Icíar Caro, jefa del departamento de orientación, por la oportunidad y respeto con el que siempre fui tratado. Gracias a todos mis compañeros del departamento de orientación por ser como son y por todo lo que aprendí con ustedes (Elisa, Jessica y Andrés). Enhorabuena a todos los profesores y personal que trabaja en el colegio por el gran grupo que forman y por la labor que hacen cada día. Los echo mucho de menos.

Gracias a mis compañeros de CADE, en especial a Alberto Fernández Jaén, Sonia López Arribas, Daniel Martín Fernández-Mayoralas, Beatriz

Cicuendez, Zahra Ávila y José Ramón Gamo por todo el conocimiento que aportan a esta obra y por todo el tiempo que me han entregado y dedicado para este libro. Gracias a Herminia y a Patri por la paciencia que tienen conmigo.

También quiero agradecer a mis compañeros de la Facultad de Educación de la Universidad Complutense de Madrid (UCM) y del Centro Universitario Cardenal Cisneros de Alcalá de Henares. Gracias por compartir su día a día conmigo. Por supuesto, no quiero olvidarme de todos los alumnos que he tenido a lo largo de estos diez años de experiencia en el ámbito universitario. Gracias por su confianza en mí y por permitirme seguir aprendiendo cada día.

Y en último lugar, y no por ello menos importante, agradezco a las familias y pacientes con los que he trabajado tanto de orientador como de psicólogo en el Centro de Psicología Darwin, por su confianza en mí y en mi manera de trabajar. Gracias a todos ellos.

Esta obra se imprimió y encuadernó
en el mes de marzo de 2020,
en los talleres de Impregráfica Digital, S.A. de C.V.,
Av. Coyoacán 100–D, Col. Del Valle Norte,
C.P. 03103, Benito Juárez, Ciudad de México.